Grundriß
des
Österreichischen Rechts
in systematischer Bearbeitung.

Unter Mitwirkung von

Dr. J. Freiherr von Anders, Professor in Graz, Dr. P. Ritter Beck von Mannagetta, Geheimer Rat, Sektionschef und Vorstand des Patentamtes in Wien, Dr. E. Demelius, weiland Professor in Innsbruck, Geheimer Justizrat Dr. A. Finger, Professor in Halle a. S., Dr. O. Frankl, Professor in Prag, Dr. C. S. Grünhut, Hofrat und Professor in Wien, Dr. F. Hauke, Professor in Graz, Dr. F. Hilscher in Wien, Dr. M. Ritter von Hussarek, Sektionschef und Professor in Wien, Dr. H. Lammasch, Hofrat und Professor in Wien, Hauptmann-Auditor Dr. G. Lelewer, Privatdozent in Wien, Dr. V. von Mataja, Geheimer Rat, Sektionschef und Professor in Wien, Dr. F. Freiherr von Myrbach-Rheinfeld, Professor in Innsbruck, Dr. E. Pfersche, Hofrat und Professor in Prag, Dr. A. Rintelen, Professor in Prag, Dr. W. Schiff, Sektionsrat und Professor in Wien, Dr. Emil Schrutka Edler von Rechtenstamm, Hofrat und Professor in Wien, Dr. F. Schulz, Professor in Innsbruck, Dr. H. M. Schuster, weiland Hofrat und Professor in Prag, Dr. M. Schuster von Bonnott, Hofrat in Wien, Dr. L. Spiegel, Professor in Prag, Dr. L. Szalay, Ministerialrat im Reichsfinanzministerium in Wien, Dr. J. Ulbrich, weiland Hofrat und Professor in Prag, Dr. V. Ullmann, weiland Hofrat und Professor in Prag, Dr. G. Walker, Landesgerichtsrat und Privatdozent in Wien,

herausgegeben von

Professor **Dr. A. Finger** und Professor **Dr. O. Frankl.**

In drei Bänden.

Erster Band, dritte Abteilung.

Dr. Emil Pfersche, Grundriß des Sachenrechts.

Zweite, vollständig neubearbeitete Auflage.

Leipzig,
Verlag von Duncker & Humblot.
1911.

Grundriß

des

Sachenrechts.

Von

Dr. Emil Pfersche,
Professor der Rechte in Prag.

Zweite, vollständig neubearbeitete Auflage.

Leipzig,
Verlag von Duncker & Humblot.
1911.

Altenburg.
Piererſche Hofbuchdruckerei
Stephan Geibel & Co.

Inhaltsverzeichnis.

Einleitung.

Das Eigentum.

Eigentumserwerb an Mobilien.

Der Besitz.

Das Pfandrecht an Mobilien.

Die Hypotheken.

Die Dienstbarkeiten und die übrigen bücherlichen Rechte.

Das Familienfideikommiß.

Literaturübersicht.

Allgemeines bürgerliches Gesetzbuch für das Kaisertum Österreich, 1811 (zitiert: a. b. GB. die Paragraphenzahlen ohne weitere Bestimmung beziehen sich auf dieses Gesetz).

Gesetz über das gerichtliche Verfahren außer Streitsachen v. 9. August 1854 RGB. Nr. 208 (zitiert: Verf. a. St.).

Beschlüsse des Subkomitees des Herrenhauses über die Novelle zum a. b. GB., Wien 1909 (zitiert: Reformentwurf).

Ofner, Julius, Der Urentwurf und die Beratungsprotokolle des a. b. GB., 1889. 2 Bände (zitiert: Prot.).

Harrasowsky, Th. v., Der Codex Theresianus und seine Umarbeitungen. 5 Bde. 1883—1886 (zitiert: Cod. Ther.).

Zeiller, Franz v., Kommentar über das a. b. GB. 5 Bde. 1811—1813 (zitiert: Zeiller).

Stubenrauch, Moriz v., Kommentar zum a. b. GB. (1. Ausg. 1854). 8. Aufl. 2 Bde. 1902 (zitiert: Stubenrauch).

Kirchstetter, L. v., Kommentar zum a. b. GB. (1. Ausg. 1868). 5. Aufl. 1894 (zitiert: Kirchstetter).

Pfaff, Leopold, und Hofmann, Franz, Kommentar zum a. b. GB. Bd. I 1877—1882, Bd. II (Erbrecht) 1877—1887, unvollendet (zitiert: Pfaff-Hofmann).

Pfaff, Leopold, und Hofmann, Franz, Exkurse zum Kommentar des a. b. GB., Bd. I u. II seit 1878 (zitiert: Exkurse).

Unger, Josef, System des österr. allgemeinen Privatrechts (unvollendet). Bd. I 1856, II 1859, IV (Erbrecht) 1863 (zitiert: Unger).

Schiffner, Ludw., Systematisches Lehrbuch des österr. allgemeinen Zivilrechts. Bd. I 1882 (zitiert: Schiffner).

Krainz, Josef, System des österr. allgemeinen Privatrechts, herausgegeben von L. Pfaff, Bd. I 1885, Bd. II 1889. 4. Aufl., besorgt von A. Ehrenzweig. 1905 (zitiert: Krainz).

Burckhard, M. E., System des österr. Privatrechts. Bd. I 1883, Bd. II 1883, Bd. III, 1 1889 (zitiert: Burckhard).

Grundriß des österr. Rechts, herausgegeben von Finger, Frankl, Ullmann.
Bd. I, Abt. 2 bis 5, Allgemeines bürgerliches Recht, und zwar:
Pfersche, Emil, Allgemeine Lehren.
Schuster, v. Bonnot Max, Obligationen.
Anders, Josef, v., Familienrecht und Erbrecht.
Bd. II, Abt. I, 2: Walker, Exekutionsrecht.
Bd. III, Abt. 4: Schiff, Agrarrecht.

Mischler, Ernst, und Ulbrich, Josef, Österr. Staatswörterbuch. 2. Ausgabe seit 1902. 4 Bde. (zitiert: ÖStWb.).

Bartsch, Heinrich, Das österr. allgemeine Grundbuchsgesetz. 4. Aufl. 1905 (zitiert: Bartsch).

Demelius, Ernst, Das Pfandrecht an beweglichen Sachen. 1897.

Exner, Adolf, Rechtserwerb durch Tradition. 1867.

Exner, Adolf, Österr. Hypothekenrecht. Bd. I 1876, Bd. II 1881.

Frankl, Otto, Die Formerfordernisse der Schenkung. 1883.

Grünberg, Karl, Bauten auf fremdem Grund. Wien 1903 (zitiert: Grünberg).
Pfersche, Emil, Die Irrtumslehre des österr. Privatrechts. 1891.
Pfersche, Emil, Österreichisches Sachenrecht. I 1893.
Randa, Anton, Der Besitz nach österr. Recht. 4. Aufl. 1895.
Randa, Anton, Das Eigentumsrecht nach österr. Recht. I 1884.
Schey, Josef Frhr. v., Die Obligationsverhältnisse des österr. Rechts. Bd. I, Heft 1—3 (zitiert: v. Schey).
Strohal, Emil, Die Prioritätsabtretung. Graz 1880.
Steinlechner, Paul, Unredlichkeit als rechtshindernde Tatsache im bücherlichen Verkehr. Graz 1904 (zitiert: Steinlechner).
Tilsch, Emanuel, Einfluß der Zivilprozeßgesetze auf d. materielle Recht. 2. Aufl. Wien 1901 (zitiert: Tilsch).
Unger, Josef, Handeln auf eigene Gefahr. 2. Aufl. 1893.
Wellspacher, Moriz, Vertrauen auf äußere Tatbestände im bürg. Recht. Wien 1906 (zitiert: Wellspacher).

„Allgemeine österreichische Gerichtszeitung". Wien 1850 ff. (zitiert: Ger.Ztg.).
„Die Gerichtshalle". Wien 1857 ff. (zitiert: Ger.H.),
„Juristische Blätter". Wien 1872 ff. (zitiert: Jur.Bl.).
„Juristische Vierteljahrschrift". Prag 1868 f. (zitiert: Jur. VJSchr.).
„Zeitschrift für das Privat- und öffentliche Recht der Gegenwart", herausgegeben von Professor Dr. Grünhut. Wien 1874 ff. (zitiert: Wiener Ztschr.).
„Zeitschrift für Notariat u. freiw. Gerichtsbarkeit". Wien (zitiert: Z. f. Not.).

Sammlung von zivilrechtlichen Entscheidungen des k. k. Obersten Gerichtshofes. 1859 ff. 34 Bde. mit Nr. 1 bis 16165 (zitiert: Slg. Nr.), von Bd. 35 an Neue Folge mit neuer Zählung (zitiert: Slg. NF. Nr.).
Entscheidungen des k. k. Obersten Gerichtshofes in Zivilsachen, veröffentlicht von der Redaktion der „Allg. österr. Gerichtszeitung" von 1879 bis 1900, von diesem Gerichtshofe selbst seit 1901. Darunter das Judikatenbuch (zitiert: Jud.).
Erkenntnisse des k. k. Verwaltungsgerichtshofes, zusammengestellt von A. v. Budwinski seit 1878 (zitiert: Budw. Nr.).

Einleitung.

§ 1. Allgemeines.

I. Der Ausdruck „Sachen", der im a. b. GB. auch im weiteren Sinne für Rechtsobjekt, gleich Ding oder Gegenstand, gebraucht wird (§§ 291, 311, 353 usw.), wird im Sachenrecht nur im engeren Sinne gleich körperliche Sache verwendet. Das Sachenrecht im objektiven Sinne betrifft die Beziehungen der Rechtssubjekte zu körperlichen Sachen. Da jedoch in einzelnen Punkten auch für die Beziehungen des Rechtssubjektes zu Rechten als unkörperlichen Dingen gleiche oder fast gleiche Rechtsregeln gelten (z. B. bei Besitz, Nießbrauch an Rechten), so werden diese Regeln im Gesetz und in der Theorie aus praktischen Gründen gleich im Sachenrecht behandelt. Einige allgemeine Grundsätze und Einteilungen der Sachen sind im allgemeinen Teil behandelt (siehe Pfersche, Allgemeine Lehren des b. Rechtes § 12 f.).

Das Gesetz behandelt von sachenrechtlichen Verhältnissen der Reihe nach Besitz, Eigentum, Pfandrecht, Servituten, endlich das Miteigentum § 825 f. Außerdem sind auch die Reallasten hier zu betrachten und anhangsweise das Recht der Familienfideikommisse, das sachenrechtliche Besonderheiten aufweist. Manche Rechtsverhältnisse, die das a. b. GB. noch kennt, sind seither unpraktisch geworden, so das Lehensverhältnis (siehe Ges. v. 17. Dezember 1862, Nr. 103, Ges. v. 31. Dezember 1867, Nr. 8, Nr. 9 ex 1869), die grundherrlichen Verhältnisse und das Sonderrecht der Bauerngüter, Bannrechte usw. Damit hat auch die Unterscheidung von Ober- und Nutzungseigentum (§ 357 f.) ihre Bedeutung verloren.

Das Sachenrecht ist vielfach zwingender Natur, besonders darin, daß die veralteten Typen der sachenrechtlichen Verhältnisse nicht neu errichtet werden können, daß also heute nur die noch gesetzlich anerkannten Typen von Sachenrechten bestehen können. Die Regeln des Sachenrechtes sind wesentlich verschieden, je nachdem es sich um Grundstücke handelt, die in den Grundbüchern eingetragen sind, oder um andere Sachen. Das Grundbuchwesen ist daher neben der Frage nach Subjekten und Objekten des Sachenrechtes einleitend darzustellen.

II. Subjekt von Sachenrechten kann prinzipiell jede physische und juristische Person sein; die Ausnahmen, die von demjenigen zu beweisen sind, der sie behauptet, sind im allgemeinen Teil dargestellt (Pfersche, Allg. L. § 8, siehe auch Krainz § 73).

Alle Sachen unterliegen prinzipiell den Regeln des Sachenrechtes (§ 355), es gibt also keine res extra commercium im römischen Sinne. Dem Privatrecht unterliegen prinzipiell auch jene Sachen, die man in irgendeinem Sinne als „öffentliche" bezeichnen kann (Slg. NF. 1605); doch kommen bei denselben neben dem Privatrecht vielfach verwaltungsrechtliche Normen in Betracht, welche die faktische und rechtliche Verfügung des Eigentümers beschränken. So kann unbewegliches Staatsgut nur in Gesetzesform veräußert werden (Ges. v. 21. Dezember 1867, Nr. 141 § 11 c). Weitgehende Wirkung hat das öffentlich-rechtliche Verhältnis des „Gemeingebrauches" an den zum allgemeinen Verkehr bestimmten Teilen der Erdoberfläche, die in § 287 als „öffentliches Gut" bezeichnet werden, also an den öffentlichen Wegen, Flüssen, Ufern. Über den Gemeingebrauch siehe Pfersche, Allg. L. § 15 II, ferner Ö.St.W. die Artikel „Gemeingebrauch", „Anliegerrechte". An den dem öffentlichen Verkehr gewidmeten Objekten kann ein privates Sachenrecht, das mit dem

Gemeingebrauch nicht verträglich ist, nicht begründet werden; doch wird diese in der Theorie vertretene Ansicht (Randa, Eigentum § 3) in der Praxis nicht immer anerkannt (z. B. Slg. 15977), obwohl hier die zur Ersitzung von Privatrechten nötige Redlichkeit prinzipiell ausgeschlossen erscheint (so besonders am Meeresufer).

Die für Verwaltungszwecke bestimmten Objekte, wie Amtsgebäude, Schulen, Spitäler, Bibliotheken, Kirchen usw., unterliegen auch speziellen Sondernormen (z. B. Beschränkung der Exekution, EO. § 15); doch ist hier der Einfluß der verwaltungsrechtlichen Normen gegenüber dem Privatrecht so wenig bedeutend, daß es nicht angemessen erscheint, die erwähnten Objekte deshalb als „öffentliche Sachen" zu bezeichnen und dadurch unrichtig den Verkehrsgrundlagen an die Seite zu stellen.

III. Alle Sachenrechte von Privaten sind ausgeschlossen in bezug auf falsches Geld und falsche öffentliche Kreditpapiere (Str.Ges. § 107), gewisse ausländische Lospapiere, verbotene Bücher und Druckschriften. Der Besitzer solcher Sachen genießt daher keinen Rechtsschutz, sondern muß sich die Konfiskation gefallen lassen. Gleiches gilt für Militärmonturen und Rüstungsstücke, solange nicht das Eigentum des Staates in offizieller Form aufgehoben ist. Gewisse Sachen dürfen nur kraft behördlicher Bewilligung erzeugt, gehabt und veräußert werden, wie Sprengstoffe (Ges. v. 27. Mai 1885, Nr. 134), verbotene Waffen und Munitionsgegenstände (k. Pat. 28. Oktober 1852, Nr. 223). Reliquien und Kreuzpartikeln können nicht den Gegenstand entgeltlicher Rechtsgeschäfte bilden, daher auch nicht mit Beschlag belegt und in Exekution gezogen werden (Hfd. v. 25. XI. 1826, E.O. § 250).

IV. Der lebende Mensch ist nie Gegenstand von Sachenrechten §§ 16, 285. Das gilt aber nicht für abgesonderte Teile des Körpers (Haare, Zähne usw.) und nicht für den menschlichen Leichnam. Doch ist der Leichnam nach sittlicher Auffassung zur Bestattung bestimmt, und es können an demselben Sachenrechte nur entstehen, wenn eine der Pietät nicht widersprechende Widmung desselben zu profanen Zwecken erfolgt ist. Die Verfügung über den Leichnam gebührt — abgesehen von einer letztwilligen Verfügung des Verstorbenen — den nächsten Verwandten, mit denen der Verstorbene in Hausgemeinschaft lebte, dann den Erben. Der für profane Zwecke gewidmete Leichnam und seine Teile (Skelett, Präparate) sind verkehrsfähig.

§ 2. Das Grundbuchswesen.

I. Das allgemeine bürgerliche Gesetzbuch kennt das Institut der öffentlichen Bücher (§ 321: „sogenannte Landtafeln, Stadt- oder Grundbücher oder andere dergleichen öffentliche Register") und gibt für die Sachen, „die einen Gegenstand der öffentlichen Bücher ausmachen" § 359, besondere Normen. Diese Normen setzen prinzipiell die formelle Einrichtung des „Hauptbuches" mit Realfolien voraus, die in Böhmen und Mähren durch das Landtafelpatent v. 22. April 1794 angeordnet, aber auch in anderen Ländern vorher und nachher eingeführt war (s. dazu Weiß in Festschrift zur Jahrhundertf. II. S. 511 f.). Doch ist auch die Eintragung ganzer Urkunden in die alten Instrumentenbücher noch hie und da erwähnt, so in § 436, 437, 846, 1252.

Seither ist die Einrichtung der Grundbücher verändert und sind auch die darauf bezüglichen materiellen Rechtsregeln teilweise abgeändert worden durch das „allgemeine Grundbuchsgesetz" vom 25. Juli 1871, Nr. 95 und das Gesetz vom 25. Juli 1871, Nr. 96 über Anlegung, Ergänzung und Änderung von Grundbüchern, sowie durch die auf Grund dieser Reichsgesetze erlassenen Landesgesetze über die Anlegung neuer Grundbücher und über deren innere Einrichtung (z. B. für Böhmen vom 5. Dezember 1874, Nr. 92 LGB.) Die Neueinführung der Grundbücher erfolgte in Dalmatien erst durch das Landesgesetz vom 10. Februar 1881, Nr. 15 LGB., in Tirol vom 17. März 1897, Nr. 9 LGB., in Vorarlberg endlich vom 1. März 1900, Nr. 181 LGB. In den beiden letzten Ländern geben die Landesgesetze den Grundbüchern einige Besonderheiten, auch sind hier durch Reichsgesetze (17. März 1897, Nr. 77; 1. März 1900, Nr. 44) einige besondere materielle Rechtssätze geschaffen.

II. Das Grundbuch besteht gegenwärtig aus dem Hauptbuche und einer Urkundensammlung, welche die beglaubigten Abschriften aller Urkunden vereinigt, auf Grund derer Eintragungen im Hauptbuche erfolgt sind. Die Bedeutung der Urkundensammlung besteht nur darin, daß aus ihr jede Eintragung im Hauptbuche, die oft nur kurz gefaßt ist, ergänzt und erklärt werden kann (GbG. § 95).

Die Grundbücher, die bei den Gerichten erster Instanz (Grundbuchsgericht, Buchbehörde) geführt werden, umfassen alle zu dem Gerichtssprengel gehörigen Grundstücke, indem für jede selbständige Gemeinde (Katastralgemeinde) ein eigenes Hauptbuch gebildet wird. Jedes Hauptbuch ist nach Realfolien geordnet; es wird nämlich ein gewisser Teil der Erdoberfläche, der auf Grund des Katasters und der Katastralmappe genau bezeichnet ist, (siehe Pfersche, Allg. L. § 12, III) als eine juristische Einheit „Grundbuchskörper" zusammengefaßt, und erhält im Hauptbuche einen eigenen, durch eine Reihenzahl bestimmten Platz, also bestimmte Bogen zugewiesen, die „Grundbuchseinlage" heißen. Ausnahmsweise können auf einer Grundbuchseinlage mehrere geringfügige Grundbuchskörper desselben Eigentümers eingetragen werden. (LGess. über Gbb. Anlegg. § 4).

Der Teil der Erdoberfläche, der als Grundbuchskörper durch seine Reihenzahl in der Katastralgemeinde bezeichnet ist, wird noch durch den Hinweis auf den Kataster und die Katastralmappe (siehe Pfersche, Allg. L. § 12. III) genauer identifiziert.

Von dem Prinzip, daß die Grundbuchskörper aus Teilen der Erdoberfläche gebildet werden, bestehen einzelne Ausnahmen. An Gebäuden wird die historisch überlieferte physische Teilung nach Stockwerken, obwohl sie nicht mehr neu begründet werden kann, doch aufrechtgehalten und so verbüchert, daß jedes Stockwerk einen eigenen Grundbuchskörper bildet (Ges. 30. März 1879, Nr. 50). Ebenso können Keller unter fremden Grundstücken, die einen selbständigen Zugang haben, als selbständige Eigentumsobjekte behandelt und verbüchert werden (Hfkd. vom 2. Juli 1832 pol. G. S., Nr. 151 von 1832; Slg. 11 940). In diesen Ausnahmsfällen bestehen also an einem Stück der Erdfläche zwei Grundbuchskörper.

III. Die einen Grundbuchskörper betreffenden Eintragungen zerfallen sachlich in drei Gruppen, die auch räumlich geschieden sind und deshalb „Blätter" genannt werden.

Das erste oder „Gutsbestandsblatt" bezeichnet die Identität des Rechtsobjekts unter Verweisung auf den Kataster. Neben den Parzellen, die den Grundbuchskörper bilden, werden hier auch verzeichnet die mit dem Grundstück verbundenen Realrechte; die Angabe des Flächeninhalts der Grundstücke und ihres Wertes, die praktisch sehr erwünscht wäre, ist leider nicht vorgesehen. Das Eigentumsblatt benennt das Subjekt des Eigentumsrechtes, sowie etwaige Modifikationen der Berechtigung z. B., zeitlich beschränktes, bedingtes Eigentum, Miteigentum usw. Im Lastenblatte endlich werden die auf dem Grundstücke liegenden Rechte dritter Personen verzeichnet, wie Servituten, Pfandrechte usw.

Die Eintragungen im Grundbuche, welche die Schicksale von Rechtsverhältnissen betreffen, heißen entweder Einverleibungen (Intabulationen), wenn sie definitiver Natur sind; oder Vormerkungen (Pränotationen), wenn sie nur bedingt oder provisorisch erfolgen. Diese Ausdrücke werden angewendet ohne Rücksicht auf den Inhalt des Eintrags; so spricht man von Einverleibung der Löschung oder von Pränotation der Uebertragung einer Hypothek.

Eine dritte Art von Eintragungen, welche die sachenrechtlichen Verhältnisse nicht unmittelbar berühren, heißen im a. GbG. „Anmerkungen", die von verschiedener juristischer Bedeutung sind. Die Eintragungen auf dem Gutsbestandsblatte, welche den Umfang des Grundbuchkörpers abändern, werden Zuschreibungen oder Abschreibungen genannt.

Nach den meisten Landesgesetzen ist das sogenannte öffentliche Gut, also Straßen, Plätze, Wege und Gewässer, die zum allgemeinen Gebrauche gewidmet sind und öffentlichen Körperschaften gehören, von der Eintragung im Grundbuche ausgeschlossen. Es wird jedoch dem Grundbuche ein Verzeichnis der Grundstücke des öffentlichen Gutes auf Grundlage des Katasters beigelegt und in Evidenz gehalten. Diese Einrichtung hat sich nicht als praktisch erwiesen; sie ist weder für den rechtlichen Bestand des öffentlichen Gutes vorteilhaft, noch praktisch, falls an dem Umfange des öffentlichen Gutes Veränderungen vorgehen sollen. Daher lassen die Grundbuchsgesetze für Tirol und Voralberg auch das öffentliche Gut im Grundbuche eintragen, nur mit der Besonderheit, daß auf dem Eigentumsblatte lediglich die Bezeichnung „öffentliches Gut“ eingetragen wird, wenn Zweifel bestehen, welcher juristischen Person das Eigentum zusteht.

IV. Neben den Grundbüchern im engeren Sinne gibt es noch folgende Arten öffentlicher Bücher: Die „Landtafeln“ bilden ein eigenes Hauptbuch, das bei dem Gerichtshofe erster Instanz in den Landeshauptstädten zu führen ist, für alle jene Grundbuchskörper, welche bis zur Neuanlegung der Grundbücher als herrschaftliche in Land- oder Lehentafeln eingetragen waren. Die Landtafel unterliegt denselben materiellen Rechtsregeln, wie die anderen Grundbücher, ihre Sonderstellung beruht nicht auf juristischer, sondern auf politischer Erwägung, weil den Besitzern der in die Landtafel eingetragenen Güter gewisse Vorrechte eingeräumt waren (z. B. Wahlrecht in den Landtag). Die Eintragung in die Landtafel ist übrigens nicht zwingend, der Eigentümer eines landtäflichen Gutes kann die Eintragung desselben in jenes Grundbuch verlangen, welchem das Gut lokal zugehören würde.

Die durch Gesetz vom 19. Mai 1874, Nr. 70 eingeführten Eisenbahnbücher bestehen aus Einlagen, in welche als juristische Einheit je eine Eisenbahnunternehmung eingetragen ist. Es werden also in das „Bahnbestandsblatt“ eingetragen alle im Besitze der Unternehmung stehenden Grundstücke, welche zum Betriebe der Eisenbahn zu dienen haben (§ 2). Eine Besonderheit ist es, daß an der Einheit des Grundbuchskörpers auch teilnimmt das bewegliche Material, das zur Herstellung und Instandhaltung, sowie zum Betriebe der Bahn gehört (§ 5), eine Bestimmung, die sowohl den Interessen der Gläubiger des Unternehmens, wie auch dem Heimfallsrecht des Staates dient. Pfandrechte können nur an der ganzen bücherlichen Einheit erworben werden; andere dingliche Rechte, besonders Servituten, können aber auch an lokal abgegrenzten Teilen der Einlage bestehen (§ 6).

Für die Bergbücher, die bei den bergrechtlichen Senaten der Gerichtshöfe erster Instanz geführt werden, gelten nebst dem Berggesetze vom 23. Mai 1854, Nr. 146, auch die Normen des Grundbuchgesetzes. Allein die Realfolien und Einlagen werden nicht nach den zutage liegenden Grundstücken, sondern nach den Bergwerksberechtigungen gebildet. Als juristische Einheit, die im Bergbuche eine Einlage erhält, gilt die Bergbauunternehmung, also die einem Subjekte verliehene Bergbauberechtigung (BergG. § 109) und nur als Bestandteile derselben werden eingetragen „alle Taggebäude, Werkstätten und Anlagen, die zur Ausübung der verliehenen Bergbauberechtigung notwendig oder bestimmt sind“ (BergG. § 117). Die als Bestandteile eines Bergbuchkörpers eingetragenen Teile der Oberfläche bleiben zwar in dem zuständigen Grundbuche eingetragen, doch wird dort ihre Zugehörigkeit zum Bergbuche von amtswegen (arg. BergG. § 117 „muß“) angemerkt und damit die Möglichkeit weiterer grundbücherlicher Eintragungen ausgeschlossen (BergG. § 119).

Die in Galizien und der Bukowina vorkommenden „Naphthabücher“ entsprechen sachlich den Bergbüchern; die Realfolien werden nämlich nicht nach Teilen der Oberfläche gebildet, sondern nach dem Rechte der Naphthagewinnung, das „Naphthafeld“ heißt. Es hat das Gesetz vom 11. Mai 1884, Nr. 71 für Galizien und die Bukowina einerseits Naphtha und anderes Erdwachs aus der Reihe der vorbehaltenen Mineralien ausgeschieden und die Gewinnung derselben als ausschließliches Recht des Eigentümers erklärt; andererseits aber dem Eigentümer selbst gestattet, das Recht der Naphthagewinnung von seinem Eigentume loszulösen und so ein eigenes Rechtsobjekt, ein „Naphthafeld“ zu schaffen. Der Unterschied gegenüber dem Bergbuche liegt also beim Naphthabuch nur in der Entstehungsart seiner Objekte, der Naphthaberechtigungen.

Schließlich ist noch zu erwähnen, daß es auch „Wasserbücher“ gibt, die jedoch nicht den Regeln des Grundbuchgesetzes unterliegen. Bei jeder politischen Behörde erster Instanz wird ein Wasserbuch nebst einer Wasserkarte geführt, worin sämtliche bereits bestehenden oder noch zu erwerbenden Rechtsverhältnisse an Gewässern in Übersicht gehalten werden. Das Wasserbuch ist öffentlich, aber der Eintrag in demselben hat keine sachenrechtliche Bedeutung. Doch kann der Inhalt des Wasserbuches als Beweis für den Besitz der Wasserrechte gelten, denn es erfolgen die Eintragungen in dem Wasserbuche von amtswegen seitens der Behörde und es ist die Anmeldung dem Besitzer zur Pflicht gemacht (RWG. vom 30. Mai 1869, Nr. 93).

§ 3. Das Grundbuchsverfahren.

I. Das Grundbuchwesen bezweckt, die Sicherheit der Rechtsverhältnisse an Grundstücken im Interesse des Verkehrs und des Kredits zu fördern. Namentlich bei Hypothekarrechten, die heute einen großen Teil des Volksvermögens ausmachen, ist es von Wichtigkeit, die volle Rechtmäßigkeit der Rechtsverhältnisse an Grundstücken in einem bestimmten Moment sicher zu beurteilen. Der Zweck wird verfolgt durch eine Zahl von Vorschriften, die zum Teil rein materiellrechtlich sind, zum Teil zwar formelle Natur, aber trotzdem wichtige materielle Wirkungen haben. Beide Gruppen von Vorschriften sind hier darzustellen, weshalb die Unterscheidung derselben in § 3 und § 4, die nur der besseren Übersicht dienen soll, sachlich gleichgültig bleibt. Die Grundbuchseinrichtung kann die gleichen rechtlichen Wirkungen durch verschiedene Formen des Eintrags und der Behandlung hervorbringen, weshalb eine Vergleichung verschiedener Grundbuchsordnungen im Einzelnen unfruchtbar erscheint.

II. a) Die Grundbücher sind öffentlich sowohl in dem Sinne, daß jedem die Einsicht in dieselben gestattet ist, als auch in dem anderen Sinne, daß alle rechtlichen Vorgänge in bezug auf Grundstücke in dem Grundbuche ersichtlich gemacht werden sollen. Es werden daher selbst jene Gesuche und Bescheide in demselben von amtswegen ersichtlich gemacht, welche einen praktischen Erfolg nicht haben, sondern abgewiesen oder in höherer Instanz behoben werden GbG. 99, § 129 f. Ferner werden von den Änderungen im Grundbuche von amtswegen alle Interessenten verständigt.

b) Eintragungen in die Grundbücher dürfen bloß vorgenommen werden auf Grund schriftlicher gerichtlicher Verfügung (GG. § 102), die im außerstreitigen Verfahren erfolgt. Die Entscheidung des Gerichtes 1. Instanz (Bescheid), mag sie nun gewährend oder ablehnend sein, kann im Wege des Rekurses bei den höheren Instanzen angefochten werden. Der Rekurs ist bei dem Grundbuchsgericht einzubringen innerhalb der Frist von 30 Tagen vom Tage der Zustellung der Verständigung an, wenn die verständigte Partei im selben Oberlandesgerichtssprengel ihren Wohnsitz hat, oder in 60 Tagen, wenn sie außerhalb desselben wohnt. Ein verspäteter Rekurs ist von amtswegen abzuweisen GbG. § 127.

Die Durchführung der gerichtlichen Verfügung erfolgt durch die Gerichtskanzlei. Eine unrichtige gerichtliche Verfügung darf nicht durch die Gerichtskanzlei korrigiert werden. Sollte bei der faktischen Ausführung der gerichtlichen Verfügung ein Fehler unterlaufen sein, so kann eine Richtigstellung nur durch neuen Auftrag des Richters erfolgen, der, soweit nicht fremde Rechte berührt werden, von Amts wegen erlassen wird (GbG. § 104, Slg. NF. 193).

c) Ein Eintrag kann nur erfolgen, wenn er gegenüber dem im Buche befindlichen (bücherlicher Vormann) gerechtfertigt erscheint, also auf Grund der Zustimmung desselben, die als „Auffandung" oder „Einverleibungsbewilligung" bezeichnet wird (Konsensprinzip); die Zustimmung kann natürlich auch durch ein rechtskräftiges gerichtliches Urteil ersetzt werden.

d) Andererseits kann eine Eintragung regelmäßig nur auf Ansuchen jener Partei erfolgen, in deren Interesse der Eintrag wirkt. Es darf daher nie mehr bewilligt werden, als die Partei angesucht hat, wohl aber eventuell weniger, wenn das weitergehende Ansuchen nicht bewilligt werden kann GbG. § 96. Die Berechtigung, eine Änderung des Grundbuches zu verlangen, kann in manchen Fällen für die Partei oder statt der Partei durch dritte Personen oder durch Behörden ausgeübt werden.

Ausnahmsweise sind manche Eintragungen von amtswegen zu veranlassen. Doch geschieht dies meist nur zur Sicherung und Klarstellung des Buchstandes, nicht aber zur Bewirkung von Rechtsänderungen; namentlich kann die Eintragung und Löschung von „Anmerkungen" vielfach von amtswegen erfolgen.

e) Der Richter hat das Ansuchen der Partei von amtswegen zu prüfen und folgende Punkte zu beachten (§ 94 GbG): die Möglichkeit der Eintragung mit Rücksicht auf den

Grundbuchsstand; die persönliche Fähigkeit des Bittstellers und des bewilligenden Vormannes; die sachliche Begründung des Ansuchens und die Form der Urkunden. Da als Erfordernis des Eintrags auch ein gültiger Titel im Gesetze angegeben ist, so sind auch die gegen die Gültigkeit des einzutragenden Rechtes aus dem Gesuche und den beigebrachten Urkunden sich ergebenden Bedenken zu beachten.

f) Über die beim Grundbuchsgerichte einlangenden Gesuche wird eine genaue Übersicht geführt, da die Reihenfolge des Einlaufes entscheidend ist für den Rang des Eintrages. Es wird also jedes Gesuch nicht nur mit dem Tag des Einlaufes bezeichnet, sondern auch sofort mit einer Reihenzahl versehen, welche gegenüber später einlaufenden Gesuchen den Vorrang sichert. Bei gleichzeitig einlangenden Gesuchen wird der Umstand der Gleichzeitigkeit auf allen bemerkt.

III. a) Bücherliche Eintragungen können nur auf Grund von schriftlichen Belegen (Tabularurkunden) über die einzutragende Rechtsänderung bewilligt werden. Die Urkunde muß selbstverständlich frei sein von sichtbaren Mängeln, welche ihre Glaubwürdigkeit beeinträchtigen; sie muß nach Ort und Tag genau datiert sein und die an dem Rechtsgeschäft beteiligten Personen unzweideutig bezeichnen § 27 GbG. Sachlich muß die Urkunde einen gültigen Rechtsgrund der beabsichtigten Rechtsänderung enthalten und in der ihrem Inhalt entsprechenden Form ausgestellt sein § 26 GbG. Das Erfordernis des gültigen Titels war zwar schon nach § 435 a. b. GB. anzunehmen, ist aber jetzt ausdrücklich ausgesprochen.

b) Die Eintragung erfordert stets die Vorlage der Originalurkunde, auf welcher der erfolgte Eintrag bestätigt wird. Für die Urkundensammlung wird das Original oder eine beglaubigte Abschrift zurückgehalten.

Kann das Original nicht sofort vorgelegt werden, wohl aber eine beglaubigte Abschrift, so wird das Ansuchen vorläufig von amtswegen angemerkt zur Wahrung des Ranges „bis zum Einlangen des Originals“ (§ 88 GbG.) Ist das vorgelegte Original nicht in der gerichtsüblichen Sprache abgefaßt, so muß dem Gesuche eine beglaubigte Übersetzung beigelegt werden; fehlt dieselbe, so wird das Gesuch von amtswegen angemerkt „bis zum Einlangen der Übersetzung“ § 89 GbG. Erfolgt der Nachtrag des Originals oder der notwendigen Übersetzung nicht in der vom Gerichte bestimmten Frist, so wird die Anmerkung des Gesuches wieder von amtswegen gelöscht.

IV. Die definitive Eintragung einer Rechtsänderung, die „Einverleibung“ kann nur erfolgen, wenn neben den unter III erwähnten noch folgende Erfordernisse vorliegen:

a) Es muß eine ausdrückliche Bewilligung zur Einverleibung (Aufsandung) seitens des Vormannes vorliegen, dessen Recht übertragen, belastet oder aufgehoben werden soll; oder die Aufsandung muß durch eine rechtskräftige behördliche Verfügung ersetzt sein.

b) Die notwendigen Urkunden (über den Rechtsgrund, die Aufsandung usw.) müssen entweder öffentliche Urkunden (nach § 33 GbG.) oder mit beglaubigten Unterschriften versehen sein. Ist eine Urkunde von einem Machthaber des aufsandenden Vormannes ausgestellt, so muß auch eine auf dieses konkrete Geschäft lautende Vollmacht (§ 1008 a. b. GB.) oder eine allgemeine Vollmacht, die nicht älter ist als ein Jahr, vorgelegt werden (§ 31 GbG.).

Was die Beglaubigung oder Legalisierung der Tabularurkunden (s. dazu Ges. 4. Juni 1882, Nr. 67) betrifft, so kann dieselbe durch das Gericht bewirkt werden, das zu diesem Amtsakt verpflichtet ist, oder durch einen Notar; dabei ist vorausgesetzt, daß der Aussteller der Urkunde dem Gerichtsbeamten oder Notar persönlich bekannt ist oder seine Identität durch zwei dem Legalisierenden bekannte Zeugen beweist. In Tirol wurde die Beglaubigung von Tabularurkunden erleichtert, indem sie nach Ges. v. 17. März 1897 Art. X erfolgen kann durch besondere in jeder Gemeinde zu bestellende Legalisatoren. Bei geringfügigen Sachen bis zum Werte von 200 K. genügt allgemein statt der Legalisierung eine private Bestätigung der Unterschrift durch zwei Zeugen.

V. Die Vormerkung entspricht inhaltlich der Einverleibung und kann überall an Stelle der Einverleibung angewendet werden. Die Fälle der Vormerkung zerfallen in zwei juristisch ganz verschiedene Gruppen:

a) In den in § 38 GbG. aufgezählten und etwaigen verwandten Fällen, liegt für den bücherlichen Eintrag nur ein bedingter Titel, z. B. ein nicht rechtskräftiges Urteil erster Instanz vor, während die formellen Erfordernisse des Eintrages völlig erfüllt sein können. Hier hätte das Gesetz auch die Einverleibung der formell erwiesenen, aber suspensiv bedingten Rechtswirkung verordnen können, und es ist nur eine technische Besonderheit unseres Grundbuchsverfahrens, wenn statt dessen eine Vormerkung angewendet wird. Die Vormerkungen dieser Art sind wie bedingte Eintragungen zu behandeln, und was in § 41 GG. als Rechtfertigung derselben bezeichnet wird, ist nur die Entscheidung der Bedingung, die einfach abzuwarten ist.

Zu diesen Fällen der Vormerkung tritt noch der eigentümliche Fall des § 822 a. b. GB., nach welchem die Gläubiger des Erben zu ihrer Sicherstellung auf das dem Erben angefallene Erbgut durch Erwirkung von Vormerkungen greifen können. Daß es in diesem Falle nicht zu einer Einverleibung kommt, liegt daran, daß derjenige, gegen welchen die Vormerkung erwirkt wird, noch nicht der definitive bücherliche Vormann ist. Die Rechtfertigung dieser Vormerkung wird bewirkt durch die bücherliche Einverleibung der betreffenden Rechte des Erben nach erfolgter Einantwortung der Erbschaft. Nach der gegenwärtigen Grundbuchseinrichtung hätte hier der gleiche praktische Erfolg richtiger durch eine Anmerkung des Ranges zugunsten des Gläubigers des Erben erzielt werden können.

b) Ganz anders geartet sind die typischen Fälle der Vormerkung, in denen dieselbe eine Notwendigkeit ist. Hier fehlt dem Grundbuchsgesuche eines der formellen Erfordernisse, z. B. die Legalisierung der Unterschrift des Vormannes oder die Aufsandung, während für den Eintrag ein definitiver gültiger Titel bescheinigt ist. Für das Bestandrecht, Vorkaufs- und Wiederkaufsrecht muß natürlich neben dem obligatorischen Rechtsverhältnis auch die Gestattung der Intabulation bescheinigt sein (§ 37 GbG.). Ebenso muß für die Vormerkung einer Hypothek neben der Pfandforderung auch ein Titel im Sinne von §§ 449, 450 a. b. GB. bescheinigt werden, welcher gerade dieses Objekt als Pfand für diese Forderung bestimmt (§ 36 GbG.). Die letzte Bestimmung bedeutet eine materielle Änderung gegenüber der praktisch verwerflichen Bestimmung von § 453 a. b. GB., welche bewußt eine Ausnahme von dem Erfordernis des Titels für den Pfandrechtserwerb machte (Exner, Pfandrechtspränotion; Protokolle I, S. 299).

Die Rechtfertigung der Vormerkung erfolgt hier durch den Nachtrag dessen, was bisher zur Eintragung gefehlt hat, z. B. der Aufsandungserklärung des Vormannes, der Legalisierung der Unterschrift usw. Kann der Vorgemerkte das zur Rechtfertigung notwendige Material nicht anders rechtzeitig, nämlich binnen 14 Tagen von der Zustellung des Vormerkungsbescheides erlangen, so muß er innerhalb dieser (verlängerbaren) Frist die Klage erheben (§ 43 GbG.). Ob hier die normale Klage aus dem zugrunde liegenden Rechtsverhältnis (z. B. Kaufvertrag) auf Erteilung der Aufsandung oder auf Ausstellung einer intabulationsfähigen Urkunde gemeint ist, oder ob eine besonders formulierte Feststellungsklage auf Anerkennung der Rechtfertigung der Vormerkung einzubringen sei, erscheint zweifelhaft; für das letztere spricht der Wortlaut des Grundbuchsgesetzes.

Wenn die Vormerkung nicht gerechtfertigt wird, so kann die Löschung derselben auf Ansuchen des durch die Vormerkung Belasteten (Vormerkungsgegners) herbeigeführt werden, nicht aber von amtswegen (§ 45, Abs. 1 GbG.). Über das Ansuchen des Vormerkungsgegners ist eine Verhandlung einzuleiten, in welcher der Vormerkende den Nachweis zu liefern hat, ob die Vormerkung gerechtfertigt wurde oder ob die Frist zur Rechtfertigung noch offen ist, widrigens die Löschung der Vormerkung erfolgt.

Die Rechtfertigung ist ausgeschlossen, wenn in den Fällen a) die Bedingung ausgefallen, also die vorläufige Verfügung in höherer Instanz nicht bestätigt wurde; in den Fällen b) wenn entweder die Frist zur Klage ungenützt verstrichen ist oder die eingebrachte Klage rechtskräftig abgewiesen wurde. Die einmal gestrichene Vormerkung kann neuerlich eingebracht werden, wenn die Rechtfertigung nur aus formellen Gründen unterblieben ist, nicht aber dann, wenn der Grund der Vormerkung rechtskräftig aberkannt wurde.

Die Wirkung der Rechtfertigung richtet sich nach dem Zeitpunkte des Einlangens des Vormerkungsgesuches, ohne Rücksicht auf weitere im Grundbuch eingetretene Veränderungen.

Wird die Vormerkung gerechtfertigt, so sind alle seither erfolgten Eintragungen von amtswegen zu löschen, welche mit dem vorgemerkten und nun rechtskräftig gewordenen Rechtsverhältnisse im Widerspruche stehen.

Die Eintragung einer Vormerkung auf Grund einer von dem Vormerkungsgegner dazu erteilten Bewilligung (wie nach D.BGB. § 885) ist in unserem Grundbuchswesen nicht vorgesehen; eine ähnliche Wirkung kann aber erreicht werden durch die „Anmerkung der Rangordnung“ nach § 53 f. GbG. (siehe unten).

VI. Auch die Eintragungen in dem ersten Teile des Gutsbestandsblattes, die „Zuschreibung“ oder „Abschreibung“ heißen, können nur auf Grund gerichtlichen Bescheides erfolgen und unterliegen bestimmten Rechtsregeln.

Die Hinzufügung eines neuen Grundstückes zu einem bestehenden Grundbuchskörper ist prinzipiell allgemein zulässig, und begegnet keiner praktischen Schwierigkeit, wenn der zuzuschreibende Teil lastenfrei ist. Daß auf den zugefügten Teil die auf dem bisherigen Grundbuchskörper ruhenden Lasten sich von selbst erstrecken, folgt aus der juristischen Einheit des Grundbuchskörpers. Sind die zu vereinigenden Grundstücke verschieden belastet, so besteht ein faktisches Hindernis der Vereinigung; ausnahmsweise können in Tirol verschieden belastete Grundstücke zu einem geschlossenen Hof vereinigt werden (§ 4 LG. v. 17. März 1879).

Was die Abtrennung betrifft, so kann der abgetrennte Teil zu einem neuen Grundbuchskörper gemacht werden, welcher demselben Eigentümer zugehört und auf welchen der ganze bisherige Lastenstand des alten Grundbuchskörpers übertragen wird, wobei die Hypotheken als Simultanhypotheken aufrecht zu erhalten sind. Auch dieser Vorgang ist allgemein zulässig (Ges. v. 6. Februar 1869 Nr. 18) auf Wunsch des Eigentümers, wenn nur ein Interesse desselben für diese Vervielfältigung von Grundbuchskörpern ersichtlich ist (z. B. bei Bauparzellen).

Wird bei der Abschreibung aber der abgeschriebene Teil einem anderen Grundbuchskörper hinzugefügt, so wird die Übertragung des Lastenstandes regelmäßig nicht möglich sein, es wird daher die Abschreibung nur „lastenfrei“ erfolgen können. In diesem Falle bedarf es zur Abschreibung auch der Zustimmung der an dem ursprünglichen Grundbuchskörper dinglich berechtigten Personen.

Da diese Zustimmung oft nicht leicht zu erreichen ist, wurde zur Erleichterung des Grundstücksverkehrs durch das Ges. v. 6. Februar 1869 Nr. 18 dem Eigentümer folgende Möglichkeit gegeben. Wenn er die Abschreibung eines Teiles beabsichtigt, kann er um die Anmerkung des Abtrennungsbegehrens ansuchen und durch diese Anmerkung bewirken, daß alle Gläubiger, welche nach derselben auf dem Grundstücke eingetragen werden, keinen Einspruch gegen die Abtrennung erheben können. Von dem Gesuche um Abtrennung werden ferner alle Hypothekare verständigt, mit der Aufforderung, binnen einer bestimmten Frist einen Einspruch gegen die lastenfreie Abtrennung zu erheben, widrigens ihre Einwilligung zur Abtrennung als gegeben angesehen wird. Wird der Einspruch jedoch rechtzeitig erhoben, so steht es dem Eigentümer frei, denselben durch Bezahlung der Hypothekarschuld zu beseitigen, selbst dann, wenn die Hypothekarschuld noch nicht fällig und noch nicht kündbar ist, in welchem Falle aber auch ein eventueller Schaden wegen vorzeitiger Zahlung zu vergüten ist. Endlich kann der erhobene Widerspruch in manchen Fällen auch durch Entscheidung des Gerichtes beseitigt werden, wenn ersichtlich ist, daß die Abschreibung die Sicherheit der Hypotheken nicht gefährdet, so bei dem besonderen Verfahren der Zusammenlegung (Kommassation) landwirtschaftlicher Güter (Ges. v. 7. Juni 1883 Nr. 92), wo prinzipiell nur ein Austausch von Parzellen erfolgt; ferner bei der Abtrennung von Grundstücken zum Zwecke der öffentlichen Wege- und Wasseranlagen (Ges. v. 11. Mai 1894, Nr. 126), wo meist nur geringfügige Teile in Betracht kommen, die den Wert des Pfandobjekts nicht wesentlich verringern.

Das Gutsbestandsblatt hat in einem zweiten Teile auch „diejenigen dinglichen Rechte anzugeben, welche mit dem Eigentume des Grundbuchkörpers, oder eines Teiles desselben verbunden wird“ (§ 7 LGess. über Anlegg. d. Gr.); dabei ist der Ausdruck „dingliche Rechte“ zu eng, es werden unbezweifelt alle Realrechte eingetragen, so radizierte Gewerbe, Patronat, Wasserrechte an öffentlichen Flüssen, Rentrechte usw.

Diese Anführung der Realrechte im Gutsbestandsblatt ist eine „Ersichtlichmachung", die bei Servituten von amtswegen erfolgt (§ 8 LGess. usw.), und die ohne Einfluß auf das rechtliche Schicksal der Realrechte bleibt. Eine Abschreibung der Realrechte mit Übertragung auf ein anderes Grundstück ist regelmäßig ausgeschlossen (außer etwa bei Gewerberechten); wohl aber kann die Löschung derselben in Betracht kommen. Auf diesen Fall können die Regeln über Abschreibung von Parzellen keine Anwendung finden, wenn es auch als selbstverständlich erscheint, daß die Aufhebung von Realrechten durch den Eigentümer allein ohne Zustimmung der Hypothekare des berechtigten Grundstücks nicht zulässig sein kann. In bezug auf Gewerberecht ist jedoch durch J. Min. V. v. 31. Oktober 1856, Nr. 204) der bücherlichen Ersichtlichmachung die Bedeutung einer bücherlichen Einverleibung zugesprochen und die Zustimmung der Hypothekare zur Löschung als notwendig erklärt worden.

Die in Tirol (durch Reichsges. v. 17. März 1897, Nr. 77, Art. IV) vorgesehene „Bemerkung", daß auf einem Grundstück Bäume als selbständige Rechtsobjekte sich befinden, wird nach Art. V cit., wie eine Einverleibung behandelt, hat aber nicht die Natur eines Realrechts, sondern einer Reallast.

VI. Neben den bisher besprochenen kennt die österr. Grundbuchseinrichtung noch eine weitere Gruppe von bücherlichen Eintragungen, die in § 8 GbG. als „bloße Anmerkungen" bezeichnet wird. Sie kommen in allen drei Blättern des Grundbuchs vor und sind allgemein dadurch charakterisiert, daß sie nicht (wie Einverleibung und Vormerkung) unmittelbar Rechtsänderungen bewirken; ihre positive Bedeutung ist sehr verschieden. Die Lehre von den Anmerkungen ist im Grundbuchgesetz nicht vollständig durchdacht und nicht überall klar ausgedrückt; die gerichtliche Praxis hat das Anwendungsgebiet der Anmerkungen sehr erweitert, teils in richtiger Analogie der gesetzlichen Grundgedanken, teils aus Rücksichten einfacherer bücherlicher Technik.

a) In Form der Anmerkung sollen nach § 20 a, GbG. ersichtlich gemacht werden persönliche Verhältnisse des im Buche als berechtigt eingetragenen, welche dessen Verfügungsfähigkeit beschränken, wie Minderjährigkeit, Verlängerung der väterlichen Gewalt, Kuratel, Konkurseröffnung. Diese Verhältnisse wirken schon an sich ohne bücherliche Ersichtlichmachung, und wer durch die Verfügung eines nicht Verfügungsfähigen unrichtiger Weise einen bücherlichen Eintrag erwirkt hat, kann sich nicht etwa auf die Unkenntnis dieses Umstandes berufen, denn der öffentliche Glaube des Grundbuchs betrifft nicht die persönlichen Verhältnisse. Die Anmerkung dieser persönlichen Verhältnisse hat also keinerlei juristische Wirkung, sie erfolgt nur zu größerer Sicherheit und Bequemlichkeit des Publikums; wir nennen solche Anmerkungen genauer Ersichtlichmachungen.

b) Die Praxis bewirkt durch Anmerkung auch die durch persönliche Verhältnisse notwendig werdenden Änderungen der Bucheinträge, wenn z. B. der Name des Berechtigten sich ändert infolge von Adelsverleihung, Adoption, Verehelichung usw. Die Anmerkung bietet hier die technisch einfachste Form für diese gesetzlich nicht vorgesehenen Vorgänge.

c) Ersichtlichmachungen ohne besondere juristische Wirkung liegen neben anderen (§§ 99, 129, 133 GbG.) ferner vor bei der unter V erwähnten Angabe von Realrechten im Gutsbestandsblatt, sowie bei der bücherlichen Anmerkung von rechtlichen Vorgängen, welche schon außerbücherliche sachenrechtliche Wirkungen ausüben, wie die Anmerkung mancher Vorgänge im Exekutionsverfahren (z. B. Erteilung des Zuschlags § 237 EO.) und die Anmerkung des Enteignungserkenntnisses (siehe darüber unten § 14 V, § 16 II).

d) Anmerkungen mit eigenen juristischen Folgen ordnet das Gesetz selbst aus Rücksicht der Einfachheit an, wo auch eine andere bücherliche Form möglich wäre, so die Anmerkung wegen Mangels des Originals oder der Übersetzung einer Urkunde (siehe oben III b), die Anmerkung der Simultanhaftung bei Hypotheken, die Anmerkung, daß ein Grundstück zum Bergbuche gehört (oben § 2, IV).

e) Als Streitanmerkung wird in § 61 f GbG. bezeichnet der Widerspruch gegen die Richtigkeit des Buchstandes; die Wirkung dieser Anmerkung besteht darin, daß die Berufung auf den öffentlichen Glauben in bezug auf den widersprochenen Buchstand ausgeschlossen und dessen Anfechtung gegen jeden Dritten gesichert wird. Ihrem Wesen nach ist die Streitanmerkung dort zulässig, wo gegen einen Buchstand ein sachenrechtlicher Anspruch erhoben werden kann oder wo ein Umstand vorliegt, der eine sachenrechtliche Einwendung gegen das Recht des bücherlichen Vormannes begründet. Obligatorische Verhältnisse begründen niemals sachenrechtliche mala fides und können nicht zur Streitanmerkung führen. Das Gesetz führt mehrere, aber nicht alle Fälle an, in welchen eine sachenrechtliche Anfechtung des Buchstandes zur Streitanmerkung führen kann; die Praxis hat in richtiger Anwendung des Prinzips die Streitanmerkung über den Wortlaut des Gesetzes hinaus zugelassen (dagegen Randa Eigt. S. 508).

f) Andere Anmerkungen haben den Zweck, die Wirkung geschäftlicher oder prozessualer Vorgänge über die unmittelbar beteiligten Parteien hinaus auf jeden bücherlichen Nachfolger auszudehnen, so die Aufkündigung einer Hypothek, die Hypothekarklage, die Klage auf Aufhebung der Gemeinschaft usw.

g) Besondere Natur hat die in § 53 f angeordnete „Anmerkung der Rangordnung" (dazu unten § 13 IV e) und § 30 VI; Bartsch, S. 541), sowie die Anmerkung des Trennungsgesuches (oben VI).

h) Die Praxis hat im Interesse der Einfachheit die Form der Anmerkung zugelassen, wo zweifellos eine Einverleibung möglich, wenn nicht notwendig ist. So wurde früher selbst die Beschränkung des Eigentums durch fideikommissarische Substitution mittels Anmerkung erledigt, was aber wohl überwunden ist. Doch ist noch die Anmerkung üblich bei der Prioritätsabtretung, bei dem Verzicht auf die Teilung des Miteigentums, bei dem Vertrag auf Gütergemeinschaft der Ehegatten (§ 1236 a. b. GB.), bei Änderung der Verzinsung und Kündigungsbedingungen der Hypothek (siehe Bartsch S. 596 f.).

§ 4. Grundbuchsrecht.

I. Rechtsverhältnisse, die im Grundbuche eingetragen werden können (bücherliche Rechte) sind nach § 9 GG. alle dinglichen Rechte und Lasten, sowie das Wiederkaufs-, Vorkaufs- und das Bestandrecht. Als dingliche Rechte erscheinen Eigentum, Pfandrecht, Servituten und Reallasten.

Nach § 4 des Grundbuchsgesetzes ist der Eintrag im Grundbuche notwendig für die Erwerbung, Übertragung, Aufhebung und Beschränkung der bücherlichen Rechte. Dieser Rechtssatz, der als Eintragungsprinzip bezeichnet wird, ist aber hier zu weit gefaßt; er bezieht sich nur auf willkürliche Abänderungen der bücherlichen Rechtsverhältnisse, nicht aber auf jene, die kraft anderer Rechtsregeln von selbst erfolgen. Es werden also Rechte an eingetragenen Grundstücken auch außerbücherlich erworben in folgenden Fällen: durch Erbgang, durch Ersitzung, durch Verjährung, durch Expropriation, durch die Vorgänge an fließenden Gewässern, die unter den Gesichtspunkt des Uferrechtes fallen, durch redliche Bauführung nach § 418 a. b. GB., durch exekutive gerichtliche Versteigerung, und bei dem Anfall konzessionierter Bahnen an den Staat. Die genauere Ausführung dieser Regeln siehe unten beim Eigentum. (Randa, „Eigentum", § 17.)

Es gibt also auch an „verbücherten Grundstücken" sachenrechtliche Verhältnisse, die nicht verbüchert (außerbücherlich) sind; und die im Grundbuch noch eingetragenen Sachenrechte sind manchmal außerbücherlich aufgehoben. Der Buchstand und das materielle Recht fällt daher nicht immer zusammen.

II. Die Tatsache, daß ein Rechtsverhältnis im öffentlichen Buche eingetragen ist, die man „Buchstand", „Tabularbesitz" nennt, ist nicht nur die Voraussetzung für geschäftliche Änderungen der Sachenrechte, sondern sie bedeutet auch einen praktischen Vorteil, auf den der Berechtigte auf Grund seines Sachenrechtes einen Anspruch hat. Derjenige, dessen Sachenrecht bereits im Grundbuche eingetragen ist, hat einen sachenrechtlichen Anspruch auf Fortbestand seines Buchstandes; derjenige der ein Sachenrecht außerbücherlich erworben hat, welches noch nicht im Grundbuche eingetragen ist, hat einen sachenrechtlichen Anspruch auf Herstellung des seinem Rechte entsprechenden Buchstandes. Dieser sachenrechtliche Anspruch auf Berichtigung des Buchstandes ist genau zu unterscheiden von obligatorischen Ansprüchen, durch welche der im Grundbuche Eingetragene (Vormann) verpflichtet wird, der Eintragung eines anderen zuzustimmen, (z. B. bei mündlichem Verkauf eines Grundes oder bei der Zession einer Hypothekarforderung). Der Anspruch auf den Buchstand gehört also zum Inhalt des Sachenrechtes und kann gegen denjenigen, welcher einen, dem Sachenrechte widerstreitenden Buchstand innehat, mit einer sachenrechtlichen oder dinglichen Klage durchgesetzt werden, einer Klage, welche teilweise der actio negatoria, teilweise der Vindikation ähnlich ist (siehe Pfersche Allg. L. § 18 III).

Die Vorteile, welche der Buchstand mit sich bringt, bestehen darin, daß der Buchstand von dem Beweise des eingetragenen Rechtes befreit, daß er ferner die Dispositionsmöglichkeit über das Rechtsverhältnis gewährt und daß er endlich die Gefahr eines Rechtsverlustes anschließt, die dem im Buche nicht eingetragenen Sachenrechte kraft des Publizitätsprinzipes (siehe unten IV) drohen kann.

III. Die materielle Bedeutung des Grundbuchwesens kann gesetzlich verschieden gestaltet sein, so kann das Gesetz die Regel aufstellen, daß jeder formell korrekte, rechtskräftige Eintrag im Grundbuche eine definitive sachenrechtliche Wirkung ausübt, eine Regel, die man als das Prinzip der „formellen Rechtskraft" des Bucheintrages bezeichnet. Wenn also ein sachlich nicht gerechtfertigter Eintrag nach den formellen Regeln des Grundbuchverfahrens vollendet ist und im Wege des Rekurses nicht beseitigt wird, so kann nach diesem Prinzip derjenige, welcher durch diesen Eintrag einen Verlust erleidet, nur den Weg einer obligatorischen Klage (Kondiktion) beschreiten, indem er nachweist, daß der Eintrag gegen die materielle Rechtslage verstößt und dem Eingetragenen einen ungerechtfertigten Vorteil verschafft hat.

Das Prinzip der formellen Rechtskraft ist jedoch im österreichischen Grundbuchwesen nur in beschränktem Umfange durchgeführt. Wenn durch eine fehlerhafte Buchung (z. B. bei Anlegung der Grundbücher), oder wenn auf Grund einer gefälschten oder irrtümlich ausgestellten Urkunde ein Eintrag erfolgt, welcher zwar formell vollendet ist, aber dem materiellen Rechte widerspricht, so kann gegen den Eingetragenen nicht nur eine obligatorische Klage, sondern auch eine sachenrechtliche Klage auf Herstellung des richtigen Buchstandes eingebracht werden. Derjenige, der durch eine ungerechtfertigte Eintragung seinen Buchstand verloren hat, kann die Beseitigung des unrichtigen Eintrags mit einer Klage verlangen, welche im § 61 GbG. als „Löschungsklage" bezeichnet und zweifellos als eine sachenrechtliche Klage charakterisiert ist. Aber auch derjenige, der außerbücherlich ein neues Sachenrecht erworben hat, kann die Berichtigung des ungerechtfertigt gewordenen Buchstandes mit einer gleichartigen Klage auf Berichtigung des Buchstandes verlangen.

Die formelle Rechtskraft des Bucheintrags ist also insoweit ausgeschlossen, als eine sachenrechtliche Anfechtung des Buchstandes möglich ist, und es bleibt nur noch von der anderen Seite die Frage zu beantworten, wie weit oder unter welchen Umständen die Anfechtung eines Buchstandes erfolgen kann.

IV. Die Sicherheit des sachenrechtlichen Verkehrs wird geschützt durch den Rechtsatz, daß der redliche Erwerb im Vertrauen auf das öffentliche Buch als unanfechtbar gilt. Dieser Rechtssatz, den man das „Publizitätsprinzip" nennt, verknüpft sich mit dem Prinzip der „formellen Rechtskraft" in der Art, daß nach österreichischem Rechte der Bucheintrag nur insoweit formelle Rechtskraft erlangt, als es das Publizitätsprinzip fordert, also nur zugunsten von redlichen Verkehrsgeschäften. Es gelten daher folgende Normen.

a) Die sachenrechtliche Anfechtung eines materiell unrichtigen Bucheintrags ist gegenüber demjenigen, zu dessen Gunsten dieser Eintrag lautet (wir nennen ihn den ersten Erwerber), dauernd möglich, oder doch nur beschränkt „durch die bestehenden zivilrechtlichen Bestimmungen über die Verjährung" (§ 62 GbG). Die Anfechtung wird also nur ausgeschlossen durch den Wegfall des Anfechtungsrechtes (z. B. wegen Zwang in drei Jahren § 1487 a. b. GB.) oder durch die dreißigjährige Verjährung; die in der Praxis noch immer vertretene (z. B. Slg. NF. 1831) Ansicht, daß in § 62 GbG. die Tabularersitzung nach § 1467 a. b. GB. gemeint sei, ist unmöglich, da sie dem Wesen der Tabularersitzung (die einen gültigen Titel erforderte) und dem Wortlaut wie der Geschichte des Grundbuchsgesetzes widerspricht (siehe v. Schey in Z. f. Not. 1910 Nr. 13).

b) In gleichem Umfange wie gegen den ersten Erwerber erfolgt die Anfechtung eines materiell unrichtigen Bucheintrages, sowie der weiteren, auf demselben beruhenden Bucheinträge auch gegen

α) die Universalsukzessoren des ersten Erwerbers;

β) seine Konkursmasse und seine Einzelgläubiger, die im Exekutionswege Rechte an dem ungültigen Buchstande erworben haben;

γ) gegen seine Singularsukzessoren, welche von ihm auf Grund des unrichtigen Buchstandes geschäftlich bücherliche Rechte erworben haben, wenn denselben von dem Anfechtenden Unredlichkeit nachgewiesen werden kann. Unter Unredlichkeit ist im Sinne des a. b. GB. (siehe unten § 7 III) das Wissen oder das Wissenmüssen von der sachenrechtlichen Unrichtigkeit des Buchstandes, also von dem Rechtsmangel des Vormannes zu verstehen; die Kenntnis von obligatorischen Verhältnissen, die durch den sachenrechtlichen Erwerb verletzt werden, kann im Sachenrecht keine Unredlichkeit begründen. Die Unentgeltlichkeit des Erwerbs begründet keine erweiterte Anfechtbarkeit (siehe Randa, Eigt. S. 541, N. 7).

c) Dagegen wirkt die Anfechtung eines materiell unrichtigen Eintrages gegenüber einem Singularsukzessor, dem nicht Unredlichkeit nachgewiesen ist, nur dann, wenn die Anfechtung erfolgt, solange der anzufechtende erste Eintrag noch nicht formal rechtskräftig geworden ist. Ein redlicher Singularsukzessor wird also von der Anfechtung nur innerhalb folgender zeitlicher Grenzen betroffen:

α) Ist derjenige, der durch den anfechtbaren Eintrag geschädigt wird, von der Bewilligung dieses Eintrags nicht vorschriftsmäßig verständigt worden, so behält er durch drei Jahre von dem Ansuchen um den anfechtbaren Eintrag sein Klagerecht gegen alle Sukzessoren (§ 64 GbG.).

β) Ist der Verletzte jedoch von dem anfechtbaren Eintrag verständigt worden, so behält er ein absolutes Anfechtungsrecht nur dann, wenn er innerhalb der Rekursfrist (von 30 oder 60 Tagen) die Streitanmerkung (Widerspruch) begehrt (§ 63 GbG.); doch muß innerhalb von weiteren 60 Tagen die Anfechtungsklage erhoben, oder wenn die Anfechtung auf die Behauptung einer strafbaren Handlung gestützt wird, mit der Streitanmerkung auch die Bestätigung über die erfolgte Strafanzeige beigebracht werden (§ 66, 67 GbG). Unter diesen Voraussetzungen kann die Löschungsklage mit Erfolg nicht nur gegen den ersten anfechtbaren Eintrag, sondern auch gegen alle weiteren, auf demselben beruhenden Einträge erhoben werden, auch wenn die weiteren Einträge schon vor der Streitanmerkung redlich angesucht waren; die nach der Streitanmerkung angesuchten Einträge gelten natürlich nicht als redlich.

Die Wirkung des Publizitätsprinzips tritt also nach österreichischem Recht nicht sofort mit Vollzug eines Eintrages ein, sondern erst dann, wenn der Eintrag nach Ablauf der angegebenen Fristen formell unanfechtbar geworden ist.

V. Die in § 1467, 1469 a. b. GB. statuierte Tabularersitzung ist durch die eben dargestellte, weitergehende Wirkung des Publizitätsprinzips aufgehoben worden, da Art. IV des Einführungsgesetzes zum allg. Grundbuchgesetz verfügt, daß alle Gesetze außer Kraft treten, welche Gegenstände dieses Gesetzes betreffen, soweit sie durch dasselbe geregelt sind". Der Nachweis dieses in der Theorie fast allgemein anerkannten, von der Praxis aber (wenigstens in den Motivierungen, weniger in den Entscheidungen) geleugneten Satzes liegt darin, daß die Tabularersitzung nur in solchen Fällen zur Anwendung kommen kann, welche nach dem Publizitätsprinzip durch § 61 f GbG. geregelt sind (siehe v. Schey in Zeitsch. f. Not. 1910 Nr. 13; genaueres unten in der Lehre vom Eigentum).

VI. Die eben dargestellten Regeln des Grundbuchrechtes beziehen sich auf die Einträge und Veränderungen, welche in den seit 1871 fertiggestellten Grundbüchern erfolgen. Es ist noch hinzuzufügen, unter welchen Umständen dieselben Regeln Anwendung zu finden haben auf die Herstellung der neuen Grundbücher, sowie auf etwaige Wiederherstellungen oder Ergänzungen derselben. Die Vorschriften darüber enthält das Gesetz vom 25. Juli 1871, Nr. 96.

Wenn aus irgend einem Anlaß ein neues Grundbuch anzulegen ist, so wird die Eintragung in das Gutsbestandsblatt und in das Eigentumsblatt zunächst von amtswegen entworfen und durch eine amtliche Untersuchung geprüft, wobei etwaige bestehende ältere Grundbücher als Grundlage zu dienen haben. Der amtliche Entwurf der Grundbuchseinlagen wird veröffentlicht, mit der Aufforderung, gegen diesen Eintrag eventuell Widerspruch zu erheben innerhalb einer bestimmten Frist, widrigens der amtliche Entwurf als rechtskräftig anzusehen wäre. Wird ein Widerspruch gegen den Eintrag rechtzeitig erhoben, so wird über denselben verhandelt, eventuell der Widersprechende zu einer Klage angewiesen, welche dann über den neuen Buchstand entscheidet. Der unwidersprochen gebliebene Eintrag, sowie der auf einem gerichtlichen Urteil beruhende Eintrag hat dieselbe juristische Bedeutung wie der von dem Grundbuchsgericht bewilligte Eintrag in bereits bestehende Bücher.

Er bildet also die Grundlage für weiteren Rechtserwerb kraft des Publizitätsprinzips, und eine Anfechtung desselben kann nur insoweit erfolgen, als sich die Anfechtung gegen denjenigen richtet, der durch einen neuen Eintrag unmittelbar ein Recht erworben hat, oder gegen seine Erben und unredliche Sigularsukzessoren, nicht aber gegen die redlichen Nachfolger.

Ist die Frist zum Widerspruche gegen den Eintrag in das Eigentumsblatt abgelaufen, so wird in einem zweiten Edikt das inzwischen amtlich entworfene Lastenblatt veröffentlicht, in welches die amtlich ermittelten oder aus früheren Grundbüchern entnommenen Rechtsverhältnisse provisorisch unter der Überschrift „alte Lasten" eingetragen sind. Nach Ablauf der zum Widerspruch im Edikt festgesetzten Frist oder auf Grund eines über einen Widerspruch ergangenen rechtskräftigen Urteils, erhalten auch die Einträge im Lastenblatt die rechtliche Bedeutung normaler Bucheinträge.

Im Prinzip findet dasselbe Verfahren auch dann statt, wenn in das Grundbuch nachträglich ein einzelnes Objekt eingetragen wird, (z. B. Parzellen des öffentlichen Gutes, welche Privatgut werden sollen); doch kann in solchen Fällen, wo die Rechtsverhältnisse regelmäßig viel einfacher liegen, von dem Aufforderungsverfahren und den Fristen abgesehen werden.

Das Eigentum.

§ 5. Wesen und Inhalt des Eigentumsrechtes.

I. Eigentum im Sinne voller rechtlicher Zugehörigkeit wird im Gesetz gelegentlich auch in bezug auf unkörperliche Dinge gebraucht (§§ 353, 1424, Eigentum an Forderungen). Im Sachenrecht bedeutet Eigentum das Rechtsverhältnis, das einer Person prinzipiell die unbeschränkte Verfügung über eine körperliche Sache unter Ausschluß jeder anderen Person gewährleistet (§§ 354, 362). Neben der Verfügung über die Substanz der Sache und der Ausschließung jedes anderen von derselben, gebührt dem Eigentümer prinzipiell auch die Verfügung über seine Rechtsstellung und bei Grundstücken auch das Eingetragensein im Grundbuche (Buchstand oder Tabularbesitz).

Die prinzipielle Unbeschränktheit des Eigentums erfährt jedoch mancherlei Einschränkungen durch privatrechtliche und verwaltungsrechtliche Normen, welche teils einfache Verbote enthalten oder Verpflichtungen auferlegen, teils beschränkende Rechte Dritter begründen. Von Pfandrecht, Servituten, Reallasten und von den Bestimmungen über Gewässer und Ufergrundstücke ist später besonders zu sprechen, hier nur folgendes zu erwähnen.

II. Aus öffentlichen Rücksichten ist das Eigentum an Grundstücken vielfach beschränkt. Eine Bauführung bedarf formell vorheriger Anzeige und der Einwilligung der Baubehörde (vgl. § 340 a. b. GB.) und unterliegt besonders in geschlossenen Ortschaften materiell manchen Beschränkungen. Das Forstgesetz sucht auf die Erhaltung der Wälder hinzuwirken und unwirtschaftliche Waldausnützung zu verhindern, und legt in dieser Richtung dem Waldeigentümer manche Verbote und Verpflichtungen auf (siehe S c h i f f, Agrarrecht S. 101 f.). Das Berggesetz nötigt den Grundeigentümer, das Schürfen nach vorbehaltenen Mineralien gegen Entschädigung zu gestatten. Das Jagdgesetz anerkennt zwar das Jagdrecht des Grundeigentümers, gestattet aber die selbständige Ausübung der Eigenjagd nur bei zusammenhängendem Grundbesitz von 115 ha (200 Joch), während auf kleineren Grundstücken die Jagd gemeindeweise nach bestimmten Vorschriften gemeinsam ausgeübt werden muß (siehe unten § 8 II). Endlich bringt das Interesse an der Anlegung und Erhaltung von öffentlichen Straßen und Eisenbahnen manche Beschränkungen für die anliegenden Grundstücke mit sich.

III. Privaten Interessen dienen folgende Bestimmungen. Nach § 384 ist dem Eigentümer des ausgeflogenen Bienenschwarmes oder eines entlaufenen Tieres zum Zwecke der Wiedererlangung desselben das Betreten von Nachbargrundstücken gegen nachträglichen Ersatz etwaigen Schadens gestattet, also nicht als Besitzeingriff anzusehen. Diese Regel wird analog auch dann anzuwenden sein, wenn andere Sachen durch Zufälle auf ein fremdes Grundstück gelangt sind (z. B. Schwemmholz). Nach § 422 steht es dem Nachbar zu, die auf sein Grundstück herüberwachsenden Wurzeln und in den Luftraum herüberragende Äste von Bäumen des Nachbars entweder zu beseitigen oder in anderer Weise für sich zu benützen. Nach dem Forstgesetz ist der Nachbar verpflichtet, einem Waldeigentümer zu gestatten, daß Waldprodukte, die entweder gar nicht oder nur mit unverhältnismäßig großen Kosten aus seinem Walde geschafft werden könnten, über das Grundstück des Nachbars gegen Entschädigung gebracht werden können, doch ist hierzu die Bewilligung der politischen Behörde vorher zu erwirken. Durch das Gef. v. 7. Juli 1896 Nr. 140 ist die Bestimmung aufgestellt worden, daß für ein Grundstück, welches keinen anderen brauchbaren Zugang zu den öffentlichen Kommunikationen besitzt, ein Nachbar die Wegservitut über sein Grundstück gegen eine angemessene Entschädigung einzuräumen verpflichtet ist (Notweg). Diese Verpflichtung wird durch gerichtliche Klage realisiert (genaueres s. unten).

Der Eigentümer ist im allgemeinen nicht verpflichtet, seine Grenzen in irgendeiner Weise gegenüber dem Nachbar abzuschließen; bei geschlossenen Ansiedlungen jedoch ist der Eigentümer verbunden, auf der rechten Seite seines Haupteingangs für die nötige Einschließung zu sorgen. Ist eine vorhandene Mauer oder Planke schadhaft geworden, so muß sie der Eigentümer dann in gutem Zustand erhalten, wenn durch die Öffnung für den Grenznachbar Schaden droht (§ 858).

Nach § 343 kann der Nachbar, welchem durch einen bereits vorhandenen fremden Bau oder andere fremde Sachen offenbar Schaden droht, gerichtlich auf Sicherstellung klagen. Die Bestellung dieser Kaution, die durch Pfand oder Bürgschaft gewährt werden kann, hat jedenfalls zur Folge, daß der Eigentümer des schadendrohenden Grundstücks nicht als schuldlos erscheint, wenn er weiterhin untätig bleibt (vgl. StrGes. § 381); ob er aber nach der Kaution unbedingt für allen Schaden haftet, ist bestritten (siehe Randa Eigt. S. 138 N. 16). Wird die Kaution nicht freiwillig geleistet, so wird dieselbe im Exekutionswege, in erster Linie durch pfandweise Einverleibung auf dem schadendrohenden Grundstücke erzwungen; der Verpflichtung zur Stellung einer weiteren Sicherheit kann sich der Eigentümer wohl durch die Bereitwilligkeit zur Abtretung seines Grundstückes entziehen. Da diese Bestimmung in die Lehre vom Besitz eingereiht ist, wird auch in diesem Falle das beschleunigte Verfahren für Besitzstreitigkeiten gewährt (ZPO. § 459).

Nach § 11 Reichswassergesetz hat der Grundeigentümer nicht das Recht, den natürlichen Ablauf des Niederschlagwassers willkürlich zu ändern. Wenigstens besondere Anlagen zu diesem Zwecke sind weder auf dem höher liegenden, noch auf dem unterhalb liegenden Grunde gestattet, wenn nicht ein eigenes Recht dazu (Servitut) erworben wurde; wirtschaftliche Änderungen (Feld statt Wiese) sind nicht deshalb unzulässig, weil sie indirekt den Wasserablauf verändern.

IV. Die Ausübung des Eigentums darf nach §§ 364, 1305 nicht fremde „Rechte" verletzen; daß der Eigentümer damit fremde Interessen verletzt, ist nicht verboten und macht nicht ersatzpflichtig, selbst dann nicht, wenn die Eigentumsausübung, ohne vernünftiges Interesse erfolgt, und nur den Nachbar schikanieren soll. Ein Schikaneverbot fehlt dem a. b. GB. (vgl. D.BGB. § 226; der Reformentw. § 230 will aber eine Schadenersatzpflicht aus schikanöser Rechtsausübung entstehen lassen). Der Grundeigentümer kann daher dem Nachbar durch Mauern oder Bäume Licht und Luft entziehen, er kann Wasser aus dem eigenen Grundstücke heben, wenn auch dadurch ein schon bestehender fremder Brunnen versiegt.

Da jede weitere Norm über das Nachbarrecht in unserem Gesetze fehlt, wird man um so strenger sein bei Beurteilung der Frage, ob eine dem Nachbar nachteilige Handlung noch eine unanfechtbare Ausübung des Eigentums darstellt oder schon als eine unerlaubte Einwirkung auf fremde Sachen anzusehen ist. Als Einwirkung auf fremde Sachen kann jedes Verhalten gelten, welches auf Grund der Naturgesetze eine nachteilige Wirkung auf das benachbarte Grundstück ausübt. Dazu gehört selbstverständlich alles, was feste Körper oder Flüssigkeiten auf das fremde Grundstück oder in den fremden Luftraum einzuführen geeignet ist. Ebenso aber auch das Abgraben eines Grundstückes an der Grenze, so daß dadurch das Nachbargrundstück seinen Halt verliert und einstürzen muß. Endlich kann im strengsten Sinne hieher auch gerechnet werden die Immission von Gasen, Schallwellen und Erschütterungen in das Nachbargrundstück oder dessen Luftraum. Doch würde die volle Konsequenz dieser Auffassung das menschliche Zusammenleben, besonders in geschlossenen Ortschaften unmöglich machen. Es ist daher jedenfalls die Ausnahme zu gewähren, daß jeder Nachbar die Einwirkung von Gasen, Geräuschen und Erschütterungen soweit dulden muß, als diese mit der gewöhnlichen Lebensführung verbunden sind. Ungewöhnliche Belästigungen dieser Art aber, wie sie entweder durch unpraktische oder schikanöse Anlagen oder durch Gewerbebetriebe veranlaßt werden, sind nach strenger Konsequenz als Eigentumseingriff anzusehen und mit der negatorischen Klage zu verhindern und machen wenigstens ersatzpflichtig, wenn sie nicht mehr zu beseitigen oder durch eine verwaltungsrechtliche Bewilligung bereits gedeckt sind. Diese Rechtsauffassung, die heute bestritten ist (dafür Unger in Wiener Zeitsch. 13 S. 718 f.; dagegen Randa: „Eigentum", S. 110 ff.) wird durch den Reformentw. § 59 ff. anerkannt und in klarer Weise festgelegt.

V. Die Disposition des Eigentümers über seine Rechtsstellung kann Beschränkungen unterworfen sein (Veräußerungsverbote). Gesetzliche Veräußerungsverbote kennt das bürgerliche Gesetz nicht. Richterliche Veräußerungsverbote können im Exekutionswege zur Sicherstellung erlassen werden, EO. §§ 379, 382; Veräußerungen, welche dem richterlichen Verbote zuwiderlaufen, sind zugunsten des betreibenden Gläubigers ungültig. Bei Grundstücken wird das richterliche Veräußerungsverbot von amtswegen im Grundbuche angemerkt EO. § 384.

Vertragsmäßige und letztwillige Veräußerungsverbote können eine obligatorische Verpflichtung des Eigentümers hervorbringen, wenn die Bedingungen für die Entstehung einer Obligation vorhanden sind, wenn also das Veräußerungsverbot im Interesse des Kontrahenten oder eines Dritten und nicht als bloßer Rat im Interesse des Eigentümers allein gemeint ist. Die Verletzung dieses Veräußerungsverbotes kann nur die Verpflichtung zum Schadenersatz zur Folge haben; denn es fehlt eine gesetzliche Bestimmung, welche einem gewillkürten Veräußerungsverbote eine sachenrechtliche Wirkung beilegen würde. Eine solche wird in beschränktem Umfange durch den Reformentw. § 57 für verbücherte Objekte in Aussicht genommen, wenn sie im Grundbuche angemerkt wird.

Eine sachenrechtliche Wirkung des Veräußerungsverbotes kann gegenwärtig nur insofern eintreten, als mit der Verletzung des Veräußerungsverbotes das Recht eines Dritten unmittelbar in Verbindung gesetzt wird. So ist das letztwillige Veräußerungsverbot als Auftrag nach § 709 anzusehen, daher als Resolutivbedingung zu behandeln, bei Grundstücken auch als Resolutivbedingung einzutragen; die Verletzung des Veräußerungsverbotes begründet also das Recht eines Nachberufenen. Bei vertragsmäßigen Veräußerungsverboten muß die Wirkung, welche bei Verletzung des Verbotes eintreten soll, ebenfalls deutlich ausgesprochen sein, z. B. als Resolutivbedingung zugunsten eines Dritten.

Ist ein Veräußerungsverbot mit sachenrechtlicher Wirkung belegt, so bezieht es sich nicht bloß auf die Übertragung des Eigentums, sondern auch auf die Verpfändung oder auf andere Verfügungen, welche den Verlust des Eigentums zur notwendigen Folge haben können; auf die exekutive Veräußerung ist es jedoch nicht auszudehnen.

§ 6. Schutz des Eigentums.

I. Dem Schutze des Eigentums bezüglich seiner Existenz und gegen Vorenthaltung der Sache dienen die eigentliche Eigentumsklage und die Klage aus dem vermuteten Eigentumsrechte, sowie die im Vorhergehenden schon (§ 4 IV) erwähnten Tabularklagen; zum Schutze gegen einzelne Eingriffe und gegen Anmaßung beschränkender Rechte an der Sache dient die negatorische Klage.

Als Feststellungsklagen können alle erwähnten Klagen von Besitzern und von Nichtbesitzern nach den Vorschriften der ZPO. (§ 228) angestellt werden. Die Bestimmung des § 323 a. b. GB., daß die Aufforderungsklage gegen den Besitzer unzulässig sei, ist gegenstandslos geworden, da eine Aufforderungsklage gegenwärtig nicht mehr stattfindet.

II. Die beiden Eigentumsklagen sind in den Hauptpunkten gleich zu behandeln; ein Unterschied besteht nur in betreff der Aktivlegitimation, ist hier aber praktisch größer, als der Wortlaut des Gesetzes andeutet. Die eigentliche Eigentumsklage setzt nämlich voraus, daß der Kläger als Aktivlegitimation den Bestand des Eigentumsrechtes im Momente der Klageerhebung beweise (§ 369: „sein Eigentum sei"). Es genügt also nicht, daß er seinen Erwerb des Eigentums nachweist, der vor langer Zeit erfolgt ist (z. B. ein Maler hat vor zehn Jahren ein Bild gemalt); denn eine Vermutung für die Fortdauer des früher begründeten Rechtes ist im Gesetze nicht ausgesprochen. Auch ändert der Nachweis des früher bestandenen Eigentums nichts an der Beweisverteilung und bringt dem Geklagten, für den die Vermutung von § 323 spricht, noch nicht die Nötigung, seinen Sachbesitz zu rechtfertigen. Der erforderliche Nachweis des gegenwärtigen Eigentums beschränkt daher die praktische Anwendung der eigentlichen Eigentumsklage hauptsächlich auf unbewegliche Sachen; bei Mobilien ist sie meistens nur praktisch, wenn der letzte Eigentumsübergang unter den Parteien bestritten ist, wie bei der Rückforderung im Konkurse und bei der Widerspruchsklage gegen die Exekution.

Für die Klage aus dem vermuteten Eigentum nach § 372 gilt zunächst dasselbe. Der Kläger müßte also nicht nur den einst erfolgten Erwerb des rechtmäßigen Besitzes (§ 316) beweisen, sondern auch die Fortdauer seines Verhältnisses zur Sache bis zur Entziehung derselben, ohne dabei durch eine Rechtsvermutung für die Fortdauer seines Rechtes unterstützt zu sein (vgl. WGG. § II 90 mit § 372). Doch hat das Gesetz der Klage des § 372 offenbar eine Besonderheit gegenüber der Eigentumsklage zuschreiben wollen oder als zukommend gedacht, wenn auch der Ausdruck undeutlich blieb. Denn in § 373, wie in § 1476 sind zweifellos Fälle vorausgesetzt, in welchen der Sachbesitzer seinen Titel anzugeben genötigt ist; es muß also eine Ausnahme geben von der allgemeinen Beweisregel, daß der Sachbesitzer seinen Titel anzugeben und zu rechtfertigen nicht genötigt ist. Dazu ist nun zu beachten, daß unter der Klage des § 372 nach der damaligen gemeinrechtlichen Doktrin nicht nur die römische actio publiciana gedacht war, sondern auch die deutschrechtlichen Fahrnisklagen aus unfreiwilligem Besitzverlust (siehe darüber die Ausführungen bei Welspacher, Wiener Zsch., Bd. 31, S. 43 f.; auch Dernburg, Preußisches Privatrecht § 249); ferner, daß bei den letzterwähnten Klagen der vom Kläger geführte Nachweis des widerrechtlichen Besitzverlustes den Besitzer allerdings zur Rechtfertigung seines Besitzes nötigte. Diese letztere Regel, die in den früheren Entwürfen noch ausgesprochen war (Horten II, 21, § 17; so auch Pr.LR. I, 15, § 34), wurde später wohl als eine Folge natürlicher Beweisregulierung angesehen und als geltend vorausgesetzt, ohne im Gesetze deutlichen Ausdruck zu finden. Die Klage nach § 372 erscheint also erst dadurch als praktisch wirksam, daß Kläger außer dem früheren rechtmäßigen Besitz (§ 316) mindestens noch seinen unfreiwilligen Besitzverlust behauptet und beweist, indem erst dadurch (abgesehen von den Fällen des § 325 a. b. GB.) „der Besitzer in die Zwangslage versetzt wird, seinen Titel anzugeben" (Zeiller ad § 372 unter 4). Die Klage nach § 372 ist also praktisch gedacht als eine dingliche, gegen jeden Besitzer gerichtete Klage aus unfreiwilligem Besitzverlust (ähnlich wie § 1006 dtsch. BGB.).

Wenn bei der Klage aus dem rechtlich vermuteten Eigentum nun beide Parteien in die Lage kommen, ihr Verhältnis zur Sache klarzulegen und zu beweisen, so wird nach Billigkeit dahin entschieden, daß der Geklagte nicht nur dann die Sache herausgeben muß, wenn er keinen Titel oder keinen Vormann oder nur einen verdächtigen Vormann nachweisen kann, sondern auch dann, wenn er die Sache unredlich, gleichviel von welchem Erwerber hat, oder wenn er sie unentgeltlich, der Kläger aber früher entgeltlich erworben hat (§ 371). Nur bei gleicher Rechtsstellung beider Parteien behält der Geklagte das Vorrecht (§ 374).

III. Um mit der Eigentumsklage zu siegen muß der Kläger zweitens beweisen, daß der Geklagte die Möglichkeit der Sachrestitution habe. Es genügt, wenn der Geklagte Inhaber der fremden Sache ist, also diese faktisch herausgeben kann. Doch ist in diesem Falle in § 375 vorgesehen, daß der Inhaber seinen Vormann, den eigentlichen Besitzer, namhaft machen und sich darüber ausweisen kann, wodurch er sich gegen die Eigentumsklage schützt. Die praktische Durchführung dieser laudatio auctoris ist im Zivilrecht nicht vorgesehen, sondern gegenwärtig in den §§ 22—24 ZPO. geregelt. Daß diese, in vieler Hinsicht verfehlte Regelung der Zivilprozeßordnung die zivilrechtlichen Bestimmungen abgeändert habe, ist gewiß nicht anzunehmen; daher muß bei jeder Art der formalen Durchführung der Kläger in jedem Falle entweder die Sache herausbekommen oder einen zur Herausgabe verpflichteten und geeigneten Gegner erhalten. Eventuell ist zur Ergänzung des § 375 heranzuziehen § 348, welcher die gerichtliche Deposition vorsieht, wenn die Herausgabe einer bestimmten Sache von mehreren Seiten begehrt wird.

Wenn der Beklagte den Besitz der angesprochenen Sache im Prozesse leugnet, so genügt es, daß der Kläger zunächst den Besitz des Beklagten erweist (§ 376). Zur

Strafe für dieses ungerechtfertigte Ableugnen hat nämlich der Geklagte die Sache herauszugeben, und behält nur das Recht, seinerseits die Eigentumsklage anzustellen.

IV. Zur Wirksamkeit der Eigentumsklage gehört auch eine genaue Individualisierung der angesprochenen Sache. Dieses natürliche, nicht erst juristische Moment ist im §§ 370, 371 ausdrücklich erwähnt. Der Kläger braucht jedoch den Streitgegenstand nicht durch qualitativ beschreibende Merkmale zu individualisieren, was bei vielen Gattungssachen gar nicht möglich wäre; es genügt auch eine lokale Individualisierung, also die Nachweisung von Umständen, aus welchen sich ergibt, daß die im Besitze des Geklagten befindliche Sache mit der dem Kläger gehörenden identisch sein muß. Diese Identifikation kann bei allen Sachen, auch bei Bargeld, Banknoten und Inhaberpapieren (§ 371) stattfinden.

V. In § 377 wird eine obligatorische Haftung desjenigen statuiert, der eine Sache fälschlich zu besitzen vorgibt und dadurch den Kläger irreführt. In § 378 wird betont, daß der Geklagte nach Zustellung der Eigentumsklage durch den Verlust der Sache nicht von seiner Haftung befreit werde, und daß er bei absichtlichem Besitzverlust dem Kläger sogar den außerordentlichen Wert der Sache als unredlicher Besitzer ersetzen muß, wenn nicht der Kläger mit der Eigentumsklage gegen den neuen Besitzer auftreten will. Die Frage, ob vor Beginn des Prozesses das Aufgeben des Besitzes rechtliche Wirkungen hat, ist nicht in diesem Zusammenhang berührt, ist aber aus der Lehre von dem unredlichen Besitz bejahend zu beantworten (siehe § 7, III).

VI. Einwendungen des Geklagten, welche die Eigentumsklage definitiv ausschließen (peremptorische Einreden), gehören theoretisch richtiger in die Lehre vom Eigentumserwerb und sind dort genauer besprochen (zu § 366 siehe unten § 10, IV, zu § 367 unten § 12).

Zeitweilig (dilatorisch) wird die Wirkung der Eigentumsklage ausgeschlossen, wenn der Geklagte ein Rechtsverhältnis nachweist, das ihm einen gegen den Kläger wirksamen Anspruch auf das Behalten der Sache gewährt. Gegen jeden Kläger wirkt ein sachenrechtlicher Anspruch (z. B. aus Nießbrauch, Faustpfand). Ein obligatorisches Verhältnis dagegen (wie Miete, Leihe e. c.) wirkt nur dann gegen die Eigentumsklage, wenn der Vindikant selbst die obligatorische Pflicht begründet hat oder in dieselbe eingetreten ist. Hierher gehört auch der Fall, daß ein verbüchertes Grundstück verkauft und tradiert, der Erwerber aber noch nicht als Eigentümer im Grundbuch eingetragen worden ist (siehe dazu unten § 13, VI).

VII. Die *negatorische Eigentumsklage*, die zum Schutze des Eigentümers gegen die nicht in Vorenthaltung der Sache bestehenden Eingriffe bestimmt ist, wird in § 523 a. b. GB. normiert. Das Gesetz erwähnt zwar nur den wichtigsten Fall, daß der Eigentümer sich „über die Anmaßung einer Servitut beschwert"; da jedoch unser Recht jedem Anspruch prinzipiell auch eine Klage gewährt, so ist die analoge Anwendung der negatorischen Klage auf alle Fälle der Verletzung des Eigentums (z. B. durch Überschreitung der nachbarrechtlichen Befugnisse) selbstverständlich, soweit nicht etwa die Besitzklage mit ihren Besonderheiten stattzufinden hat (Slg. 14275). Auch diese Eigentumsklage ist eine dingliche Klage, die sich gegen jeden richtet, der einen Eingriff in die fremde Sache vorgenommen hat, gleichviel aus welchem Motiv (Rechtsanmaßung, Bequemlichkeit, fremder Auftrag) es geschehen ist (Slg. 15186, 15420, 15444; unrichtig Slg. NF. 474, 1176). Doch ist dem Geklagten, der kraft angeblichen fremden Rechtes oder in fremdem Auftrage gehandelt hat, zu gestatten, daß er in Analogie von § 375 a. b. GB. nach § 22 CPO. zur Benennung des Auktors schreite.

Der Kläger hat zur Rechtfertigung seiner Klage sein Eigentum oder doch in Analogie von § 372 a. b. GB. seinen rechtmäßigen Erwerb nachzuweisen, sowie „die Anmaßung der Servitut in seiner Sache" (§ 523), oder allgemeiner den Eingriff des Geklagten. Ein weiterer Beweis trifft ihn nicht; denn gegen die ausdrückliche Bestimmung von § 523 kann man nicht etwa §§ 323, 324 anführen, wo nur die Aufforderungsklage gegen den Besitzer (auch gegen den Rechtsbesitzer) ausgeschlossen wird (*Krainz*, § 246 N. 9). Der Geklagte muß also seine angebliche Berechtigung zu dem Eingriff in die fremde Sache nachweisen, selbst dann, wenn er im Besitze eines angeblichen Rechtes dazu sich befindet.

§ 7. Der Erfolg der Eigentumsklage.

I. Die Haftung des Geklagten bei der Eigentumsklage ist in die Lehre vom Besitze gestellt (§§ 329—336). Der Gegenstand der Restitution ist in erster Linie die Sache selbst in dem Zustande, in dem sie sich zur Zeit der Zustellung der Klage befindet. Von da an haften nämlich alle Geklagten in gleicher Weise nach § 338 oder wie das Gesetz sagt, wie der unredliche Besitzer, nur mit dem einen Unterschiede, daß der bisher redliche Besitzer für den Zufall, der die Sache bei rechtzeitiger Herausgabe nicht getroffen hätte, nur dann haftet, wenn seine Prozeßführung sich als mutwillig herausstellt. Es tritt also mit Zustellung der Klage die Prozeßobligation ein, kraft welcher der Geklagte verpflichtet ist, die im Streit befindliche Sache sorgfältig zu verwahren und Ersatz für die Sache zu leisten, wenn die Unmöglichkeit der Herausgabe eintritt, ohne daß er seine Schuldlosigkeit an dem Verluste erweisen kann. Ferner sind alle von der Sache gezogenen Vorteile zu restituieren.

II. Auf die Zeit vor Beginn des Prozesses erstreckt sich die Wirksamkeit der Eigentumsklage als solcher nicht, vielmehr betont das Gesetz, daß der redliche Besitzer für die Sache in keiner Weise verantwortlich ist, daß er also keinerlei Ersatz zu leisten hat, wenn er dieselbe verbraucht, vernichtet, veräußert. Auch die natürlichen Früchte der Sache fallen nach § 330 mit der Trennung in das Eigentum des Besitzers, weshalb er auch die zur Zeit der Erhebung der Eigentumsklage bei ihm noch vorhandenen Früchte nicht herauszugeben braucht. Was die juristischen Früchte der Sache betrifft, so gebühren sie nach § 330 bis zur Erhebung der Eigentumsklage dem Besitzer, gleichviel ob sie bereits eingehoben sind oder nicht. Daß der Besitzer eine fruchttragende Sache verpachtet hat, kann an der Wirkung der Klage nichts ändern, die in erster Linie gegen den Pächter erhoben werden kann; es werden also die natürlichen Früchte gefordert, nicht der Pachtzins (Slg. NF. 4251; unrichtig Krainz, § 242 N. 15). Den Preis, den der redliche Besitzer für die von ihm herauszugebenden Sachen bezahlt hat, kann er natürlich nicht ersetzt verlangen; nur wenn er nachweist, daß der Eigentümer die Sache schwerlich wiedererlangt haben würde, wenn sie nicht der Besitzer an sich gebracht hätte, so kann er von dem Kläger „eine angemessene Vergütung" fordern (§§ 333, 403).

III. Eine weitergehende Wirkung kommt der Eigentumsklage dann zu, wenn der Kläger auch nachweisen kann, daß der Besitz des Geklagten nicht redlich war; im Zweifel ist die Vermutung für die Redlichkeit (§ 328). Unredlich ist nach § 326 „derjenige, welcher weiß oder aus den Umständen vermuten mußte, daß die in seinem Besitze befindliche Sache einem anderen zugehöre". Diese Definition der Unredlichkeit ist völlig deutlich und genügend, und hat sich mit Notwendigkeit aus der geschichtlichen Entwicklung ergeben; sie steht mit allen übrigen Bestimmungen des Gesetzes (§§ 368, 1493) in voller Übereinstimmung und gilt für das ganze Gebiet des Sachenrechtes (Slg. NF. 1600, Krainz, § 208 N. 11). Die Unredlichkeit kann auch auf einem Rechtsirrtum beruhen, wenn derselbe nur ein entschuldbarer ist.

Der unredliche Besitzer wird nach § 335 wie ein im Verzuge befindlicher Schuldner behandelt von der Zeit seines Besitzes, beziehungsweise seines unredlichen Besitzes an. Er ist daher verpflichtet, erstens alle Vorteile (Früchte) zurückzustellen, die er selbst aus der fremden Sache wirklich erlangt hat; zweitens allen durch seinen Besitz entstandenen Schaden zu ersetzen; also auch den Wert der Sache zu vergüten, wenn er nicht nachweisen kann, daß die Sache ohne sein Verschulden aus seinem Besitze gekommen oder zugrunde gegangen ist; endlich auch jene Vorteile dem Kläger zu ersetzen, welche derselbe aus der Sache hätte ziehen können.

IV. Der Geklagte kann seinerseits den Ersatz des Aufwandes verlangen, welchen er nützlicherweise auf die Sache gemacht hat. Der redliche Besitzer kann den Ersatz des gegenwärtigen Wertes der von ihm gemachten Verbesserungen verlangen, natürlich nicht über den Betrag der Aufwendungen hinaus (§ 331); dabei macht es keinen Unterschied, ob die Aufwendung durch eine wirtschaftliche Notwendigkeit oder aus anderen Erwägungen veranlaßt war. Die Aufwendung, welche zum Vergnügen und zur Verschönerung gemacht worden ist, kann der Besitzer nach seiner Wahl für sich wegnehmen, wenn es ohne Schaden der Substanz geschehen kann.

Dem unredlichen Besitzer wird in § 336 der Ersatz des Aufwandes in gleichem Maße zugesprochen, wie einem Geschäftsführer ohne Auftrag; diese nicht genaue Verweisung ist offenbar nur auf die §§ 1037—1039 zu beziehen, nicht aber auf § 1036, da sonst in diesem Punkte der unredliche Besitzer günstiger behandelt wäre als ein redlicher Besitzer. Der Geschäftsführer kann nach § 1037 die Kosten ersetzt verlangen, die zu dem klaren und überwiegenden Vorteil des Geschäftsherrn geführt haben; ein Unterschied gegenüber dem unredlichen Besitzer liegt jedoch darin, daß nach § 1038 der eigenmächtige Geschäftsführer auch verpflichtet werden kann, die Wiederherstellung der Sache in den vorigen Stand zu leisten, wenn das Interesse des Geschäftsherrn das fordert.

Der Anspruch des Besitzers auf Ersatz des Aufwandes kann nicht im Wege der Zurückhaltung der Sache geltend gemacht werden (§ 334); diese besonders im Konkurse des klagenden Eigentümers unbillige Bestimmung soll im Reformentwurf § 91 f. beseitigt und das Retentionsrecht des Beklagten anerkannt werden.

V. Mit der Hauptsache sind selbstverständlich auch alle ihre Bestandteile herauszugeben; wie weit aber die Vindikation auch Pertinenzen der Hauptsache betrifft, ist bestritten. Da in § 296 die zur Fortsetzung des ordentlichen Wirtschaftsbetriebes erforderlichen Objekte landwirtschaftlicher Güter als unbewegliche Sachen erklärt werden, da auch in anderen Fällen das Gesetzbuch bestimmt, daß landwirtschaftliche Güter in dem zur Fortführung der Wirtschaft notwendigen Zustande restituiert werden müssen, so muß man annehmen, daß auch die Vindikation sich auf alle diejenigen Objekte erstreckt, welche im Momente der Klagezustellung sich auf dem Gute befinden und zur Fortsetzung des ordentlichen Wirtschaftsbetriebes erforderlich sind. In dieser Beziehung macht die Redlichkeit oder Unredlichkeit des Besitzes keinen Unterschied. Natürlich ist aber dem Geklagten für die Pertinenzen Ersatz zu leisten, soweit sich dies aus den vorstehenden Bestimmungen unter IV ergibt; wenn also von den separierten Früchten ein Teil zum Wirtschaftsinventar gerechnet werden muß, so hat der redliche Besitzer diese Sachen zwar in natura herauszugeben, kann aber Ersatz für dieselben verlangen, da sie durch die Separation sein Eigentum geworden sind (siehe Prot. II, S. 370).

Erwerb des Eigentums an Mobilien.

§ 8. Durch Ergreifung.

I. Das allg. bürgerl. Gesetzbuch unterscheidet nach der Doktrin seiner Entstehungszeit bei dem Erwerbe des Eigentums (§ 380), sowie überhaupt bei dem Erwerbe dinglicher Rechte (§§ 449, 480) den Titel oder Rechtsgrund und die Erwerbungsart. Diese Unterscheidung ist zwar in manchen Fällen, wie bei Okkupation, Ersitzung usw. undurchführbar und belanglos, behält aber dort wo sie theoretisch möglich ist, nämlich bei geschäftlichem Erwerb, ihre praktische Wichtigkeit.

Die Regeln über den Eigentumserwerb können in verschiedener Reihenfolge dargestellt werden. Die im Gesetze gewählte Reihenfolge erscheint wenig praktisch und wird hier nicht beibehalten. Eine logisch genaue Einteilung aller Erwerbsfälle ist vielleicht nicht möglich und gewiß nicht notwendig. Wir trennen vor allem die Regeln für Mobilien und für Grundstücke, die wesentlich verschieden sind, und reihen im übrigen die einzelnen Fälle nach der Möglichkeit einfachster Darstellung aneinander.

II. An herrenlosen Sachen erwirbt man das Eigentum durch Zueignung, d. h. durch Besitzergreifung „in der Absicht sie als die seinige zu behandeln" § 381, sofern dem Erwerbe nicht besondere Normen entgegenstehen. Die Zueignung ist in § 382 allen Mitgliedern des Staates gewährt, doch ist damit keine Ausnahme von der Regel des § 33 gemeint, wonach die Fremden den Einheimischen gleichgestellt sind.

Die Besitzergreifung ist jedenfalls vollendet, wenn der Okkupant den vollen Gewahrsam erlangt, doch genügt dazu auch weniger. Es genügt schon eine Einwirkung auf die Sache, welche für Dritte ersichtlich macht, daß die Aneignungsabsicht verwirklicht werden sollte, (z. B. Eis im öffentlichen Flusse wird geschnitten und zum Fortschaffen bereit gelegt, siehe unten § 21.) Dagegen genügt nicht die Erklärung der Aneignungsabsicht ohne faktische Ergreifung (unrichtig Randa Besitz S. 408).

Unbeschränkt ist die Aneignung von Sachen, deren Eigentum aufgehoben ist, sei es durch Dereliktion, — die aber nicht vermutet wird, auch nicht bei Strandgut § 388, — sei es dadurch, daß zahm gemachte Tiere dem Eigentümer entlaufen und 42 Tage weggeblieben sind § 384.

Weitgehende Einschränkungen der Okkupation bestehen bei den praktisch wichtigsten Fällen herrenloser Sachen, bei jagdbaren Tieren außerhalb eines Tiergartens, und bei Fischen. Eine besondere Befugnis zur Aneignung jagdbarer Tiere, die als Jagdrecht bezeichnet wird, ist durch kaiserl. Pat. vom 7. März 1849, Nr. 154 und durch provinzielle Gesetze anerkannt und geordnet; nur in Dalmatien ist die Jagd frei.

Das Jagdrecht gewährt die ausschließliche Befugnis zur Okkupation jener Tiere, die als jagdbare entweder durch das Landesgesetz oder durch das jagdliche Herkommen bezeichnet sind; es erstreckt sich auch auf gefallene Tiere, auf Geweihe, Eier usw. Wird der Besitz von Jagdobjekten durch einen Nichtberechtigten ergriffen, so erhält derselbe kein Eigentum, sondern macht sich des Diebstahls schuldig (§§ 171, 174 Str.G.); die Besitzergreifung des Nichtberechtigten verschafft dagegen dem Jagdherrn das Eigentum, was allerdings theoretisch bestritten ist. Die Okkupation muß auch von Seiten des Jagdherrn den vorerwähnten Erfordernissen entsprechen; das Verwunden des Wildes gibt noch kein Recht auf dasselbe und gewährt nicht die Befugnis zur Verfolgung ins fremde Jagdgebiet.

Das Jagdrecht steht prinzipiell dem Grundeigentümer zu, doch ist ihm die selbständige Ausübung (Eigenjagd) nur gestattet auf einem zusammenhängenden Grundbesitz von mindestens 115 Hektar; auf kleineren Grundstücken muß der Eigentümer aus Rücksichten auf die Sicherheit und auf die Erhaltung des Wildstandes, die Ausübung des Jagdrechtes andern überlassen, regelmäßig der Gemeinde oder der lokalen Jagdgenossenschaft, die das Jagdrecht für Rechnung der Grundbesitzer unter behördlicher Aufsicht zu verpachten haben. Das Jagdrecht auf fremdem Grund kann den Inhalt von dinglichen Rechten z. B. Servituten bilden.

Manche Tierarten, wie Schwarzwild, schädliche Raubtiere, Fischottern dürfen von jedermann erlegt werden, gehören dann aber auch dem Jagdberechtigten. Die übrigen Tiere sind freistehend und können von jedermann erlegt und zu Eigentum erworben werden; doch bestehen bezüglich nützlicher Vögel durch Landesgesetze mehrfache verwaltungsrechtliche Verbote.

Das Fischereirecht, die ausschließliche Aneignungsbefugnis an nutzbaren Wassertieren, hat erst durch das Gesetz vom 25. April 1885, Nr. 58 (Reichsfischereigesetz) seine volle Ausgestaltung erhalten, indem die Befugnis freier Okkupation der Fische prinzipiell aufgehoben wurde, soweit ste etwa noch bestand. In Privatgewässern gehört die Fischerei zum Inhalte des Eigentums, soweit nicht etwa andere Personen ein Recht darauf haben (z. B. eine Servitut). In öffentlichen Gewässern gehört die Fischerei nicht zum Gemeingebrauche, sondern gebührt im Zweifel dem Staate, wenn nicht ein anderes Verhältnis nachgewiesen wird. Die Ausübung des Fischereirechtes ist nicht der Willkür des Berechtigten überlassen, sondern ähnlich wie die Ausübung des Jagdrechtes an verschiedene Bedingungen gebunden, welche die Schonung der Fische und der Fischzucht zu fördern bestimmt sind und durch Landesgesetze oder Polizeivorschriften festgesetzt werden (genaueres siehe bei Schiff Agrarrecht S. 139 f.). Die Ausübung der Fischerei im Meere ist bis zu einer Seemeile Entfernung den Küstenbewohnern vorbehalten (Min.V. v. 1. September 1883, Nr. 144), soweit nicht besondere Privatberechtigungen anderes ergeben.

III. Das Finden verlorener Sachen kann dem Finder neben anderen Rechtsvorteilen, die zusammen das Finderecht bilden, unter Umständen das Eigentum verschaffen, weshalb davon hier zu sprechen ist.

Finden im juristischen und gesetzlichen Sinne ist das Entdecken und Ansichbringen einer verlorenen beweglichen Sache (auch eines entlaufenen Haustiers), das in der Absicht die Interessen des Verlierenden zu schützen erfolgt. Das Ansichnehmen in eigennütziger Absicht verschafft zwar den Sachbesitz, ist aber eine widerrechtliche Handlung (Funddiebstahl StrG. § 201 lit. c.) und gewährt kein Finderrecht. Verloren heißt eine Sache, wenn sie aus dem Gewahrsam des Inhabers gekommen und fremdem Zugriffe ausgesetzt ist, im Unterschiede von verlegten Sachen, deren Innehabung nicht aufgehoben ist, wenn auch der Inhaber den Aufenthalt der Sache zeitweilig nicht kennt. Wird die Sache verloren an einem allgemein zugänglichen Orte, der aber unter Kontrolle und Gewahrsam steht oder stehen soll (wie öffentliche Verkehrsmittel, Wartesäle usw.), so erlangen die zur Kontrolle berufenen Personen kein Finderrecht (vgl. DBGB. § 978).

Bezüglich der Erlangung der Innehabung einer verlorenen Sache gelten die unter II für den Erwerb herrenloser Sachen aufgestellten Erwägungen. Außerdem betont das Gesetz, daß an diesem Vorgange mehrere Personen mitbeteiligt sein und das Finderrecht gemeinschaftlich erwerben können (§ 394); und ordnet ausnahmsweise an, daß auch derjenige als Mitfinder zu behandeln ist, der die verlorene Sache „zuerst entdeckt und danach gestrebt hat, obwohl sie ein anderer früher an sich gezogen hätte."

Das Finderrecht erhält nur derjenige, der die Interessen des Verlierers in richtiger Weise gewahrt hat, worüber das Gesetz folgende Details anordnet. Ist der Verlierer bekannt oder erkennbar, so hat der Finder demselben (ohne Rücksicht auf das Eigentum vergl. § 340) die Sache zurückzustellen, beziehungsweise zunächst anzubieten. Ist wenigstens der Eigentümer der Sache bekannt, so gilt ihm gegenüber gleiches. Ist der Verlierer oder Eigentümer nicht bekannt, so muß der Fund aufgeboten werden, wenn die Sache einen „Gulden" (gleich 2,10 K.) wert ist. Beträgt der Wert weniger als 12 fl., so kann der Finder die Bekanntmachung in ortsüblicher Weise selbst vornehmen; bei höherem Werte aber muß er den Fund der Polizeibehörde anzeigen, die nun ihrerseits die angemessene Bekanntmachung vornimmt (§§ 389, 390), eventuell auch für die sichere Aufbewahrung der Sache oder, wenn diese dem Verderben ausgesetzt ist, für die Versilberung derselben sorgt.

Der redliche Finder hat den retentionsweise geltend zu machenden Anspruch auf Ersatz des gemachten Aufwandes und auf einen Finderlohn, der 10% des gemeinen Wertes und wenn der Finderlohn 2100 K. erreicht hat, 5% von dem höheren Werte beträgt. Meldet sich innerhalb eines Jahres niemand als Verlierer oder als Eigentümer, so erhält der Finder das Recht zur Benützung der Sache, doch kein Fruchtrecht. Nach Ablauf der „Verjährungszeit" erwirbt der Finder endlich nach § 392 auch das Eigentum, was als ein Fall der deutschrechtlichen Verschweigung anzusehen ist. (Unger II, S. 281 ff.) Unter Verjährungszeit ist offenbar nur die Zeit der erwerbenden Verjährung beweglicher Sachen nach § 1466 gemeint (Slg. 11216); als Beginn des Zeitablaufs ist dort, wo ein Aufgebot stattfindet, wohl der Zeitpunkt der letzten Aufkündigung anzusehen, was übrigens bestritten ist (nach DBGB. § 973 beginnt die Frist mit der Anzeige an die Behörde).

Der Finder, der rechtlich besser gestellt ist als ein Geschäftsführer, hat die Pflicht, die Fürsorge für die an sich genommene Sache nach § 1039 fortzusetzen (DBGB. § 966) und haftet für allen Schaden, der aus der Nichtbeachtung der gesetzlichen Vorschriften entsteht (nach DBGB. § 968 nur für grobes Verschulden).

Die Regel über das Finden wird auch angewendet, wenn „vergrabene, eingemauerte oder sonst verborgene Sachen eines unbekannten Eigentümers entdeckt" (§ 395—397) werden; doch braucht der Eigentümer keinen Finderlohn zu zahlen, wenn er nachweist, daß er selbst die Sache verborgen oder von ihrer Lage schon Kenntnis gehabt hat, da ihm dann kein Dienst geleistet wurde. Dies gilt auch für den Fund in Mobilien verborgener Sachen (Slg. 10157).

Der Finderlohn neben dem Ersatz des Aufwandes wird ferner in § 304 allgemein zugesprochen „wenn jemand eine fremde bewegliche Sache vor dem unvermeidlichen Verluste oder Untergang rettet", eine Bestimmung die namentlich bei Strandgut praktisch wird.

Sachen, die im Wege des Strafverfahrens in Beschlag genommen werden, oder ihr

Wert, verfallen dem Staate, wenn sich trotz Bekanntmachung durch 30 Jahre kein Berechtigter meldet (Str.PO. § 375 f.)

IV. Schatzfund. Sachen, die ersichtlich lange Zeit verborgen waren, so daß die Ermittlung eines erweislichen Eigentümers nicht zu erwarten ist, heißen „Schatz", sofern sie einen entsprechenden Wert repräsentieren (zu § 398 Hfkzd. 15. 6. 1846, Nr. 970). Sie sind herrenlos, aber der Eigentumserwerb an denselben ist besonders geregelt. Nach § 399 fiel ein Drittel an den Staat, doch wurde das Anrecht des Staates durch das zit. Hfkzd. von 1846 beseitigt. Der Schatz fällt gegenwärtig an den Finder und an den Grundeigentümer je zur Hälfte. Auch der Fund eines Schatzes ist, wie ein anderer Fund der politischen Behörde anzuzeigen, welche eventuell Nachforschungen nach dem Eigentümer anstellen kann, und die öffentlichen Interessen wahrt.

Als Finder kann nach historischen und systematischen Erwägungen nur derjenige gelten, der den Schatz an sich nimmt; das Entdecken allein genügt nicht (arg. § 394). Der Grundeigentümer erwirbt seine Hälfte ipso jure zugleich mit dem Finder; der Finder erwirbt nicht Eigentum, wenn er eine unerlaubte Handlung begeht, den Schatz ohne Zustimmung des Eigentümers absichtlich sucht oder den Fund verheimlicht, (§ 400). Arbeiter, die zur Aufsuchung eines Schatzes bestellt werden, gelten nicht als Finder (§ 401).

§ 9. Durch Änderung der Sachindividuen.

I. Trennung, ist der natürliche Vorgang, durch den ein Sachenindividuum in mehrere Sachenindividuen zerfällt. Auf die neuen Sachen setzt sich das Eigentum der früher einheitlichen Sache ohne weiteres fort, außer wenn von dieser selbstverständlichen Rechtsregel durch andere Normen Ausnahmen angeordnet sind.

Solche Ausnahmen bestehen bezüglich der Früchte beweglicher oder unbeweglicher Sachen. So gehören die Früchte dem redlichen Besitzer der Hauptsache durch die Trennung (§ 330); so gehören nach § 422 die überfallenden Früchte des an der Grenze stehenden Baumes dem Nachbar; ferner fallen die Früchte kraft eines dinglichen Nutzungsrechtes an den Berechtigten durch Separation (§§ 419, 1122, 1125). Für den Erwerb der Früchte kraft eines obligatorischen Nutzungsrechtes besteht keine sachenrechtliche Sonderbestimmung; der Fruchterwerb des Pächters kann daher nur auf die Tradition gestützt werden, welche aber durch die nach § 1096 als unwiderruflich anzusehende Traditionserklärung des Verpächters, und durch die in der allgemeinen Aneignungsabsicht des Pächters gelegene Annahme schon im Moment der Separation zustande kommt, solange der Pächter das Grundstück detiniert (etwas anders Krainz, § 205, N. 46).

II. Die Vereinigung von Sachen verschiedener Eigentümer hat nach § 415 zur Folge, daß an dem Produkte der Verbindung Miteigentum nach dem Verhältnisse des Wertes der vereinigten Sachen entsteht, wenn nicht etwa eine Wiederherstellung des früheren Zustandes ohne wesentlichen Wertverlust und ohne wesentliche Kosten möglich ist. Auch die Bearbeitung fremden Stoffes, die das Gesetz als Verbindung von Stoff und Arbeit betrachtet, läßt an dem Produkte Miteigentum entstehen, wenn eine Herstellung des früheren Zustandes ausgeschlossen ist; wobei als selbstverständlich vorausgesetzt wird, daß die Aufwendung der Arbeit dem Produkte einen höheren Wert verliehen hat. Es kommt im übrigen nicht an auf die Art der Bearbeitung und nicht auf die Herstellung einer neuen Spezies.

Das Miteigentum, das durch Vereinigung und Verarbeitung entsteht, unterliegt zunächst der besonderen Regel, daß einer der Miteigentümer das Vorrecht (nicht Wahlrecht) hat, die Art der Aufhebung der Gemeinschaft zu bestimmen; er kann dabei neben den normalen Teilungsvorgängen auch noch zwei weitere Möglichkeiten wählen, nämlich daß er entweder selbst die ganze Sache behält gegen „Ersatz der Verbesserung", oder daß er Wertersatz für seinen Teil von dem Gegner beansprucht und diesem dafür seine Miteigentumsquote überläßt. Die Klage zur Durchführung des gewählten Teilungsmodus muß in jedem Falle als dingliche Teilungsklage gelten, die auch gegen die Konkursmasse (KO., §§ 26, 27) wirkt.

Dieses Vorrecht steht dem Gegner desjenigen zu, der das Miteigentum „durch Verschulden“ hergestellt hat; richtiger wird man hier den gesetzlichen Ausdruck Verschulden erweiternd als Veranlassen auslegen. Hat keiner der Miteigentümer die Vereinigung veranlaßt, so steht dieses Vorrecht demjenigen zu, dessen Anteil der größere an Wert ist. Wird das Vorrecht von dem dazu Berechtigten nicht ausgeübt, so treten die allgemeinen Regeln des Miteigentums ein (also § 830, § 841 e. c.). Nebenbei kann der Verarbeitende oder Verbindende nach allgemeinen Regeln auch zum Schadenersatz verpflichtet werden.

Wird fremdes Material nur zur Ausbesserung einer Sache verwendet, so fallen die fremden Materialien ohne weiteres dem Eigentümer der Hauptsache zu (§ 416).

III. Werden ferner mit einem Grundstück bewegliche Sachen (durch Einbauen oder Einwachsen) in dauernde Verbindung gebracht (§§ 417, 420), so geht das Eigentum derselben auf den Grundeigentümer über, der dem Bauführer wie einem Geklagten bei der Vindikation Ersatz zu leisten hat. Eine Ausnahme tritt nur ein, wenn der Grundeigentümer die Bauführung gewußt und sie nicht sogleich (d. h. sobald als möglich) untersagt hat; hier kann der Grundeigentümer nach § 418 „nur den allgemeinen Wert für den Grund fordern“. Seine Vindikation wird also abgewiesen und der Bauführer bleibt nicht nur im Besitz des verbauten Grundes, sondern erwirbt auch außerbücherlich das Eigentum des Grundes (siehe Randa, Eigentum, S. 388, Nr. 11) und kann mit einer sachenrechtlichen Klage die Eintragung seines Eigentums verlangen (dazu unten § 13 V).

§ 10. Erwerb durch Übergabe.

I. Das Eigentum beweglicher Sachen kann man von dem bisherigen Eigentümer vertragsmäßig erwerben, wobei drei Punkte zu beachten sind: der Rechtsgrund (Titel) der Eigentumsüberlassung, der sachenrechtliche Vertrag, durch den Eigentum übergehen soll, und ein äußerer Vorgang, der das tatsächliche Verhältnis zur Sache betrifft.

Die Tradition ist nach österreichischem Rechte nicht (wie nach DBGB. § 929) als abstraktes Geschäft anerkannt; daher können die Parteien die wirtschaftliche Grundlage und Bedeutung der beabsichtigten Eigentumsübertragung nicht verschweigen und von der Tradition separieren; es gibt also keine fiduziarische Überlassung des Eigentums.

Es ist bestritten gewesen, ob zur Tradition schon die erweisliche subjektive Einigung der Parteien über einen angeblichen Rechtsgrund der Tradition genügt, oder ob der von den beiden Parteien einverständlich angenommene Rechtsgrund auch objektiv vorhanden und gültig sein muß. Die zweite Ansicht, die heute fast allgemein anerkannt ist (Strohal, Gültigkeit des Titels 1891, Krasnopolski, Prager Jur. Vjsch. 1891, S. 76 f., Pfersche, Irrtumslehre, S. 292 f., v. Schey, Oblig. I, S. 75, Ofner, Sachenrecht S. 79), wird aus der Entstehung des Gesetzes und aus seinem Inhalte deutlich erwiesen. Wenn vom romanisierenden Standpunkt aus gegen das Erfordernis des objektiven Titels darauf hingewiesen wird (Exner, Trad. S. 329 f., Randa, Eigentum, S. 291), daß bei Erfüllung einer Nichtschuld in § 1431 eine Kondiktion gewährt ist, so fehlt diesem Einwande jede Beweiskraft; denn auch dann, wenn das Eigentum bei Erfüllung der Nichtschuld nicht übergeht, ist ein obligatorischer Rückforderungsanspruch für den Geber oft notwendig neben der Vindikation (z. B. auf Früchte) oder statt der Vindikation (wenn die Sache konsumiert oder veräußert ist). Der praktische Unterschied der beiden Ansichten tritt hervor, wenn die Sache bei dem Erwerber vorhanden ist, indem nach der ersten Ansicht die grundlos übertragene Sache bloß obligatorisch, nach der zweiten aber dinglich, also auch mit Wirkung gegen die Konkursmasse zurückgefordert werden kann. Im übrigen wird der Unterschied der beiden Ansichten sehr verringert, weil die Parteien oft die Traditionsofferte mit dem Kausalgeschäfte durch eine Bedingung verbinden (so bei Zusendung unbestellter Waren); und weil andererseits die Eigentumsverfolgung über den ersten Erwerber hinaus oft versagt ist.

Wenn also der Eigentümer auf Grund eines wegen Irrtum, Betrug, Zwang, Wucher, ungültigen Geschäfts eine Sache tradiert, so geht das Eigentum nicht über; ja sogar die

Besitzübertragung ist als Vertrag mangels des Titels unwirksam, und Besitz geht nur über, sofern die Bedingungen für den einseitigen Besitzerwerb auch vorliegen, z. B. der Erwerber den vollen Gewahrsam der Sache erlangt hat.

II. Das sachenrechtliche Geschäft der Eigentumsübertragung muß juristisch selbständig betrachtet werden, wenn es auch im Verkehre oft nicht selbständig erscheint. Deutlich tritt dieses Geschäft hervor, wenn die Übertragung des Eigentums nur bedingt erfolgen soll, wenn z. B. die verkaufte Sache unter Vorbehalt des Eigentums bis zur Preisbezahlung dem Käufer leihweise oder mietweise übergeben wird (Slg. 10101).

Zum Eigentumserwerb ist die Gültigkeit des Traditionsgeschäftes notwendig. Die Anomalien dieses Geschäftes sind im Gesetze nicht ausdrücklich normiert, offenbar deshalb, weil in den praktisch wichtigsten Fällen die Anomalie notwendig auch das Kausalgeschäft betrifft oder doch den Zusammenhang der Tradition mit dem Kausalgeschäfte unterbricht, weshalb dann die Tradition schon mangels eines gültigen Titels unwirksam wird. Soweit trotzdem Anomalien vorkommen, welche die Tradition für sich allein betreffen, ohne daß ein gültiger Titel mangelt, so sind zur Entscheidung die Regeln über obligatorische Geschäfte (§ 870 ff.) in analoger Weise heranzuziehen (siehe Pfersche, Grundr. I, § 28). So kann die Auslieferung der gekauften Sache an den Käufer von diesem (§ 870) oder von einem Dritten § 875 erzwungen sein. So kann ein Dissens bestehen über den Zweck der Detentionsüberlassung, indem etwa Käufer sofort Eigentum zu erwerben, Verkäufer die Sache nur zur Ansicht oder zur Probe zu überlassen gedenkt. Hier ist § 869 anzuwenden, sofern nicht die objektive Interpretation (z. B. nach §§ 1063, 1080, 1087) den Dissens beseitigt. Für die zahlungshalber erfolgende Tradition gelten auch die besonderen Regeln über die Erfüllung; bei wissentlicher Erfüllung einer Nichtschuld und bei irrtümlicher Erfüllung einer unklagbaren Schuld fehlt eigentlich ein gültiger Titel, doch muß hier die Tradition als gültig angesehen werden, da nach § 1432 auch die obligatorische Rückforderung ausgeschlossen ist. Ebenso wird nach § 1174 aus allgemeinen Rücksichten nicht nur die obligatorische, sondern auch die dingliche Rückforderung zu versagen sein.

III. Zum vertragsmäßigen Eigentumserwerb gehört endlich auch die Übergabe oder Tradition im engeren Sinne, nämlich ein äußerer Vorgang, der dem Erwerber den Besitz der Sache verschafft. Daher fällt bei Doppelverkauf das Eigentum demjenigen Käufer zu, für den zuerst ein Traditionsakt, wenn auch nur eine symbolische Traditionserklärung vorgenommen wurde § 430. Die Vornahme des Traditionsaktes kann sich aus dem Titel als eine Pflicht des bisherigen Eigentümers ergeben, welche dann auf Grund einer obligatorischen Klage gerichtlich vollstreckt werden kann (EO. § 346 f.)

Der äußere Traditionsvorgang ist im Gesetze im Sinne der damaligen Theorie nach dem praktischen Bedürfnis abgeschwächt und nur soweit aufrecht erhalten, als er unentbehrlich ist, damit kein Widerspruch zwischen dem faktischen Zustande und der Erklärung der Parteien bestehe. Auch die Fassung der Rechtsregeln entspricht der damaligen Theorie, ist aber nicht glücklich; das Resultat läßt sich vielmehr besser nach folgenden Unterscheidungen zusammenfassen.

Zum vertragsmäßigen Besitzerwerbe genügt, daß der Erwerber in dieselbe Stellung zur Sache trete, in welcher bisher der Geber sich befand, was auch durch deutliche Zeichen der Übergabe bewirkt werden kann (§ 315). Dabei ist zu unterscheiden, ob erstens der Geber selbst, oder ob zweitens für ihn ein anderer den Gewahrsam selbständig ausübt, oder ob drittens die Sache sich außer Gewahrsam befindet, wie im Freien gelagerte Steine, Hölzer usw. Im ersten Falle muß der Gewahrsam des Gebers aufhören, damit der Empfänger in seine Lage kommen kann; dazu gehört es auch, wenn dem Bewerber die Schlüssel zu dem Raume übergeben werden, in dem die zu überlassenden Sachen verschlossen aufbewahrt sind (Zeiller II, S. 223, Frankl, Form der Schenkung, S. 59). Zu beachten ist auch, daß mehrere Mitbewohner eines Raumes an den darin befindlichen Sachen separat Eigentum und separaten Gewahrsam haben können und daß daher unter ihnen eine wirkliche Tradition vorkommen kann (vgl. Slg. 11932, 10523), wenn auch die äußere Änderung wenig auffallend ist.

Im zweiten Falle kann die Übergabe nur bestehen in der Übertragung des gegen den Detentor bestehenden Herausgabeanspruches. Diese Übertragung erfolgt manchmal schon durch Übergabe der Urkunde, die den Gläubiger legitimiert (Lagerschein, Ladeschein, Gepäckschein, Pfandschein). Ist der Eigentumserwerber selbst schon Detentor, so genügt zur Tradition der Verzicht auf die Herausgabe durch formlose Willenseinigung der Parteien (§ 428). In den übrigen Detentionsverhältnissen (Miete, Depositum usw.) muß zur Zession des Anspruches noch die Verständigung des Schuldners treten, damit die Verfügungsmacht des bisherigen Besitzers aufgehoben und der Erwerber in die Lage des Vorbesitzers zur Sache gesetzt werde (DBGB. § 931).

Was die außer Gewahrsam befindlichen Sachen betrifft, so genügt die in Anwesenheit der Sache abgegebene Aneignungserlaubnis oder die Anbringung von Zeichen an der überlassenen Sache (so bei geschlagenem Holz im Walde). Handelt es sich freilich um nicht abgetrennte Teile eines Grundstückes, so muß zu der Gestattung der Ergreifung noch die Ergreifung selbst seitens des Erwerbers kommen (wie beim Sammeln von Beeren, beim Schlagen von Holz im fremden Walde). Endlich genügt aber auch die ohne weitere Beziehung zur Sache erfolgende Übergabe einer Urkunde, welche das Eigentum (genauer den Eigentumstitel) beweist (§ 427); darunter kann eine Urkunde über den Eigentumserwerb des Tradenten verstanden werden, aber auch eine schriftliche Erklärung über den jetzt beabsichtigten Eigentumserwerb des Empfängers (siehe Zeiller II, S. 223).

Wenn die Sache im vollen Gewahrsam des Gebers steht und bleiben soll, so genügt zur Besitzüberlassung weder die Bezeichnung der Sache, noch die Urkundenübergabe, weil hier die Parteierklärung mit dem faktischen Verhältnis in ungeklärtem Widerspruche bleiben würde. Doch kann hier nach § 428 die Übergabe durch constitutum possessorium bewirkt werden, „indem der Veräußerer auf eine erweisliche Art seinen Willen an den Tag legt, daß er die Sache künftig im Namen des Übernehmers inne habe." Dabei ist der Ausdruck auf „erweisliche Art" im strengen Sinne zu nehmen, nämlich als ein Dritten gegenüber zu beweisender Umstand (Slg. 11304). Es ist also zu fordern, daß durch schriftliche oder vor Zeugen erfolgte Erklärung ein Verhältnis vereinbart wird, kraft dessen der Geber als Detentor im Namen des Empfängers erscheint (DBGB. § 930). Neben dem Konstitut, als Bestärkung oder Beweis desselben, kann dann auch die Urkundenübergabe oder die Bezeichnung der Sache praktisch werden, die für sich allein hier nicht genügt. Ein Besitzerwerb durch Stellvertretung liegt beim Konstitut nicht notwendig, sondern nur ausnahmsweise vor (z. B. Schenkung des Vaters an sein unmündiges Kind); meist wird der Tradent erst dadurch zum Besitzvertreter des Empfängers, daß Eigentum und Besitz übergegangen sind.

Wenn eine Eigentumsquote durch Tradition übertragen werden soll, was durch Einräumung des Mitbesitzes oder durch Verzicht auf den Mitbesitz geschieht, so muß aus praktischen Erwägungen von einem äußeren Vorgang um so mehr abgesehen werden, und ist nur eine erweisliche Erklärung als möglich und notwendig anzusehen.

Zu betonen ist ferner, daß § 429 keine von der allgemeinen Regel abweichende Sonderbestimmung enthält (Slg. NF. 4081), sondern eine Interpretationsregel bezüglich der Übersendung der Sache, die eigentlich für die obligatorische Frage des Gefahrübergangs beim Kaufe gemeint war (Exner, Trad. S. 148 ff.). Die abgesendete Sache kann also nicht als übergeben gelten, solange der Absender noch über dieselbe disponieren kann (z. B. nach den Postvorschriften und den Eisenbahnbetriebsregeln); und wenn diese Dispositionsbefugnis des Absenders auch nicht besteht, so liegt in der Absendung nur dann eine Übergabe, wenn der Überbringer infolge der Anordnung des Adressaten als dessen Vertreter erscheinen kann.

Endlich ist zu erwähnen, daß im § 427 unter den Objekten, die statt der wirklichen Übergabe den Übergang durch Zeichen zulassen, auch der Schuldforderungen schlechthin gedacht ist. Eine Einschränkung dieses Ausdruckes auf Inhaberpapiere ist unmöglich, weil diese gerade eine wirkliche Übergabe erlauben und fordern und in bezug auf den Eigentumserwerb einfach als körperliche Sachen zu behandeln sind. Man muß daher die Erwähnung der Forderungen im § 427 als eine lex fugitiva ansehen, welche für die Zession auch eine Art von Übergabe fordert (so Slg. NF. 650; Wellspacher, „Vertrauen". S. 190 f.).

IV. Das Eigentum wird auch erlangt, wenn ein Nichteigentümer eine bewegliche Sache vertragsmäßig im eigenen Namen übertragen hat und nun nachträglich (z. B. durch Erbgang) zum Eigentümer wird; in § 366 ist zwar nur ausgesprochen, daß der Erwerber hier die Eigentumsklage durch eine Einwendung (exceptio rei venditae et traditae) abwehren kann, doch ist es theoretisch richtiger, hier Eigentumserwerb anzunehmen. Daß der Erwerber von dem Sachverhalte Kenntnis hatte, also im Momente der Veräußerung nicht im guten Glauben war über das Eigentum des Vormanns, ist kein Hindernis, ebensowenig, daß die Veräußerung unentgeltlich erfolgte. Der Nachfolger des Erwerbers tritt natürlich in die Rechtsstellung und die Möglichkeit des Eigentumserwerbes wie sein Vormann ein.

Die gleiche Entscheidung gilt auch für den Fall, daß ein Eigentümer die Sache gültig veräußert hat, dessen Dispositionsrecht beschränkt war (z. B. durch Veräußerungsverbot), und die Beschränkung später wegfällt. Was den Fall betrifft, daß der veräußernde Nichteigentümer vom damaligen Eigentümer beerbt wird, so hatte die erste Lesung (Prot. I, S. 320) die gleiche Entscheidung ausdrücklich gegeben; die spätere Weglassung des betreffenden Satzes sollte wohl den Inhalt des Gesetzes nicht ändern. Dagegen gehört nicht hierher der Fall, daß der Eigentümer die eigene Sache irrtümlich (z. B. durch Verwechselung) in fremdem Namen überträgt, hier ist die Entscheidung nach der Lehre vom Irrtum zu treffen.

§ 11. Erwerb durch Ersitzung.

I. Das Eigentum beweglicher Sachen wird durch Ersitzung erworben, wenn der Ersitzende eine Sache auf eine zum Eigentumserwerbe geeignete Art vertragsmäßig von einem Nichteigentümer redlich erhalten hat und durch die Ersitzungszeit redlich besitzt. Wer sich auf die Ersitzung beruft, muß also nachweisen, daß alle Erfordernisse der Tradition für ihn zutreffen, denn § 1461 erfordert ausdrücklich einen Traditionstitel, schließt also den einzigen nach Wegfall des Vindikationslegates noch denkbaren einseitigen Titel pro derelicto aus. Erbgang ist natürlich kein Ersitzungstitel, der Erbe des Detentors im fremden Namen (z. B. eines Depositars) kann die Ersitzung nicht beginnen. Neben dem Titel muß auch vertragsmäßiger Besitzerwerb nachgewiesen werden; eigenmächtig erlangter (unechter) Besitz genügt nicht § 1464.

Die eigentliche Eigentumsersitzung kann nur den Mangel des Eigentums des Tradenten heilen. Ein Mangel des Erwerbsgeschäftes, der etwa die Handlungsfähigkeit des Tradenten oder die Form des Rechtsgeschäftes betrifft, führt überhaupt nicht zur Ersitzung, weil dann ein gültiger Titel fehlt, mag nun das Geschäft mit dem Eigentümer selbst oder mit einem Nichteigentümer geschlossen sein.

II. In bezug auf das Eigentum des Vormanns, ist noch erfordert, daß der Besitz in redlicher Weise erlangt werde § 1463. Der Begriff der Redlichkeit ist nach den sonstigen Bestimmungen des Gesetzes (§ 326, siehe oben § 7 III, § 368, siehe unten § 12 I) zu beurteilen; der Ersitzende ist also redlich, wenn er den Vormann für den Eigentümer oder für den berechtigten Vertreter des Eigentümers gehalten hat und bei normaler Aufmerksamkeit halten konnte. Geht aus den vom Ersitzenden zu erweisenden Umständen des Erwerbsgeschäftes nicht schon seine Unredlichkeit hervor, so kann die Beibringung weiterer Beweise für die Redlichkeit von ihm nicht verlangt werden; sondern es ist Sache des Eigentümers, andere Umstände für die Unredlichkeit anzuführen.

Ist der Erwerb der Sache redlich erfolgt, so wird die Ersitzung doch gehindert, wenn der Erwerber nachträglich erfährt, daß ihm das Eigentum nicht zukommt (DBGB. § 937), was der Gegner zu beweisen hat.

War der erste Erwerber unredlich, so kann sein Erbe, falls er selbst redlich ist, doch die Ersitzung beginnen. Erfolgt das Erwerbsgeschäft durch einen gewillkürten Stellvertreter, so ist die Unredlichkeit des Erwerbers, wie die des Stellvertreters hinderlich; bei gesetzlicher Vertretung kommt es nur auf die Gesinnung des Vertreters, und bei Erwerb juristischer Personen auf die Gesinnung ihrer Organe an, § 337.

III. Der redliche Besitz muß die Ersitzungszeit hindurch fortdauern § 1462; doch gilt die Ersitzung nicht als unterbrochen, wenn der Besitz dem Besitzenden von einem

Dritten widerrechtlich entzogen, aber auf Grund der Besitzklage wieder restituiert wird. (Zrodlowsky, Untersuchungen S. 44 ff.). Eine Vermutung für die Fortdauer des einmal erworbenen Besitzes stellt das Gesetz nicht auf (anders jedoch DBGB. § 938).

Die normale Ersitzungszeit beträgt für bewegliche Sachen drei Jahre. Gegenüber dem Fiskus, Kirchen, Gemeinden und andern juristischen Personen aber sind sechs Jahre erforderlich. Wenn ferner der Eigentümer freiwillig, aber nicht schuldhaft (z. B. als Deserteur) außerhalb der Provinz weilt, in der die Sache sich befindet, so wird die Zeit einer längeren, über ein Jahr dauernden Abwesenheit nur zur Hälfte in die Ersitzung eingerechnet § 1475. Abwesenheit in Kriegs- oder Staatsdiensten wird überhaupt nicht eingerechnet, so wenig wie die Zeit des Justitiums § 1496. Auch gegenüber Willensunfähigen, die keinen gesetzlichen Vertreter haben, ist die Ersitzung gehemmt und kann erst in zwei Jahren nach Beseitigung dieses Zustandes beendet werden. Zwischen Ehegatten, zwischen Kindern und Eltern, zwischen Mündel und Vormund kann die Ersitzung weder beginnen, noch fortlaufen § 1495.

Die Ersitzung ist auch bei gestohlenen und verlorenen Sachen nicht ausgeschlossen; doch bedarf einer sechsjährigen Ersitzungszeit derjenige, der entwendete oder sonst dem Eigentümer widerrechtlich entzogene Sachen unmittelbar von dem Entwender in einer zur Ersitzung tauglichen Weise erworben hat. Der Beweis, daß der Vormann die Sache entwendet hat, ist vom Eigentümer zu führen. Kann der Erwerber einen Vormann nicht angeben, während er die Voraussetzungen der Ersitzung im übrigen erweist, so bedarf er auch der Frist von sechs Jahren § 1476.

Die begonnene Ersitzung wird von der ruhenden Erbschaft fortgesetzt und vollendet; ebenso von dem Erben, wenn ihm nicht Unredlichkeit nachgewiesen wird. In jedem Falle der Singularnachfolge aber kann der Ersitzende in die von ihm begonnene Ersitzung auch die Ersitzungszeit seiner Vormänner einrechnen § 1493.

Unterbrochen wird die begonnene Ersitzung in derselben Art wie die Anspruchsverjährung § 1497 (siehe Pfersche, Allg. L. § 38, VI.)

IV. Neben der bisher dargestellten eigentlichen Ersitzung gibt es noch eine uneigentliche Ersitzung, die historisch und sachlich als eine verstärkte Wirkung der Verjährung der Eigentumsklage erscheint, und bei welcher der Ersitzende keinen Titel zu behaupten und zu beweisen braucht, sondern nur Eigentumsbesitz in der Dauer von dreißig oder gegenüber von begünstigten Personen von vierzig Jahren. Nur wenn der Eigentümer nachweisen könnte, daß der Besitzende die Sache als sein Vertreter (z. B. durch Leihe usw.) übernommen hatte, wird auch diese Ersitzung ausgeschlossen, weil es dann an dem Eigenbesitze fehlt, den ein Detentor niemals eigenmächtig erlangt (§§ 319, 1462; Krainz, § 211, Nr. 3). Auch für die Zurechnung der Ersitzungszeit eines Vormanns bedarf es hier nicht des Nachweises einer rechtmäßigen Sukzession, § 1493. Der Nachweis der Unredlichkeit des Besitzes hindert jedoch (im Unterschiede von der Verjährung) auch die uneigentliche Ersitzung. Die Unredlichkeit wird hier durch die Kenntnis jedes Hindernisses des Eigentumserwerbes begründet, betrifft also nicht blos das Recht des Vormannes.

Die mindestens dreißigjährige Ersitzung ist für bewegliche Sachen eine besondere Erscheinung neben der eigentlichen Ersitzung. Für unbewegliche Sachen aber, ob sie verbüchert sind oder nicht, ist sie die einzige Art der Ersitzung. Sie steht aber in allen Fällen bezüglich der Zeitberechnung unter den dargestellten Regeln der eigentlichen Ersitzung; nur die Verlängerung der Zeit durch freiwillige Abwesenheit ist hier ausgeschlossen.

In § 1474 ist anerkannt, daß auch die Freiheit des Eigentums gegenüber dinglichen, an der Sache bestehenden Rechten (Obereigentum des Erbzins oder Erbpachtgutes, Fideikommißverhältnis) ersessen werden kann, jedoch die Frist von vierzig Jahren erfordert.

§ 12. Eigentumserwerb aus Macht Rechtens.

I. Ein Nichteigentümer kann durch ein gültiges Veräußerungsgeschäft dem Erwerber das Eigentum beweglicher Sachen unter Umständen auch sofort (ohne Ersitzung) verschaffen. Die wichtigste hierher gehörige Regel des § 367 ist zuerst im Cod. Theresianus II,

Kap. 3, Nr. 43 ff. aufgestellt und als „Erwerb aus Macht Rechtens" bezeichnet worden, welcher Ausdruck hier als historische Erinnerung beibehalten wird. Die Bestimmung der Erwerbsfälle steht im Zusammenhang mit den Grenzen, welche den deutschrechtlichen Fahrnisklagen in der gemeinrechtlichen Praxis gezogen waren (siehe den Nachweis bei Welspacher, Wiener Ztschr. 31, S. 43 f.); dieser historische Zusammenhang erklärt es auch, warum gestohlene Sachen von dieser Regel nicht ausgenommen sind (ausgenommen sind sie nach HG. Art. 306, DBGB. § 935). Jn § 367 a. E. ist ausdrücklich betont, daß der redliche Erwerber hier sofort Eigentum erlangt und dem früheren Eigentümer nicht verantwortlich ist; woraus zweifellos folgt, daß Unredlichkeit, die erst nach dem Erwerbsakte eintritt, völlig bedeutungslos bleiben muß (abweichend nur die völlig unbegreifliche E. des Kass. H. vom 8. April 1895, Z. 3484, Novak 1832).

Wer den Eigentumserwerb nach § 367 in Anspruch nimmt, hat die objektiven Voraussetzungen desselben zu beweisen; die subjektive Voraussetzung der Redlichkeit gehört aber nicht zu seinem Beweisthema, vielmehr ist auch hier, wie bei der Eigentumsklage, die Unredlichkeit von dem Gegner einzuwenden. Die Unredlichkeit ist für diese Lehre im § 368 nicht anders definiert, als nach § 326, es genügt, daß der Erwerber den Rechtsmangel des Vormannes „aus den Umständen vermuten muß" (§ 326); im § 368 sind nur die Umstände genauer ausgeführt, die ein vorsichtiger Erwerber bei dem Geschäftsabschluß vernünftigerweise zu beachten hat (Slg. NF. 1600; dazu §§ 473 ff. Str.Ges.).

Die vom Beklagten zu erweisenden Voraussetzungen des Erwerbes aus Macht Rechtens betreffen neben der Entgeltlichkeit des Erwerbes entweder die Öffentlichkeit des Erwerbsaktes oder das Verhalten des früheren Eigentümers.

II. Als öffentlicher Erwerbsakt gilt zunächst „die öffentliche Versteigerung", die von staatlichen Organen, (Gerichten, öffentlichen Auktionshallen, Verwaltungs- und Gemeindebehörden) oder von gesetzlich dazu befugten Personen (Notare, Handelsmäkler, öffentliche Lagerhäuser) vorgenommen oder bewilligt ist. Ob die Versteigerung im Exekutionswege angeordnet, oder von dem Besitzer oder einem andern Berechtigten freiwillig angesucht wird, ist gleichgültig. Nach § 269 EO. steht der im Exekutionswege vom Vollstreckungsorgan nach § 268 vorgenommene freihändige Verkauf der öffentlichen Versteigerung gleich. Dies gilt aber nicht für den nach § 271 EO. zulässigen Verkauf, auch nicht, wenn derselbe im Laufe eines Konkursverfahrens erfolgt, da für diese Fälle ein gesetzlicher Anhalt fehlt. (Tilsch, S. 89). Der Eigentumserwerb wird nicht gehindert, wenn die Versteigerung nach den prozessualen Vorschriften nicht hätte durchgeführt werden sollen (Slg. 8174), sofern nur das Versteigerungsverfahren nicht prozessual als nichtig erscheint (vgl. JN. § 42, ZPO. § 37).

Als öffentlicher Erwerbsakt gilt ferner der Erwerb von einem „zu diesem Verkehre befugten Gewerbsmanne", wobei die Entgeltlichkeit des Geschäftverkehrs als selbstverständlich vorausgesetzt wird (unrichtig Randa, Eigentum, S. 345). Die Befugnis des Gewerbebetreibenden ist nach der Gewerbeordnung (Ges. vom 5. März 1907, RGBl. Nr 26 bis § 36 ff.; dazu das Hausiergesetz vom 4. September 1852, RGBl. Nr. 252) zu beurteilen, wobei aber zu beachten ist, daß nicht jede Verletzung der verwaltungsrechtlichen Vorschriften (z. B. über den Ladenschluß) die zivilrechtlichen Wirkungen hindert. Produzenten landwirtschaftlicher Objekte fallen nicht unter den Begriff des „Gewerbsmannes", wenn ihnen auch der eigene Vertrieb ihrer Erzeugnisse nicht untersagt ist. (Gew.O. § 60). Der Marktverkauf, der im früheren Rechte ein Hauptfall öffentlichen Erwerbes war (Cod. Theres. II, cap. 8, Nr. 50, 58) ist im § 367 nicht besonders berücksichtigt und kann gegenwärtig umso weniger in analoger Weise unter § 367 subsumiert werden, als er ebenfalls verwaltungsrechtlich geregelt ist (siehe Gew.O. § 62 ff.).

III. Als objektive Voraussetzung des Eigentumserwerbes nach § 367 genügt endlich der Nachweis, daß die Sache gegen Entgelt von jener Person erworben wurde, der sie der bisherige Eigentümer anvertraut hatte. Das Anvertrauen ist hier aus historischen und sachlichen Gründen nur als Gegensatz zum unfreiwilligen Verluste des Gewahrsams, also im weiteren Sinne als freiwillige Überlassung des selbständigen Gewahrsams zu verstehen, wobei der wirtschaftliche Anlaß (Nießbrauch, Miete, Leihe, Verpfändung, Mandat usw.)

gleichgültig bleibt. Wird die Sache dem Eigentümer auf Grund eines betrügerischen, erzwungenen oder irrtümlichen Geschäftes entlockt, so liegt weder eine Tradition vor (siehe oben § 10 I) noch ein Fall des Anvertrauens, sondern eigenmächtiger Besitzerwerb. Aus diesen Erwägungen ist § 367 trotz des engeren Wortlautes („der Kläger selbst") auch anzuwenden, wenn ein Vertreter oder Bevollmächtigter des Eigentümers anvertraut hat, sowie wenn ein weiterer Vertrauensmann des ersten Vertrauensmannes (vgl. § 965) die Veräußerung vorgenommen hat. Dagegen liegt ein Anvertrauen dort nicht vor, wo Dienstleuten an dem Hausrate des Herrn nur unselbständiger Gewahrsam überlassen ist (siehe dazu unten § 20).

Der Erwerb nach § 367 setzt selbstverständlich eine an sich gültige Tradition voraus. Er ist daher ausgeschlossen: α) wenn die Sache dem Vertrauensmann des Eigentümers (oder einem Gewerbsmanne) im Wege einer Exekution nach § 253 f. (bes. § 271) EO. oder nach § 346 EO. zwangsweise entzogen wurde (Randa, Eig. S. 351, Krainz, § 206, N. 35 b); β) wenn die Veräußerung wegen persönlicher Unfähigkeit des Tradenten ungültig ist (Slg. NF. 2194); γ) endlich auch, wenn der Inhaber in fremdem Namen die Übergabe nicht wirklich, sondern nur durch Konstitut vollzogen hat, weil kraft § 319 hier ein vertragsmäßiger Besitzübergang nicht angenommen werden darf (vgl. DBGB. § 933; bei Veräußerung durch einen Gewerbsmann genügt natürlich auch das Konstitut).

Schließlich ist zu erwähnen, daß § 367 analog dahin ausgedehnt werden muß, daß wie das fremde Eigentum, so auch das fremde Pfandrecht aufgehoben wird, wenn bei der Veräußerung zu den Bedingungen des § 367 noch die entsprechende Redlichkeit, nämlich die schuldlose Unkenntnis des Bestehens des Pfandrechtes hinzutritt (Randa, Eig. S. 365; Slg. 4055; vgl. auch HG. Art. 306, DBGB. § 936).

IV. Ein weiterer Fall gesetzlichen Eigentumserwerbes ist nach § 824 a. E. die Übergabe einer Erbschaftssache seitens des durch gerichtliche Einantwortung des Nachlasses legitimierten Scheinerben, wobei es auf die Entgeltlichkeit der Tradition nicht ankommt, während die Unredlichkeit des Erwerbers den Eigentumserwerb allerdings hindert (Randa, Eig. S. 364).

V. Endlich wird das Eigentum an Geld oder an Schuldbriefen, die auf den Überbringer lauten (§ 371), von jedem redlichen (Slg. 13453) Empfänger durch jede gültige Tradition erworben ohne weitere Voraussetzungen (Randa, Eig. S. 381 ff., vgl. auch HG. Art. 307, DBGB. § 935 a. E.). Dieser Rechtssatz ist in § 371 nur ungenau ausgedrückt und in Verbindung gebracht mit der Erschwerung der Vindikation durch die Nichtunterscheidbarkeit der Geldstücke, obwohl der letztere Umstand keinen besonderen Anlaß des Eigentumserwerbes bildet, sondern nach § 414 zu behandeln ist. Die Norm des § 371 über Schuldbriefe begrenzt sich nach dem wirtschaftlichen Zwecke derselben als Verkehrsobjekten; sie betrifft also nicht jene Legitimationspapiere, die nur eine Vereinfachung des Verhältnisses zwischen Gläubiger und Schuldner bezwecken (wie Eisenbahnkarten, Theaterkarten, Pfandscheine, Sparkassenbücher usw.), wohl aber Ordrepapiere, besonders Wechsel, wenn der Inhaber derselben äußerlich als Gläubiger legitimiert erscheint (Randa, Eig. S. 356, vgl. WO. §§ 36, 74).

§ 13. Eigentumserwerb an Grundstücken.

I. Der Eigentumserwerb an nicht verbücherten Grundstücken ist im Gesetze garnicht besonders normiert; nur betreff der Ersitzung ist im § 1468 gesagt, daß sie erst in 30 Jahren vollendet wird. Im übrigen müssen auf diesen Fall die Regeln der beweglichen Sachen analog angewendet werden, soweit das nicht durch die Natur der Verhältnisse ausgeschlossen ist. So ist aus § 367 höchstens der Fall des Erwerbes in einer öffentlichen Versteigerung auf Grundstücke anwendbar, weil die geschäftlichen Grundlagen des Mobiliarverkehres im übrigen auf Grundstücke nicht zutreffen (Randa, Eig. S. 340). Seit der Einführung der Grundbücher in allen Provinzen sollen nicht verbücherte Grundstücke nicht mehr vorkommen, außer soweit es sich um öffentliches Gut handelt oder um neuentstandene Grundstücke an Gewässern (siehe darüber unten § 16).

II. An verbücherten Grundstücken kann das Eigentum geschäftlich nur durch Einverleibung im öffentlichen Buche erworben werden (§ 431 a. b. GB., § 4 GG.). Die gültige Einverleibung ist zum Eigentumserwerb genügend, es bedarf dazu keiner Tradition oder Besitzerlangung. Der als Eigentümer Eingetragene kann sich den Besitz der Sache dann ohnedies durch die Vindikation verschaffen, soweit derselben nicht Einwendungen entgegenstehen.

Die formellen Erfordernisse der Einverleibung des Eigentums sind bereits oben (§ 3 IV) angegeben; ergänzend ist folgendes zu erwähnen. Nach dem Konsensprinzip erfordert die Einverleibung die gültige Zustimmungserklärung (Aufsandung) des bücherlichen Vormannes (§ 432 a. b. GB.), die jedoch durch ein rechtskräftiges Urteil über die Pflicht zur Aufsandung ersetzt wird (EO. § 387). Diese Erklärung ist an sich unwiderruflich und verliert ihre Wirkung nicht durch den Tod des Vormannes (arg. § 547 a. b. GB.), solange nicht der Erbe als Eigentümer eingetragen ist (Slg. 15 464); sie verliert aber ihre Wirkung durch Konkurseröffnung über den Aussteller, wenn nicht das Gesuch um Einverleibung vor der Konkurseröffnung bei dem Grundbuchsgericht eingelangt ist (§ 25 GbG., KO. § 12). Nach dem Tode des Eigentümers bis zur Einantwortung der Erbschaft kann das Verlassenschaftsgericht die Aufsandung erteilen, z. B. an Legatare (Verl. Pat. v. J. 1854, § 178; § 437 a. b. GB. erklärt sich aus den älteren Grundbucheinrichtungen, siehe Krainz, § 228, Note 4).

Die Einverleibung kann von dem Erwerber selbst oder von den zu seiner Vertretung berufenen Personen (§ 77 GbG.), auch von seiner Konkursmasse angesucht werden; von anderen Personen aber nur unter besonderen Umständen, so z. B. von dem Verkäufer, wenn er sich eine Hypothek für den Kaufpreis in der Verkaufsurkunde ausbedungen hat (GbG. §§ 78, 97).

Sind die Bedingungen für mehrere Sukzessionen durch Geschäft oder Erbgang erfüllt, so kann der letzte Sukzessor unter einem um Vollzug aller Einverleibungen ansuchen (§ 21 a. GG.); doch steht es dem letzten Sukzessor auch frei, unter Nachweis seiner Vormänner (vgl. Slg. 13 667) bloß seine eigene Einverleibung zu begehren, wobei dann der Zusammenhang mit seinem bücherlichen Vormanne nur aus der Urkundensammlung ersichtlich wird (§§ 22, 23 GbG.).

Wird nur ein Teil des Grundbuchskörpers übertragen, so ist zunächst das Verfahren um Abschreibung des betreffenden Teiles von dem bisherigen Grundbuchskörper durchzuführen (§ 76 GbG.), wovon oben § 2 V die Rede war; der Übergang des Eigentums auf den neuen Erwerber erfolgt dann durch Zuschreibung der Parzelle zu einem ihm gehörigen Grundbuchskörper oder durch Eröffnung einer neuen Einlage (Ges. v. 6. Februar 1869 § 13).

Die Einverleibung des Eigentums zu veranlassen ist an sich ein Recht des Erwerbers, das er nach Belieben ausüben kann oder nicht; da es jedoch dem Zwecke des Grundbuchs und den allgemeinen Interessen entspricht, daß der Grundbuchsstand mit der wahren Rechtslage und mit den tatsächlichen Verhältnissen in Übereinstimmung erhalten werde, so wurde durch das Gesetz vom 23. 5. 1883, Nr. 82 die Einverleibung des Eigentums wie anderer bücherlicher Rechte in manchen Fällen als Pflicht erklärt, auf deren Erfüllung von Amts wegen hinzuwirken ist. Alle bücherlichen Eintragungen, positive wie negative, welche sich als Folgen eines Erbfalles ergeben, werden von dem Verlassenschaftsgerichte von Amts wegen angeordnet. Und jene Einverleibungen, welche die Grundlagen der Grundsteuerpflicht betreffen, werden den Parteien von dem Grundbuchsgerichte bei Strafe zur Durchführung aufgetragen, wenn das Gericht, sei es bei einer Verlassenschaftsabhandlung, sei es durch Anzeige seitens der Katastralbehörde Kenntnis von dem Unterbleiben der notwendigen Einverleibungen erlangt hat. Die Richtigkeit des Gutsbestandes im Vergleiche mit der Katastralmappe wird von Amts wegen ständig kontrolliert (Gesetz vom 23. 5. 1883, Nr. 83, § 40 ff.).

III. Zum Eigentumserwerbe ist neben der formell korrekten Einverleibung, die dem äußeren Vorgang bei der Tradition beweglicher Sachen entspricht, auch die materiellrechtliche Gültigkeit des Titels und des Übertragungsgeschäftes nötig (siehe oben § 3, III a). Bei

Beurteilung der praktischen Fälle ist zu beachten, daß die Einverleibung und das Kausalgeschäft oft darum auseinandergehen, weil das Geschäft nach dem faktischen Besitzstande geschlossen wird, der mit dem Gutsbestandsblatt nicht immer übereinstimmt, entweder weil ein Fehler bei der Anlegung des Grundbuches unterlaufen, oder weil ein Abverkauf eines Teiles als Grundbuchskörper ohne Verbücherung erfolgt ist. Der Umstand, daß der Eigentumserwerb gewöhnlich nicht nach dem Tabularstand erfolgt, der keine Garantie für die Größe des Grundstückes gibt, sondern nach den faktischen Besitzverhältnissen, schließt auch vielfach die Redlichkeit eines Singularnachfolgers in bezug auf die zwar eingetragenen, aber faktisch nicht mitverkauften Teile des Grundbuchkörpers aus (Slg. NF. 4274).

Die Ungültigkeit der Einverleibung kann durch Klage gegen den als Eigentümer eingetragenen unter den oben § 4, IV angeführten Voraussetzungen geltend gemacht werden, worauf die Löschung des ungültigen Eintrages erzielt werden kann (Löschungsklage). Die Ungültigkeit kann auch einredeweise gegen die Vindikation des Eingetragenen unter den gleichen Voraussetzungen geltend gemacht werden; doch wird der Geklagte aus praktischen Rücksichten mit der Einwendung regelmäßig auch die Löschungsklage verbinden, um diese im Grundbuche zur Anmerkung bringen zu können.

Die ungültige Einverleibung des Eigentums kann nach § 62 a. GG. zugunsten des ungültig Einverleibten selbst unanfechtbar werden durch den Wegfall des Anfechtungsrechtes (z. B. nach § 1487 a. BGB.) oder durch die dreißigjährige Verjährung des Klagerechtes; auch kann der ungültig Einverleibte als Vormann einem redlichen Erwerber das Eigentum (sowie andere bücherliche Rechte) als unanfechtbares und definitives kraft des Publizitätsprinzips übertragen, wenn nicht innerhalb der Frist zum Rekurse gegen die ungültige Einverleibung ein Widerspruch erhoben oder angemerkt worden ist, § 63.

Was die Tabularersitzung nach § 1467 und 1469 a. BGB. betrifft, so ist noch zu betonen, daß sie durch das Grundbuchsgesetz formell aufgehoben erscheint, weil sie nur in jenen Fällen Anwendung finden kann, welche durch die eben dargestellte Norm des Grundbuchgesetzes bereits in anderer, noch dazu dem Tabularbesitze günstigerer Weise erledigt sind. Die Tabularersitzung war als ein Fall der eigentlichen Ersitzung gedacht, und „die allgemeinen Erfordernisse jeder Ersitzung", also „die Echtheit und Rechtmäßigkeit des Titels und die Redlichkeit des Tabularbesitzes nach § 1461—1464 wird auch hier vorausgesetzt" (Zeiller, ad. § 1467 VI). Daher konnte die Tabularersitzung nur den Rechtsmangel des Vormannes, aber niemals den Mangel des Erwerbsaktes heilen, und eine ungültige Eigentumseintragung konnte nach § 1467 ebensowenig unanfechtbar werden wie nach § 62 a. GG. Als Ersitzungstitel nennt ferner § 1461 nur Rechtsgeschäfte; die Tabularersitzung konnte daher auch niemals zugunsten eines Erwerbes im Exekutionswege wirken (vgl. Jud. B. 188). Die Tabularersitzung konnte also nur in jenen Fällen eintreten, in welchen jemand von dem als Eigentümer ungültig Einverleibten in redlicher Weise (wenn auch unentgeltlich) das Eigentum oder ein anderes Recht bücherlich übertragen erhielt. Da aber gerade diese Fälle in § 61 ff. a. GG. normiert sind und da es außer denselben keine praktischen Anwendungsfälle der Tabularersitzung gibt (siehe den Nachweis bei v. Schey Z. f. N. 1910, Nr. 13; die häufige Erwähnung des § 1467 in gerichtlichen Entscheidungen beweist nicht das Gegenteil, sondern beruht nur auf einer fehlerhaften Begründung sachlich richtiger Entscheidungen), so ist dieselbe vollständig aufgehoben. Da darüber noch Zweifel bestehen, wird in dem Reformentwurf § 252 vorgeschlagen, § 1467 und § 1469 ausdrücklich aufzuheben.

IV. Kann die Einverleibung nicht sofort angesucht werden, so kann sie doch in manchen Fällen im Voraus gesichert und nachträglich erzwungen werden. Dabei sind folgende Fälle zu unterscheiden:

a) Der Erwerber kann die Einverleibung sichern durch Vormerkung, wenn er wenigstens eine Privaturkunde vorlegen kann, welche nach § 26, 27 a. GG. einen gültigen Rechtsgrund des Eigentumserwerbes bescheinigt, und wenn er nach Zustellung des Bescheides über die bewilligte Vormerkung binnen 14 Tagen die Klage erhebt, die ihm die zur Einverleibung noch fehlenden Erfordernisse (die legalisierten Unterschriften auf der Tabularurkunde oder die Aufsandungserklärung des Vormannes usw.) verschaffen soll.

b) Hat der Erwerber keine Urkunde über ein Erwerbsgeschäft zur Verfügung, so kann er die Übertragung des Eigentums nur durch eine obligatorische Klage erzwingen und eine Vormerkung erst auf Grund einer einstweiligen Verfügung oder eines noch nicht rechtskräftigen Urteils erwirken (§ 38 GbG.).

c) Mit Zustimmung des Vormannes kann die Einverleibung gesichert werden durch die Anmerkung des Ranges § 53 GbG. (s. o. § 3 VI). Wenn nämlich der Veräußerer das Gesuch, auf dem der Vollzug der Anmerkung bestätigt ist, dem Erwerber übergibt, so ist dieser durch 60 Tage nach Bewilligung dieser Anmerkung gesichert, daß die ihm zugesagte Einverleibung des Eigentums in keiner Weise gehindert werden kann, da die Anmerkung des Ranges nur gegen Vorlage des bestätigten Gesuches gelöscht werden darf, (ähnliche Wirkung hat die bewilligte Vormerkung nach § 885 D.BGB.).

d) Wer einen sachenrechtlichen Anspruch auf Einverleibung seines Eigentums hat, kann endlich die Einverleibung sichern durch Anmerkung des erhobenen oder zu erhebenden Widerspruchs gegen den gegenwärtigen Buchstand (Streitanmerkung nach §§ 61, 69, 70 a. GG.).

In allen diesen Fällen erfolgt die spätere Einverleibung des Eigentums im Range der angesuchten Vormerkung oder Anmerkung und wirkt aufhebend auf alle in der Zwischenzeit angesuchten, mit der gesicherten Einverleibung unvereinbaren Eintragungen. Dabei ergibt sich die Frage, nach welchem Moment die Redlichkeit des Erwerbes zu beurteilen ist, wenn der Eintrag des Vormannes sich als bestritten herausstellt; entscheidend ist nicht der Moment des Ansuchens um Vormerkung oder Anmerkung, sondern erst der Moment der nachfolgenden Einverleibung.

V. An verbücherten Grundstücken wird das Eigentum ohne Einverleibung (außerbücherlich) erworben in folgenden Fällen:

1. Der Erbe wird durch den Erwerb der Erbschaft, der durch Antrittserklärung oder nach anderer Ansicht spätestens durch die Einantwortung erfolgt, sogleich Nachfolger des Erblassers in allen rechtlichen Beziehungen § 547 a. b. GB., folglich auch in dem Eigentum an Grundstücken. Diese Auffassung, die in dem Gesetz wie in der Theorie zweifellos anerkannt ist, macht es notwendig, der Einverleibung des Erben konstitutive Wirkung abzusprechen, umsomehr, als praktische Wirkungen mit dieser Auffassung nicht verbunden sind.

2) Der Ersitzung von verbücherten Grundstücken, die durch redlichen Besitz von dreißig Jahren vollendet wird (s. o. § 11 IV), ist nach dem Wortlaut von § 1498 a. b. GB. die Wirkung des außerbücherlichen Eigentumserwerbes zugeschrieben, indem dort dem Ersitzenden ein unmittelbarer Anspruch auf Änderung des Buchstandes eingeräumt wird (siehe auch Prot. II, S. 458). Im § 70 a. GG. ist diese Auffassung ausdrücklich anerkannt, indem demjenigen, der aus dem Grund der Ersitzung nach § 1498 die Zuerkennung eines dinglichen Rechtes begehrt, die Streitanmerkung bewilligt wird, die für einen obligatorischen Anspruch auf Gewährung der Übertragung des Eigentums nicht zulässig wäre. Das durch Ersitzung erlangte Eigentum wird freilich wirkungslos gegenüber demjenigen, der vor der Streitanmerkung das Grundbuchsobjekt „im Vertrauen auf das öffentliche Buch an sich gebracht hat" § 1500 a. b. GB.; wirksam aber bleibt die Ersitzung gegenüber demjenigen, der bei gehöriger Aufmerksamkeit das Ersitzungsverhältnis kennen konnte, sowie gegenüber dem exekutiven Erwerb.

3. Der dem redlichen Bauführer im § 418 a. b. GB. gegen den böswilligen Grundeigentümer gewährte Anspruch auf Überlassung der verbauten Fläche gegen Erstattung ihres Wertes (s. o. § 9 III) ist aus praktischen Rücksichten ebenso als ein dinglicher Anspruch zu behandeln wie der Anspruch aus der Ersitzung (Randa, Eig. S. 388).

4. Nach § 237 EO. wird das Eigentum einer exekutiv versteigerten Liegenschaft „mit dem Zuschlage" erworben, wobei allerdings vorausgesetzt ist, daß der Zuschlag rechtskräftig wird. Die Erteilung des Zuschlages ist binnen acht Tagen von Amts wegen im Grundbuche anzumerken (§ 388 EO.), während die Einverleibung des Erstehers erst die Erfüllung der Versteigerungsbedingungen voraussetzt.

5. Durch Enteignung, worüber unten § 15 genauer zu sprechen ist.

VI. Schließlich ist die Stellung desjenigen (er heißt im folgenden stets A) zu betrachten, dem ein Grundstück von dem im Buche stehenden Eigentümer auf Grund eines gültigen Titels versprochen und tradiert worden ist, ohne daß jedoch die Einverleibung seines Eigentums erfolgt wäre. Dabei ist zunächst festzuhalten, daß die obligatorische Pflicht des Eigentümers, zur Übertragung des Eigentums an A, mit der Rechtstellung eines Dritten (er heißt im folgenden stets B), dem die Sache später versprochen wurde, in keiner juristischen Beziehung steht und den Eigentumserwerb des B nicht hindert (§ 440 a. b. GB.). Ob B etwa dem A ersatzpflichtig wird, wenn er den Eigentümer zur Übertragung an B, also zur Verletzung des obligatorischen Anspruches des A wissentlich veranlaßt hat, ist eine rein obligationsrechtliche, bestrittene Frage (Krainz, § 224 N. 5).

Wenn der Eigentümer dem A nicht nur das Eigentum versprochen, sondern auch das Grundstück übergeben hat, so ist selbst dadurch in sachenrechtlicher Beziehung noch nichts geändert (a. A. Steinlechner a. a. O., S. 101 ff., der hier außerbücherlichen Eigentumserwerb des A annimmt). Nur wird man dem besitzenden A gegen eine etwaige Vindikation des Eigentümers oder seines Erben eine exceptio doli (nicht die Einrede aus § 366, die einen ganz anderen Fall betrifft, Randa, Eig. S. 392) gewähren, soweit der Besitzer auch die Widerklage auf Verschaffung der Einverleibung erheben könnte. Die Widerklage, daher auch die Einwendung, ist aber gegen die Konkursmasse des Eigentümers nur beschränkt möglich (vgl. KO. § 22) und kann auch eine gegen den Eigentümer erwirkte Exekution nicht hindern (Slg. NF. 4359).

Eine publizianische Klage kann man dem A gewiß nicht zusprechen, weil sein Fall den Voraussetzungen dieser Klage direkt entgegengesetzt liegt; denn einerseits ist sein Vormann als Eigentümer erwiesen, und anderseits fehlt ihm selbst der Erwerbungsakt des Eigentums, ohne dessen Nachweis die ordentliche Ersitzung und die darauf beruhende publizianische Klage ausgeschlossen ist. Nur wenn man im § 372 auch eine Klage aus unfreiwilligem Besitzverlust anerkannt findet (siehe oben § 6), kann diese Klage dem A zukommen, wenn er den Besitz des Grundstückes unfreiwillig verloren hat, welche Klage ihm wenigstens gegenüber einem schlechter qualifizierten und ebenfalls nicht intabulierten Besitzer Hilfe verschafft.

Endlich ist dem Besitzer die uneigentliche Ersitzung nach § 1476 zuzusprechen, die nur den dreißigjährigen Eigenbesitz und Redlichkeit erfordert; die Redlichkeit ist hier durch das Verhältnis zum Eigentümer begründet, da dessen Vindikation ja ausgeschlossen ist (vgl. dazu § 1468 „oder wenn die Sache auf den Namen desjenigen, der die Besitzrechte darüber ausübt, nicht eingetragen ist", und § 1470 a. b. GB. mit dem WGG. III §§ 607, 609).

Dagegen hat der Traditionsbesitzer A gegenüber einem bücherlichen Singularsukzessor B des tradierenden Eigentümers weder eine rechtliche Verteidigung noch eine Tabularklage. Die Kenntnis des B von der an A erfolgten Tradition kann dem B nicht entgegengehalten werden, da sie keine Unredlichkeit in sachenrechtlichem Sinne bewirkt.

Was die legislative Beurteilung des Resultates betrifft, so ist folgendes zu beachten: wenn das Gesetz im allgemeinen Interesse Formen des Rechtserwerbes aufstellt und die Erfüllung dieser Formen zu erzwingen sucht (siehe oben § 13 II), so ist es weder gerecht noch praktisch, wenn das Gesetz nun seinen eigenen Anordnungen entgegenwirkt, indem es die aus nachlässiger Nichterfüllung der Formen hervorgehenden Nachteile durch besondere Regeln wieder zu verhüten sucht. Jeder Formzwang ist mit Gefahren für unvorsichtige Parteien verbunden, und es ist unmöglich, das eine ohne das andere zu wollen. Übrigens ist zu beachten, daß der Traditionsbesitzer A in den praktisch wichtigsten Fällen, wo seine Benachteiligung nicht dolos, sondern irrtümlich durch unrichtige Verbücherung des Gutsbestandes veranlaßt ist, mit einer obligatorischen Klage gegen seinen Vormann diesen zur Anfechtung des Buchstandes des B und sodann zur Einverleibung des A veranlassen kann.

§ 14. Erlöschen des Eigentums.

I. Das Eigentum beweglicher Sachen hört auf:

a) Wenn es in der dargestellten Weise von einem anderen erworben wird;

b) wenn die Sache untergeht;

c) an wilden Tieren, wenn sie die natürliche Freiheit erlangen, am Bienenschwarme, wenn er durch zwei Tage nicht verfolgt wird, an gezähmten Tieren, wenn sie entlaufen und durch 42 Tage nicht zurückkehren, während die Haustiere, die entlaufen, nur als verloren gelten;

d) zur Strafe des Eigentümers durch Konfiskation bei manchen Gesetzverletzungen (Munition, Sprengstoffe, Gifte usw.);

e) durch Enteignung (siehe unten § 15);

f) durch Dereliktion, wenn der handlungsfähige Eigentümer mit der Absicht, die Sache nicht mehr haben zu wollen, den Gewahrsam derselben aufgibt (§ 386).

II. Was Grundstücke betrifft, so hört das Eigentum auf:

a) Wenn es in der dargestellten Weise von einem anderen durch Eintragung im Grundbuche oder (trotz § 444) außerbücherlich erworben wurde;

b) wenn die Sache untergeht (vgl. § 409);

c) durch Enteignung (siehe unten § 15);

d) durch dauernde Vernachlässigung kraft verwaltungsrechtlicher Regeln (z. B. Bauordnungen, auf welche § 387 a. b. GB. verweist; vgl. Slg. Nr. 13 780).

Das Eigentum verbücherter Grundstücke erlischt aber nicht durch Dereliktion, denn diese könnte nach § 444 nur vollendet werden durch die Einverleibung der Löschung des bisherigen Eigentümers, die nach unseren Grundbuchseinrichtungen nicht vorgesehen ist, und die ohne genauere Normierung einen unentwirrbaren Zustand des Grundbuches veranlassen würde (Slg. NF. Nr. 151; DBGB. § 928 läßt die bücherliche Einverleibung der Dereliktion zu, läßt das Grundstück aber nicht frei okkupierbar werden, sondern dem Fiskus verfangen sein). Wenn in vielen Landeswassergesetzen (meist § 46) „durch Auflassung herrenlos gewordene Grundstücke" erwähnt werden, so kann sich das nur auf nichtverbücherte Grundstücke beziehen. In § 483 a. b. GB. aber, wo vorgesehen ist, daß der Eigentümer, um einer Last zu entgehen, das Eigentum aufgeben möchte, wird nicht die Dereliktion, sondern die Abtretung an den Gegner (genauer sollte es heißen das Anbieten der Abtretung) erwähnt. (Für Dereliktion Krainz § 239 N. 12 f., und dort cit.).

III. Ist das Eigentum unter einem Endtermin oder einer aufhebenden Bedingung erworben, so kann es mit Eintritt des Zeitpunktes oder der Bedingung von selbst aufhören, indem es gleichzeitig an eine andere Person fällt. Dazu muß freilich vorausgesetzt werden, daß die übrigen gesetzlichen Bedingungen für den Eigentumsübergang an eine andere Person gleichzeitig erfüllt sind. Bei Grundstücken ist also erforderlich, daß der Nachfolger im Eigentume bereits unter der entgegengesetzten Suspensivbedingung oder Befristung im Grundbuch eingetragen ist; bei beweglichen Sachen müßte ein der Tradition entsprechender Vorgang vorbereitet sein, z. B. die Deposition der Sache bei einem Dritten, der sie zugleich für den neuen Erwerber bewahrt, also eine Art Sequester.

§ 15. Die Enteignung.

I. Enteignung ist die aus öffentlichen Rücksichten durch Verwaltungsakt erfolgende Aufhebung oder Einschränkung von Privatrechten. Der wichtigste Fall ist die Enteignung des Eigentums, weshalb von der Enteignung an dieser Stelle zu sprechen ist (Enteignung von Patentrechten, Ges. v. 11. Januar 1897, Nr. 30, § 15; Enteignung von Wasserrechten siehe unten; vgl. auch die Einschränkungen des Eigentums, oben § 5 II). Von der Enteignung verschieden, doch von gleicher Wirkung ist die Anwendung des Staatsnotrechts, die vielfach im Voraus gesetzlich angeordnet wird (Vorschriften über Abwehr von Seuchen, Tierkrankheiten, Reblaus usw.; siehe Zitate der Vorschriften in den Gesetzesausgaben zu § 365 a. b. GB.), die auch gegen Vergütung erfolgen kann (so selbst bei Requisitionen zu Kriegszwecken in eigenem Lande), bei welcher aber die Staatsorgane ohne geregeltes Verfahren einschreiten.

Die Enteignung des Eigentums gegen den Willen des Eigentümers kann nach Art. 5 des Ges. v. 21. Dezember 1867 Nr. 142 „nur in den Fällen und in der Art eintreten, welche das Gesetz bestimmt." Ein allgemeines Enteignungsgesetz fehlt, doch spricht schon § 365 a. b. GB. das allgemeine Prinzip aus, daß gegenüber den Mitgliedern des Staates (denen die Fremden gleichgestellt sind § 33) die Enteignung selbst des vollständigen Eigentums gegen eine angemessene Schadloshaltung erfolgen kann, „wenn es das allgemeine Beste erheischt".

Die Enteignung betrifft selten Mobilien (z. B. Pferde im Mobilisierungsfall), hauptsächlich Grundstücke; so für militärische Zwecke (Einquartierungsges. v. 11. Juni 1879, Nr. 93, § 55), für Anlagen von Eisenbahnen und Straßen, für Stadtregulierungen usw. (siehe die Anführung bei Randa, Eig. S. 155 ff.).

Das Verfahren bei der Enteignung ist nicht einheitlich geregelt, doch sind die eingehenden Bestimmungen des Eisenbahnenteignungsgesetzes (EEG.) v. 18. Februar 1878 Nr. 30 zu analoger Anwendung heranzuziehen, soweit nicht die Spezialgesetze anders verfügen. Das Enteignungsverfahren hat zwei Fragen zu entscheiden, erstens ob die Abtretung gefordert werden kann und zweitens, welche Entschädigung zu leisten ist.

II. Das Abtretungsverfahren erfolgt vor den politischen Behörden, regelmäßig vor der Landesstelle mit Ausschluß des Zivilrechtsweges (EEG. § 18), und endigt mit dem Erkenntnis, daß die Expropriation zulässig und an den bezeichneten Objekten zu vollziehen sei. Ist das Enteignungserkenntnis in der Ministerialinstanz rechtskräftig geworden, so ist der öffentliche Akt der Enteignung vollendet und hat absolute Wirkung, so daß die noch erübrigende praktische Durchführung der Enteignung, nämlich die Übertragung der Sache gegen Entschädigung, nunmehr gegen Jedermann zulässig ist. Die von der politischen Behörde von Amts wegen zu veranlassende bücherliche Anmerkung des Enteignungserkenntnisses ist eine bloße Ersichtlichmachung, welche die verwaltungsrechtliche Wirkung des Erkenntnisses nicht erweitert. Wie alle Verfügungen der Verwaltungsbehörden kann das rechtskräftige Enteignungserkenntnis in formeller wie in materieller Richtung vor dem Verwaltungsgerichtshofe angefochten werden.

Das Ansuchen um Expropriation geht aus von derjenigen physischen oder juristischen Person, welche das gesetzlich begünstigte Unternehmen durchführt. Es richtet sich gegen ein bestimmtes Grundstück (§ 12 EEG.), welches öffentlich bekannt gemacht wird, und erst in zweiter Linie gegen diejenigen Personen, welchen das Grundstück gehört, oder welchen Prädialservituten oder ähnliche dingliche Rechte an demselben zukommen, § 4 EEG. Das öffentliche Edikt, das auf Grund des Ansuchens erlassen wird, nennt zwar denjenigen, der als Eigentümer erscheint; aber es wirkt auch gegen den nicht ausdrücklich genannten, wahren Eigentümer, falls das Eigentum bestritten oder später auf einen anderen übergegangen sein sollte. Die übrigen an der Sache berechtigten Personen, besonders die Hypothekare (Nebenberechtigte), verlieren ihre Rechte von selbst mit dem Rechte ihres Auktors; sie erhalten dafür aber ein Befriedigungsrecht an der von dem Enteigner zu erlegenden Entschädigungssumme, das nach den Regeln der Meistbotsverteilung geltend gemacht wird (EEG. §§ 5, 25, 34).

Ist das Enteignungsverfahren eingeleitet, so muß es durch ein Erkenntnis verwaltungsrechtlich erledigt werden, wenn auch die Parteien sich sachlich geeinigt und ihren Vergleich zu Protokoll gegeben haben § 17 EEG.; nur die vor Beginn des Verfahrens erfolgte Einigung der Parteien führt zu einer rein privatrechtlichen Überlassung der Sache. Ist das Erkenntnis rechtskräftig, so sind prinzipiell beide Parteien daraus berechtigt und daran gebunden; es ist eine Ausnahmebegünstigung für die Eisenbahnunternehmung, daß sie innerhalb eines Jahres nach Rechtskraft des Erkenntnisses um Aufhebung desselben ansuchen kann § 37 EEG. Macht die Eisenbahn durch ein Jahr von der ihr bewilligten Enteignung keinen Gebrauch, so kann auch der Enteignete die Aufhebung des Enteignungserkenntnisses ansuchen. Die Bahn kann zum Ersatz des Schadens, der aus dem Nichtvollzug der Enteignung hervorgeht, im Zivilrechtswege verhalten werden, § 38 EEG.

III. Die Bemessung der Entschädigung ist eine Privatrechtsfrage, die prinzipiell den Gerichten zufällt, sofern nicht die Gesetzgebung eine Ausnahme statuiert (wie bei Assentierung von Pferden). Die gerichtliche Entscheidung erfolgt teils im Prozeß, teils im außerstreitigen Verfahreu 24 EEG.; in manchen Fällen wird die Entschädigung von der politischen Behörde vorläufig ermittelt, wogegen dann von beiden Parteien der Rechtsweg betreten werden kann (so nach Bergrecht, Wasserrecht, bei Anlegung öffentlicher Straßen). Die Entschädigung besteht regelmäßig in einem Geldkapital; nur für die zeitweilige Entziehung einer Sache ist eine Geldrente zu bestimmen. Zu ersetzen ist das Interesse an dem Behalten der Sache, das meist den Verkaufswert (gemeiner Wert § 305 a. b. Gb.) übersteigt; dabei ist nicht nur das Interesse des Eigentümers, sondern auch das Interesse von Nebenberechtigten (Usufruktuar, Mieter usw.) zu berücksichtigen. Das Interesse umfaßt selbstverständlich auch entgehenden Gewinn. Unberücksichtigt bleibt der Wert der besonderen Vorliebe, sowie die Werterhöhung, die der Enteignete absichtlich veranlaßt hat, oder die durch das enteignende Unternehmen etwa zu erwarten ist § 7 EEG.

IV. Die Durchführung der rechtskräftigen Enteignung ist abhängig von der Leistung der Entschädigung; doch genügt es der notwendigen Beschleunigung wegen, wenn die Entschädigungssumme in der von der politischen Behörde vorläufig ermittelten oder gerichtlich in erster Instanz festgesetzten Höhe gerichtlich deponiert ist (Randa, Eig. § 190). Nach Erfüllung dieser Bedingung wird der Expropriant von der politischen Behörde zwangsweise in den Besitz des enteigneten Grundes eingeführt; daher erscheint durch die Sicherstellung der Entschädigungssumme das Eigentum des Enteigneten aufgehoben und auf den Enteigner übergegangen (Krainz, § 216, N. 36.)

§ 16. Rechtsverhältnisse an Gewässern.

I. Die gesetzlichen Bestimmungen über Gewässer, die als Wasserrecht im objektiven Sinne bezeichnet werden, sind hauptsächlich enthalten in dem Reichswassergesetz (RWG.) vom 30. Mai 1869, Nr. 93 und in den auf Grund desselben später erlassenen Landeswassergesetzen (LWG.); z. B. für Böhmen vom 28. Aug. 1870, Nr. 71. Die Besonderheiten des Wasserrechtes beziehen sich auf das fließende Wasser, denn dessen Benützung ist „durch die Rechte der übrigen Wasserberechtigten, sowie durch die aus dem Zusammenhange und der Unentbehrlichkeit des Wassers hervorgehenden öffentlichen Rücksichten nach Maßgabe der Gesetze beschränkt", § 10 RWG.

Die Gewässer sind vielfach öffentliches Gut. Öffentlich sind nach § 2 RWG. die Flüsse und Ströme von der Stelle an, wo deren Benützung zur Fahrt mit Schiffen oder gebundenen Flößen beginnt; es entscheidet also nicht die Schiffbarkeit, sondern die wirkliche Benutzung zur Zeit des Erlasses des Gesetzes. Doch können schiffbare Strecken nachträglich durch Enteignung zu öffentlichem Gute werden, § 6 RWG. Mit dem schiffbaren Hauptarme sind auch die nicht schiffbaren Nebenarme öffentlich.

Was die übrigen natürlichen Gewässer (Flüsse, Bäche, Seen) betrifft, so spricht die Vermutung auch für ihre öffentliche Natur, § 3 RWG.; es muß also im Zweifel das Privateigentum an denselben nachgewiesen werden, wenn auch der Besitzstand zur Zeit der Erlassung des Wassergesetzes unberührt bleibt.

Privateigentum des Grundeigentümers besteht bis auf Gegenbeweis an folgenden Gewässern:

a) an dem Niederschlagswasser,

b) an dem künstlich gesammelten oder aufgestauten Wasser in Brunnen, Zisternen, Kanälen und Teichen,

c) an dem aus dem Boden quellenden Wasser (mit gewissen verwaltungsrechtlichen Vorbehalten, wie bei Salzquellen),

d) endlich an dem Abflusse aus diesen Gewässern, solange sie nicht die Grenzen des Grundeigentums verlassen oder in ein öffentliches Gewässer sich ergossen haben. Die Frage ob ein Gewässer im Privateigentum steht oder nicht, ist gerichtlich zu entscheiden (Jud. B., Nr. 115).

Wenn die Ufer eines fließenden Gewässers, das erweislich nicht öffentlich ist, verschiedenen Personen gehören, so gehört das Gewässer im Zweifel den Ufereigentümern je zur Hälfte § 5 RWG., wobei das Recht der Benutzung des Wassers nach der Hälfte der Wassermenge, § 14 RWG., das Recht an dem Flußbette aber nach der Mittellinie desselben bestimmt wird § 407, 409 a. b. Gb.

Über unterirdisches Wasser (Grundwasser) enthalten die Wassergesetze keine unmittelbaren Anordnungen; da jedoch die Erfahrung zeigt, daß das Grundwasser mit dem oberirdisch fließenden Wasser teilweise in unmittelbarer Beziehung steht und, praktisch die allgemeinen Interessen vielfach ebenso berührt wie das oberirdische Wasser, so sind auf das Grundwasser die seiner Natur entsprechenden Bestimmungen der Wassergesetze in analoger Weise anzuwenden. Da das Grundwasser aber nicht als öffentliches Gut angesehen werden kann, so sind die Bestimmungen über Privatgewässer, mindestens also (§ 6 al 2 LWG.) über die Notwendigkeit der behördlichen Bewilligung von Wasseranlagen auch bei Privatgewässern, hier entsprechend heranzuziehen (über diese bestrittene Frage s. ö. StW. IV, S. 928; EVGh. Budw. 583). Zugunsten von Heilquellen bestehen besondere verwaltungsrechtliche Schutzbestimmungen (s. ö. StW. II, S. 802).

Das Meer, das an sich der rechtlichen Beherrschung nicht unterliegt, fällt an der Küste bis zu einer Seemeile Entfernung unter die Staatshoheit des Uferstaates. An abgegrenzten Meeresteilen (Häfen, Buchten, Lagunen) kann nicht nur Staatshoheit, sondern auch Staatseigentum bestehen. In der Zone einer Seemeile ist an der österreichischen Küste die Fischerei den österreichischen Staatsangehörigen vorbehalten. An den Küstengewässern bestehen ferner vielfach ausschließende Fischereirechte einzelner Rechtssubjekte, und werden verwaltungsrechtlich ausschließende Befugnisse (z. B. für Austern- und Schwammzucht) verliehen.

Die oberirdischen Gewässer sind als Parzellen in der Katastralmappe verzeichnet und bilden Teile von Grundbuchskörpern, soweit sie nicht als öffentliches Gut von der Eintragung im Grundbuche ausgeschlossen sind (s. o. § 2 III). Außerdem wird über die Rechtsverhältnisse an Gewässern ein Wasserkataster und eine Übersicht bei der politischen Behörde geführt (Wasserbuch, s. o. § 2 IV a. E.).

II. An öffentlichen Gewässern besteht das verwaltungsrechtliche Verhältnis des Gemeingebrauches. Darunter ist verstanden „der gewöhnliche, ohne besondere Vorrichtungen vorgenommene, die gleiche Benützung durch Andere nicht ausschließende Gebrauch" (LWG. § 15), soweit er nicht schädlich oder nicht behördlich verboten ist. Der öffentliche Gebrauch erfolgt in folgenden Richtungen:

a) zum Verkehre mit Schiffen und gebundenen Flößen im Rahmen der bestehenden Strompolizeiordnungen,

b) Die Benützung der Wassermenge durch Baden, Waschen, Schöpfen, durch Tränken und Schwemmen von Vieh,

c) die Gewinnung von Eis, von Pflanzen, Schlamm, Sand, Schotter usw. aus dem Bette (kleine Wassernutzungen) nicht aber der Fischfang (siehe darüber oben § 8 II).

Über den Gemeingebrauch hinausgehende Einwirkungen auf öffentliche Gewässer und ihre Ufer sind prinzipiell untersagt, § 413 a. b. G.; ebenso die Verunreinigung des Wassers, die dem öffentlichen Interesse oder die subjektiven Rechten, namentlich dem Fischereirechte nachteilig ist, RWG. § 10.

An öffentlichen Gewässern können subjektive Berechtigungen einzelner Personen bestehen, welche über den Gemeingebrauch hinausgehen; so gibt es Rechte auf die ausschließliche Gewinnung kleiner Wassernutzungen (z. B. Eis) an bestimmten Stellen; Überfuhranstalten, die einer ständigen Anlage bedürfen; endlich Rechte zu ständigen Anlagen im Flusse oder am Ufer, durch welche der Wasserlauf verändert wird, indem z. B. das Wasser abgeleitet oder gestaut wird, um entweder die Wassermenge selbst zur Bewässerung oder die Triebkräfte des Wassers zu benützen.

Die subjektiven Wasserrechte an den öffentlichen Gewässern, die von größter wirtschaftlicher Bedeutung sind, gehören dem öffentlichen Rechte an, sie sind durch die Landeswassergesetze geregelt und werden im Wasserbuch in Evidenz gehalten. Sie sind ihrer

Natur nach meist als Realrechte mit einem Ufergrundstücke dauernd verbunden (§ 25 LWG.); doch können sie auch beschränkt, also bloß zugunsten eines bestimmten Besitzers oder eines bestimmten Zwecks (z. B. Pulvermühlen) oder auf eine bestimmte Zeit oder auf Widerruf verliehen werden, § 18 LWG. Die Neubegründung subjektiver Wasserrechte erfolgt gegenwärtig durch eine Konzession seitens der politischen Behörde, für deren Erteilung eine Reihe formeller und sachlicher Voraussetzungen aufgestellt sind. Die vor Erlaß der Wassergesetze entstandenen Rechte, die auch auf Ersitzung beruhen können (arg. § 1455, 1457, 1471, 1477 a. b. Gb.), sind jedoch aufrecht erhalten LWG. Art. II. Namentlich der Wasserbezug zur Berieselung von landwirtschaftlichen Grundstücken ist vielfach hergebrachtes, ohne Verleihung bestehendes Recht der Landwirte. Die in Ausübung stehenden Wasserrechte genießen den privatrechtlichen Besitzschutz (siehe § 82 Jur.N.).

Die Verleihung von Wasserrechten an Private erfolgt im allgemeinen Interesse unentgeltlich zur Verbesserung der Lebensbedingungen und zur Förderung der Produktion; nach dieser allgemeinen Tendenz ist das Ansuchen um Verleihung, sowie das bereits bestehende Recht zu beurteilen. Ausgeschlossen ist die Verleihung, wenn durch das angesuchte Werk Gemeinden oder Ortschaften (auch kleinere Ansiedelungen) bei Feuersgefahr oder für die Zwecke der Wirtschaft der Wassernot ausgesetzt wären, § 19 LWG. Bei Konkurrenz mehrerer Bewerber ist die besondere Wichtigkeit für die Volkswirtschaft, dann die vollständigere Erreichung des angestrebten Zweckes und die mindere Belästigung Dritter als entscheidend in Betracht zu ziehen; im Übrigen ist nach Billigkeit zu versuchen alle Ansprüche (z. B. durch Zeiteinteilung der Benutzung oder sonstige Beschränkungen) zu befriedigen, § 93 LWG. Die neue Konzession kann die bereits bestehenden Wasserrechte nicht beeinträchtigen und muß sich auf Wasserüberschüsse beschränken. Doch ist dabei zu beachten, daß die Wasserrechte nur für faktische Bedürfnisse verliehen und anerkannt werden, § 19, 26 LWG.; Wasserverschwendung ist zu beseitigen, § 26 und das abgeleitete, unverbrauchte Wasser wieder in das Gerinne zurückzuleiten, § 12 LWG. Den wesentlichen Inhalt der Wasserrechte bildet also das Maß der Wasserbenützung, das nach der Quantität des abgeleiteten Wassers oder nach dessen Triebkraft zu bestimmen ist. Doch wird der Rechtsinhalt nicht durch das Maximum der zugestandenen möglichen Benützung, sondern durch das Maß der wirklichen Benützung bestimmt, da die weitergehende Bewilligung erlischt, wenn von derselben nicht in angemessener Frist Gebrauch gemacht wird, § 28 LWG.

Was die der Wasserbenützung dienenden Anlagen (Triebwerke, Stauanlage usw.) betrifft, so dürfen sie nur nach vorhergegangener Bewilligung der Behörde errichtet oder geändert werden, und sind in der Konzession nach Art und Größe durch „Staumaße" (deren sichtbare und sichere Aufstellung durch Verordnung geregelt ist § 22, 24) genau festzustellen. Die Bewilligung der Anlage bildet jedoch nur das Mittel zum Zwecke der Wasserbenützung und gehört nicht zum unveränderlichen Inhalt des erworbenen Wasserrechtes. Zeigt sich also, daß eine bestehende Anlage Wasserverschwendung veranlaßt, indem sie dem öffentlichen Flusse mehr Wasser entzieht, als der Berechtigte für seinen Bedarf verwendet, so kann eine Änderung der Anlage angeordnet werden. Ist die Wasserverschwendung veranlaßt durch unsachgemäße Konstruktion oder durch Schadhaftigkeit der Anlage oder durch natürliche Änderungen des Flusses, so hat der Berechtigte nach Auftrag der politischen Behörde die Abstellung des Mangels auf eigene Kosten vorzunehmen. Ist es möglich eine normale Anlage durch eine zweckmäßigere zu ersetzen und dadurch einen Wasserüberschuß über den Bedarf des bisherigen Berechtigten frei zu machen, so kann der zu gewinnende Wasserüberschuß einem neuen Bewerber verliehen werden, falls dieser auf seine Kosten den bisherig Berechtigten in seinem gegenwärtigen Wasserbedarf sicherstellt. Tritt nachträglich Wassermangel ein, so daß die bestehenden Rechte nicht in bisheriger Weise ausgeübt werden können, so hat die Behörde nach den dargestellten Erwägungen eine neue zeitweilige oder dauernde Anordnung zu treffen, wenn nicht die Beteiligten vertragsmäßig eine Ausgleichung ihrer Rechte vornehmen.

Mit der Konzession eines Wasserrechtes kann auch die Enteignung des zur Anlage nötigen Ufergrundes oder die zwangsweise Begründung entsprechender Dienstbarkeiten gewährt werden, § 31 LWG.; dabei ist auf die Interessen aller Nachbaren möglichst Rücksicht zu nehmen und den Enteigneten auch die Mitbenützung der projektierten Wasseranlage auf ihre Kosten zu ermöglichen, § 33 LWG.

Die Bewilligung eines Wasserrechtes wird vorbereitet durch eine Verhandlung nach den allgemeinen Regeln des Verwaltungsverfahrens, zu der die Interessenten unter Präjudiz der Verschweigung ihrer Ansprüche (§ 82, LWG.; vgl. § 340 a. b. GB.) geladen werden. Die behördliche Bewilligung stellt nur fest, daß das Unternehmen in öffentlicher Beziehung zulässig sei, läßt aber entgegenstehende Privatrechte unberührt; wenn solche bei der Verhandlung geltend gemacht werden (z. B. der negatorische Anspruch wegen der durch ein Stauwerk drohenden Versumpfung) und nicht im Vergleichswege erledigt werden, so sind sie auf den Rechtsweg zu verweisen. Ist das Werk bewilligt und errichtet und zeigt sich nachträglich, daß dadurch wider Erwarten und ohne Schuld des Unternehmers fremdes Recht (Wasserrecht, Ufereigentum usw.) beeinträchtigt wird, so „haftet der Besitzer des Wasserwerkes für den Ersatz alles vorübergehenden und bleibenden Schadens und steht für diese Ansprüche auch der Rechtsweg offen“; diese im § 89 LWG. für Böhmen ausdrücklich ausgesprochene Regel entspricht den allgemeinen Grundsätzen und gilt daher auch in den übrigen Provinzen, wo sie nicht ausdrücklich wiederholt ist (Unger, Handeln auf eig. Gef. S. 10, N. 9; unrichtig Randa, ö. StW. IV S. 931).

Die Wasserrechte erlöschen, abgesehen von den in der Konzession ausgesprochenen besonderen Anlässen (Ablauf einer Frist, Eintritt einer Bedingung, Widerruf):

a) wenn die nach § 81 LWG. stets festzustellende Frist zur Ausführung der Anlage nicht eingehalten wird, b) wenn der Einspruch bei einer Verhandlung eines neuen, dem bestehenden widerstreitenden Wasserrechtes versäumt wird, c) wenn wegen Wassermangel die Ausübung ganz oder teilweise unmöglich wird, d) wenn von dem Rechte in der Verjährungszeit (§ 1479 a. b. GB.) kein Gebrauch gemacht wird (arg. § 28 LWG.; das LWG. für Kärnten, § 18, läßt eine dreijährige Unterbrechung der zur Wasserbenützung dienenden Anlagen genügen).

IV. Privatgewässer unterliegen an sich nicht dem Gemeingebrauche. Jedoch ist „der Gebrauch des Wassers der privaten Flüsse und Bäche zum Baden, Waschen, Schöpfen mit Handgefäßen und Tränken, soweit dasselbe mit Benützung der dazu erlaubten Zugänge stattfinden kann, jedermann gestattet.“ Diese im § 16 LWG. für Böhmen ausgesprochene Regel ist auch für die übrigen Provinzen als geltend anzuerkennen (Randa, Wasserrecht S. 85).

Ständige Anlagen an fließenden Privatgewässern (Wasserwerke § 340 a. b. GB.) dürfen nur mit Bewilligung der politischen Behörde ausgeführt werden; soweit jedoch der Bau zulässig erscheint, erfolgt er kraft des Eigentumsrechtes, und die Bewilligung hat nur eine formale Bedeutung, nicht aber die Natur einer Konzession. Der Privatwasserbau ist sachlich nur zulässig, soweit er nicht durch seine Wirkung in fremdes Recht eingreift, z. B. durch schädliches Rückstauen des Wassers nach oben, durch Minderung der Triebkraft nach unten, durch Verunreinigung des Wassers, § 10 RWG. Auch muß abgeleitetes, unverbrauchtes Wasser innerhalb des eigenen Grundstückes in das ursprüngliche Bett zurückgeleitet werden, § 12 RWG. Wenn der private Wasserbau auf öffentliche Gewässer oder auf fremde Rechte z. B. auf die Benützung seitens des Mitberechtigten (§ 14 RWG.) einwirkt, so ist neben der formellen Bewilligung auch eine Konzession seitens der Behörde notwendig, deren Erteilung in gleicher Weise wie bei öffentlichen Gewässern erfolgt.

Privatgewässer unterliegen, abgesehen von dem Staatsnotrecht § 34 LWG., der Enteignung in weiterem Umfange als nach der allgemeinen Bedingung im § 365 a. b. GB. Vor allem haben Ortschaften und Gemeinden, deren Wasserbedarf nicht gedeckt ist, nach Maßgabe dieses Bedarfs gegen angemessene Schadloshaltung das Recht auf Enteignung von Privatgewässern und Wasserbenützungsrechten, soweit dieselben für gleiche Zwecke der Wasserberechtigten entbehrlich sind, § 16 RWG. Ferner kann die politische Behörde auf Ansuchen einer Unternehmung verfügen, „daß bei fließenden Privatgewässern derjenige, dem das Wasser zugehört, insoweit er es nicht benötigt und innerhalb einer ihm behördlich zu bestimmenden Frist auch nicht benützt, anderen, die es nutzbringend verwenden können, gegen angemessene Entschädigung überlasse“; zur Durchführung solcher Unternehmungen kann ferner im Enteignungswege die Zwangsservitut der Wasserleitung über die Ufergrundstücke der Privatgewässer begründet werden, § 15 RWG.

§ 17. Uferrecht.

I. Ufer heißt der äußere Rand des Wasserbettes, der nicht oder nicht immer vom Wasser bespült wird. Das Ufer ist als Teil des Wasserbettes bei öffentlichen Gewässern, namentlich auch beim Meere, öffentliches Gut. Die Abgrenzung des Ufers gegen das feste Land der Ufergrundstücke ist bei steiler Böschung durch die Uferkante gegeben; im Zweifel ist sie nach dem höchsten, normalen Wasserstande zu bestimmen.

Für die Ufergrundstücke gelten besondere Rechtsregeln, welche die Veränderung des Wasserlaufes, den Gemeingebrauch der Gewässer, die Wasseranlagen, namentlich die Rechte und Pflichten zur Abwehr schädlicher Einwirkungen des Wassers betreffen.

II. Natürliche Änderungen im Wasserlaufe können zum Eigentumserwerbe führen nach folgenden Regeln. Wenn durch allmähliche Erdanspülung ein Ufergrundstück erweitert wird, so fällt das angespülte Erdreich von selbst in das Eigentum des Ufereigentümers, sobald sich eine neue Uferlinie gebildet hat. Daran ändert auch der Umstand nichts, daß durch die Anschwemmung eine Erdzunge oder Halbinsel gebildet wird, welche über die Mittellinie des Flußbettes hinausragt. Wird aber ein merklicher Erdteil durch die Gewalt des Flusses an ein fremdes Ufer gelegt, so verliert der vorige Eigentümer sein Eigentum daran nur in dem Falle, wenn er es nicht in Jahresfrist ausübt, § 412 a. b. GB.; auch hier tritt von selbst eine Erweiterung des Ufereigentums auf das angeschwemmte Stück ein.

Entsteht in einem Gewässer neues festes Land, also eine Insel, so ist dasselbe nicht herrenlos und nicht frei okkupierbar, vielmehr haben die Ufereigentümer an einem Privatflusse ein ausschließendes Okkupationsrecht auf die Insel, je nach der Länge ihres Ufereigentums und nach der Mittellinie des Flusses. Das Eigentum wird dem Ufereigentümer durch die Betätigung der Aneignungsabsicht auch vor der Verbücherung des neuen Landes erworben. In schiff- und floßbaren Flüssen fällt die Insel von selbst dem Staate zu, 407 a. b. GB. Was die übrigen öffentlichen Flüsse betrifft, so dürfte das Okkupationsrecht der Ufereigentümer anzuerkennen sein, (Pfersche, Sachenrecht I, S. 57). Die Bildung eines neuen Flußarmes, die ein bestehendes Grundstück zur Insel macht, ändert nichts an dem Eigentum dieses Grundstückes, § 408 a. b. GB.

Dieselben Bestimmungen finden Anwendung auf das durch natürliche Ursachen trockengelegte Flußbett, § 410 a. b. GB. Nur geht hier dem Erwerbe der Ufereigentümer oder des Staates voraus ein Entschädigungsanspruch jener Grundbesitzer, welche dadurch geschädigt sind, daß das Gewässer an Stelle des alten, einen neuen Lauf genommen hat, § 409 a. b. GB. Auf künstlich bewirkte Trockenlegungen oder Regulierungen sind diese Bestimmungen ihrer Natur nach unanwendbar, vielmehr hat die Regulierungsunternehmung den Anspruch auf den durch sie gewonnenen Grund oder doch auf seinen Wert, LWG. § 47.

III. Das Eigentum der Ufergrundstücke unterliegt besonderen Beschränkungen, namentlich an öffentlichen Gewässern. Das Begehen der Ufer durch das zur wasserpolizeilichen Aufsicht bestellte Personal muß allgemein unentgeltlich geduldet werden. Eingriffe in das Ufergrundstück über die Uferlinie hinaus müssen zum Zwecke des Landens und Befestigens von Schiffen und Flößen an den behördlich dazu bestimmten Plätzen geduldet werden. Und zwar unentgeltlich, soweit diese Ausübung des Gemeingebrauches bei Erlaß des Wassergesetzes herkömmlich war; oder gegen Entschädigung bei Erweiterung des Gebrauches der herkömmlichen Landungsplätze. Ebenso sind die zur Zeit des Wassergesetzes in Gemeingebrauch stehenden Leinpfade weiterhin unentgeltlich zu dulden, und die zur Erhaltung derselben nötigen Grundteile gegen Entschädigung zu überlassen. Die Herstellung neuer Landungsplätze und neuer Leinpfade kann nur durch Enteignung nach allgemeinen Regeln erfolgen, § 8 RWG. Im Notfalle muß der Ufereigentümer das Landen und Bergen von Flößen, Schiffen und Ladung auf seinem Ufergrundstück gegen nachträgliche Entschädigung dulden, § 9 RWG. Für seinen Ersatzanspruch ist ihm ein Retentionsrecht zu gewähren.

Zur Ausführung und Instandhaltung von Schutz-, Regulierungs-, und sonstigen Wasserbauten müssen die Ufereigentümer gegen angemessene Entschädigung das Betreten und Benützen der Ufergrundstücke für alle notwendigen Arbeiten gestatten, § 49 LWG. Auch haben die Ufereigentümer bei Wasserbauten im öffentlichen Interesse auf dem Ufergrundstücke vorhandenes Baumaterial gegen angemessene Entschädigung zu überlassen, § 48 LWG.

Andere besondere Enteignungsfälle, denen das Ufereigentum unterliegt, sind oben § 16 III angeführt.

IV. Der Uferschutz ist ein Recht des Ufereigentümers, § 413 a. b. GB.; er darf Schutzbauten nicht nur auf seinem Ufergrundstück, sondern auch an dem Ufer und im Flußbett anbringen. Natürlich bedarf jeder Schutzbau der Bewilligung der politischen Behörde (§ 16 RWG., § 41 LWG.) und darf nicht fremde Rechte oder den ordentlichen Lauf des Flusses beeinträchtigen.

Den Ufereigentümer als solchen trifft regelmäßig keine positive Pflicht zum Schutze seines Ufers; doch kann er unter Umständen zur Mitwirkung an gemeinsamen Regulierungsarbeiten verpflichtet werden (siehe V). Der Ufereigentümer hat die negative Pflicht, eine Benutzung der Ufergrundstücke zu unterlassen, die den Wasserinteressen nachteilig oder gefährlich sein kann. So ist Schottergraben, Pflügen, Viehweiden, Abholzen an der Uferkante zu unterlassen, wenn dadurch die Uferböschung erschüttert oder zum Abrutschen gebracht werden könnte.

Bei künstlichen Gerinnen und Anlagen an öffentlichen und privaten Gewässern trifft den „Eigentümer der Anlage“ die positive Pflicht zur Instandhaltung, § 20, 43 LWG.; ist ein „bestimmter Eigentümer“ (richtiger derjenige, der die Anlage mit oder ohne Bewilligung hergestellt hat), oder ein Rechtsnachfolger desselben nicht zu ermitteln, wie bei vielen von altersher bestehenden Mühlengängen usw., so trifft die Pflicht zur Instandhaltung gemeinsam diejenigen, die die Anlage benützen. Künstliche Anlage ist nicht nur jede Einrichtung, die der Wasserbenützung dient, sondern jedes durch Anlagen veränderte Gerinne, wenn die Anlagen auch nur zum Schutze und zur Regulierung gemacht sind. Die Pflicht der Instandhaltung umfaßt die stetige Wiederherstellung des normalen Zustandes, nicht nur der Anlage selbst, sondern des Wasserlaufes überhaupt, soweit derselbe durch die Anlage beeinflußt wird. Daher muß bei künstlichen Gerinnen der normale Zufluß und Abfluß erhalten werden durch die periodisch notwendige Räumung von Schlamm, Sand, Pflanzen, Eis; es muß aber auch der Uferschutz hergestellt und bei späterer Veränderung des Flußlaufes erhalten werden, z. B. durch Erhöhung der Dämme.

V. Der Uferschutz kann in vielen Fällen nur gemeinsam, an einer Mehrheit von Ufergrundstücken und zugunsten einer Mehrheit von Ufereigentümern durchgeführt werden; diese natürliche Gemeinsamkeit der wirtschaftlichen Beziehungen führt zu einigen besonderen Rechtsregeln. Der Eigentümer muß die Ausdehnung einheitlicher Wasserbauten auf sein Grundstück nicht nur dulden, § 44, 48 LWG., sondern muß auch ohne seine Zustimmung zu den Kosten beitragen, wenn sich herausstellt, daß ihm dadurch ein erheblicher Nutzen zugekommen ist, § 44, 51 LWG.

Bei größeren Unternehmungen ist es angemessen, die Frage der Interessengemeinschaft von vornherein zu erledigen und die Mitwirkung aller Beteiligten zu erzwingen. Diesem Zweck dienen die W a s s e r g e n o s s e n s c h a f t e n, die für Schutz- und Regulierungsbauten, aber auch für Entwässerungs- und Bewässerungsanlagen errichtet werden können. Wenn die Errichtung nicht durch die freie Übereinkunft aller Beteiligten zu erzielen ist, wenn aber das von der Mehrheit der Beteiligten beabsichtigte Unternehmen als notwendig oder nützlich, und als ohne Mitwirkung der Minderheit nicht durchführbar erscheint, so wird im Verwaltungswege erkannt, daß die Genossenschaft errichtet und alle Beteiligten zur Teilnahme an der Genossenschaft verpflichtet werden sollen, § 52, 53 LWG. Bei Bewässerungsanlagen muß das Unternehmen von zwei Dritteln der Beteiligten, in anderen Fällen nur von der einfachen Mehrheit verlangt werden, um den Beitrittszwang zu statuieren; das Stimmenverhältnis wird nicht nach Köpfen, sondern nach Ausdehnung oder Wert des beteiligten Grundbesitzes bemessen, § 55 LWG.; in den Statuten der Wassergenossenschaft muß normiert werden, wie die Majorität der Stimmen für die Entscheidung der noch erübrigenden Fragen zu berechnen, wie die Höhe der Beiträge zu den Kosten zu ermitteln ist.

Die Mitgliedschaft in der bestehenden Wassergenossenschaft ist eine auf den einbezogenen Grundstücken ruhende Reallast, die auf jeden Eigentümer übergeht; die Beiträge zu den Genossenschaftslasten können im Verwaltungswege eingetrieben werden und genießen für dreijährige Rückstände ein gesetzliches Vorzugspfandrecht an dem Grundstücke unmittelbar nach den öffentlichen Abgaben. Die Beitragspflicht des Eigentümers erlischt für die Zukunft, doch nicht für die Vergangenheit, wenn das Grundstück ordnungsmäßig aus der Genossenschaft ausscheidet, § 61 GBG. Wenn es im Bereiche der Regulierung ein Grundstück gibt, das „durch Auflassung herrenlos geworden ist", § 46 LWG., so obliegt auf demselben die Regulierungslast der Genossenschaft; das derelinquierte Grundstück fällt zwar nicht von selbst der Wassergenossenschaft zu, kann jedoch von ihr übernommen werden. Daß freilich dieser Fall praktisch fast ausgeschlossen ist, siehe oben § 14 II.

§ 18. Miteigentum.

I. Die subjektive Rechtsstellung des Eigentümers kann mehreren Personen gemeinsam zukommen, wenn z. B. das Eigentum des Erblassers auf zwei Miterben übergeht. Die Lehre vom Miteigentum hat die Frage zu beantworten, wie die aus dem Eigentume hervorgehenden Befugnisse durch die mehreren Miteigentümer ausgeübt werden sollen, also die Ausschließung Dritter von der Sache, das Haben der Sache und die unmittelbare Einwirkung auf dieselbe, die rechtliche Disposition über die eigene Rechtsstellung, und die Endigung des Verhältnisses.

Im römischen Rechte fehlte es an einer positiven Regelung dieser Fragen, man mußte sich mit der theoretisch begründeten Regel begnügen, daß jedem Miteigentümer die volle Befugnis zustehe, soweit nicht das gleiche Recht des Konkurrenten im Wege steht; daneben wurde nur noch die Regel gewonnen, daß jeder Mitberechtigte jeder Zeit die Lösung der Gemeinschaft und eine wirtschaftliche Auseinandersetzung unter richterlicher Autorität verlangen kann. Das moderne Recht hat die unvollkommene römische Lehre durch positive Anordnungen ergänzt, ohne den prinzipiellen Standpunkt aufzugeben. Die aus dem Miteigentum hervorgehenden Ansprüche haben teilweise obligatorischen Charakter; trotzdem empfiehlt es sich nach dem Vorbilde des Gesetzes § 828 ff., die ganze Lehre im Sachenrechte zu vereinigen (anders DBGB. § 741 und § 1008 ff.).

Die Existenz des Miteigentums, die im Folgenden stets vorausgesetzt ist, muß im Streitfalle mit den Eigentumsklagen geltend gemacht werden. Dabei kommt eine Vermutung für die Gleichheit der Anteile zur Geltung (§ 839 a. b. GB.). Die Entstehung und Endigung des Miteigentums unterliegt in der Hauptsache den allgemeinen Regeln. Einzelne Besonderheiten sind bei Gelegenheit zu erwähnen. Die Art, wie das Miteigentum entsteht, ist für seinen Inhalt an sich gleichgültig; doch können mit der Entstehung desselben rechtliche Sonderbestimmungen (siehe oben § 9 II) oder Verfügungen der Parteien verbunden sein, welche die Ausübung des Miteigentums modifizieren (siehe unten III).

II. Jeder Miteigentümer hat prinzipiell die Befugnis, die Gemeinschaft jederzeit zu kündigen und ihre Aufhebung (Teilung) herbeizuführen, eine Befugnis, die selbstverständlich unverjährbar ist, die aber „nicht zur Unzeit oder zum Nachteil der Übrigen" geltend gemacht werden darf (§ 830). Über die Durchführung der Aufhebung siehe unten IV.

Während der Dauer der Gemeinschaft hat jeder Miteigentümer den Anspruch, daß ihm das Haben der Sache und die Früchte der Sache in dem Ausmaße seiner Quote gewährt werden. Das erste erledigt sich den Mitberechtigten gegenüber durch Einräumung oder Anerkennung des Mitbesitzes, der nicht mit der Detention verbunden sein muß; einem dritten Besitzer gegenüber hat der Miteigentümer die Eigentumsklage auf Herausgabe der Sache an die Mitberechtigten gemeinsam oder an den Kläger zum Mitbesitze (vgl. § 890 a. b. GB., DBGB. § 1011). Der Anspruch auf die Früchte wird auch mit der Eigentumsklage, meist jedoch mit einem obligatorischen Anspruche geltend gemacht.

Die unmittelbare Einwirkung auf die Sache und die Befugnis, Dritte von der Sache auszuschließen, wird gegen dritte Personen mit der actio negatoria und sonstigen Schutzmitteln geltend gemacht. Im Verhältnis zu den Mitberechtigten aber hängen beide Punkte praktisch zusammen, indem die von einem Miteigentümer gegen den anderen ausgeübte Hinderung die unmittelbare Verfügung des anderen über die Sache unmöglich machen würde, § 828 a. b. GB.

Das Hinderungsrecht erfährt nun gegenüber den Mitberechtigten die Einschränkung, daß in Sachen der ordentlichen Verwaltung und Benützung die Mehrheit der Anteile entscheidet; doch ist wenigstens vorherige Befragung aller Beteiligten erforderlich. Ob die Sache durch Selbstbenutzung der Eigentümer oder durch Vermietung verwertet werden soll, gehört nicht mehr zur ordentlichen Verwaltung, wenn nicht die Natur der Sache die Vermietung notwendig macht (städtisches Zinshaus). Ist die Sache zu vermieten, so gehört die Auswahl der Mieter zur ordentlichen Verwaltung und die Miteigentümer haben kein Vorrecht auf die Miete. Zur ordentlichen Verwaltung gehört auch die Frage, durch wen die Verwaltung zu führen, ob eine eigene Verwaltung zu bestellen und wer als Verwalter zu bestellen ist. Der bestellte Verwalter hat als Mandatar alle Geschäfte der ordentlichen Verwaltung ohne Einspruch seitens der einzelnen Miteigentümer zu führen; die Endigung seines Mandates kann nur durch die Majorität der Miteigentümer erfolgen (Slg. Nr. 7343). Natürlich kann auch ein Miteigentümer als Mandatar zur Verwaltung bestellt werden; der Miteigentümer gilt auch als Mandatar (nicht als freiwilliger Geschäftsführer), wenn er ohne Bestellung der übrigen Teilhaber die Verwaltung führt (§ 837 a. b. GB.). Der Verwalter haftet für allen schuldhaft veranlaßten Schaden, auch für schuldhafte Unterlassungen; die gleiche Haftung trifft auch die Majorität der Miteigentümer, welche über die Verwaltung entscheidet (§ 1010 a. b. GB.). Wird in einer Frage der ordentlichen Verwaltung eine Mehrheit nicht erzielt, so entscheidet über den Antrag eines Miteigentümers der Richter.

Eine über die ordentliche Verwaltung hinausgehende Veränderung darf nur vorgenommen werden, wenn dafür die Einstimmigkeit aller Miteigentümer erzielt wird. Werden die Veränderungen von der Majorität beschlossen oder gar begonnen, so steht den überstimmten Miteigentümern die negatorische Klage zu, bei welcher der Richter über die Angemessenheit der geplanten Veränderung entscheidet. An Stelle der richterlichen Entscheidung kann durch Übereinstimmung aller Mitglieder auch eine andere Art der Entscheidung vereinbart werden (Los, Schiedsmann) oder der Minderheit eine besondere Befriedigung ihrer Interessen gewährt werden (§ 834 a. b. GB.); so kann den einer außerordentlichen Verfügung Widersprechenden „Sicherstellung für künftigen Schaden" oder der „Austritt aus der Gemeinschaft" gewährt werden, worunter offenbar die vertragsmäßige Ablösung der Miteigentumsanteile, nicht aber die normale Aufhebung der Gemeinschaft zu verstehen ist.

III. Der Miteigentümer hat die volle Disposition über seine Rechtsstellung (§ 831 a. b. GB.). Er kann also seinen Eigentumsanteil veräußern oder belasten, was namentlich bei verbücherten Grundstücken praktisch wird. Verzichtet ein Miteigentümer auf seinen Anteil, so wird derselbe nicht frei okkupierbar, sondern es tritt eine Erweiterung der konkurrierenden Anteile der übrigen Miteigentümer ein (Randa, Eig. S. 231).

Der Disposition des Miteigentümers unterliegen aber auch seine Ansprüche aus dem Gemeinschaftsverhältnis; er kann also vertragsmäßig eine Beschränkung der gesetzlich aus dem Miteigentume hervorgehenden Befugnisse sich auferlegen. Eine solche Eigentumsbeschränkung kann betreffen die Verwaltung der Sache während der Dauer der Gemeinschaft (z. B. daß die ordentliche Verwaltung dauernd einem bestimmten Eigentümer anvertraut oder daß die Majorität auch über die ordentliche Verwaltung hinaus entscheidend sein soll); oder die Befugnis zur Kündigung der Gemeinschaft. Der Ausschluß des Kündigungsrechtes kann aber nicht für immer, sondern nur für bestimmte Zeit vereinbart werden (§ 832), und erstreckt sich nicht auf die Erben des Verzichtenden (§ 831). Die vereinbarte Beschränkung des Miteigentums erweitert zugleich die sachenrechtliche Befugnis der übrigen Miteigentümer und hat nach beiden Seiten nicht bloß obligatorische, sondern sachenrechtliche Bedeutung und kann im Grundbuch als Reallast der Miteigentumsquote einverleibt werden

(DBGB. § 1010); sie bindet daher auch die Singularsukzessoren, die davon Kenntnis haben (arg. § 468 a. b. GB.). Die eben besprochenen Beschränkungen des Miteigentums können im gleichen Umfange (§ 832) durch letztwillige Verfügung begründet werden und sind dann in gleicher Weise als sachenrechtliche Verfügungen zu intabulieren.

Die Gläubiger des Miteigentümers können zu ihrer Befriedigung im Exekutionswege nur in die Rechtsstellung des Miteigentümers eintreten; sie können also seinen Anspruch auf die Quote der Nutzung durch Zwangsverwaltung geltend machen (EO. § 99; Tilsch S. 192), die Miteigentumsquote veräußern oder belasten, oder endlich an seiner Stelle die Befugnis zur Aufhebung der Gemeinschaft, soweit sie ihm zusteht, ausüben (EO. § 333; unrichtig Slg. Nr. 15 488 und andere Entscheidungen, die ohne weiteres dem Gläubiger den exekutiven Verkauf der im Miteigentum stehenden beweglichen Sachen selbst bewilligen).

IV. Die Aufhebung der Gemeinschaft ist eine sachenrechtliche Veränderung, die durch Erklärung eines Miteigentümers (Kündigung) erfolgen kann. Sind alle Beteiligten einverstanden, so kann die Aufhebung jederzeit stattfinden, und es ist nur für die grundbücherlichen Schritte eine exekutionsfähige Ausfertigung der Erklärung erforderlich. Liegt nicht die Zustimmung aller Miteigentümer vor, so muß der die Gemeinschaft aufhebende Miteigentümer durch Klage gegen alle übrigen Beteiligten die Anerkennung der rechtlichen Zulässigkeit seiner Kündigung erwirken (Teilungsklage). Da die Klage ein sachenrechtliches Verhältnis betrifft, kann ihre Einbringung bücherlich angemerkt werden, damit die Kündigung Wirkung gegen alle Sukzessoren der unmittelbar Beteiligten erlangt; ebenso kann das der Klage stattgebende Urteil angemerkt werden. Die Teilungsklage setzt das Miteigentum als unbestritten voraus; sie kann jedoch auch mit einer Klage auf Anerkennung des Miteigentums verbunden werden. Die Vollstreckung des rechtskräftigen Teilungsurteils kann nicht nur von dem Kläger, sondern auch von dem Geklagten beantragt werden.

Ist die Gemeinschaft aufgehoben, so erfolgt die wirtschaftliche Auseinandersetzung der Mitberechtigten (Teilung). Zunächst ist festzustellen, ob eine Teilung in Natur oder ein Verkauf der Sache nebst Teilung des Gelderlöses stattfinden soll. Auch diese Frage kann im Einverständnis aller Beteiligten entschieden werden; sind sie nicht einig, so gilt als Regel, daß jeder Teilnehmer ein Anrecht auf Naturalteilung hat, die nur entfällt, wenn die Sache entweder gar nicht oder nicht ohne beträchtliche Minderung des Wertes geteilt werden kann (§ 843 a. b. GB.). Das Begehren um die eine oder andere Art der Teilung ist praktisch gleich in der Teilungsklage vorzubringen und zu entscheiden.

Ist die Naturalteilung rechtskräftig festgestellt, so wird sie mangels Einigung der Teilnehmer durch einen richterlichen Beamten des Exekutionsgerichtes vorgenommen (§ 351 EO.). Der Teilungsrichter bestimmt zuerst durch einen Teilungsplan die physischen Teile der gemeinsamen Sache, die jedem Mitberechtigten zukommen sollen, und verschafft sodann jedem an seinem Teile Alleineigentum durch Einverleibung im Grundbuche oder durch Übergabe (Randa, Eig. S. 250).

Der Erwerb des Alleineigentums an dem physischen Teile der früher gemeinsamen Sache, mag er durch Richterspruch oder durch Vereinbarung vollzogen werden, ist zwar in gewissem Sinne als entgeltlich, aber nicht als Singularsukzession im Sinne des Grundbuchsrechtes anzusehen, da der Erwerber zugleich als Vormann erscheint. Auch sind aus der gleichen Erwägung die Regeln der Gewährleistung nach § 922 a. b. GB. hier nicht anwendbar; wohl aber kann die Teilung des gemeinschaftlichen Gutes binnen drei Jahren (§ 1487 a. b. GB.) bestritten werden, wenn sich nachträglich zeigt, daß sie den anerkannten Quoten der Mitberechtigten nicht Genüge geleistet hat, weil z. B. das dem einen zugewiesene Stück ihm entwährt wird oder als irrtümlich zu niedrig oder zu hoch bewertet erscheint.

Wenn die Teilung außergerichtlich festgestellt und durch Besitzeinweisung, nicht aber im Grundbuche durchgeführt wird (Slg. NF. 780), so erhält der Teilhaber zwar nicht das Eigentum des ihm physisch zugewiesenen Grundes, sondern nur den rechtmäßigen Besitz; aber die Gemeinschaft bleibt aufgehoben und eine neuerliche Teilung ausgeschlossen.

Findet die Naturalteilung nicht statt, so kann jeder der Miteigentümer die Versilberung der Sache durch gerichtliche Feilbietung verlangen; über die Durchführung der gerichtlichen Versteigerung gilt § 352 EO. und § 272 ff. des Ges. v. 9. August 1854, Nr. 208.

V. Nach § 503 a. b. GB. soll die Lehre vom Miteigentum auch angewendet werden, wenn Rechte, die den Inhalt von Servituten bilden können, wie Holzbezüge, Weiden usw. „auf Grund gemeinschaftlichen Eigentums in Anspruch genommen werden", also auf sogenannte agrarische Gemeinschaften, die historisch aus der deutschrechtlichen Genossenschaft an der Almende hervorgegangen sind. Der aus dem westgalizischen Gesetzbuche überlieferte Satz des § 503 entspricht der früheren Tendenz der Verwaltung, die agrarischen Gemeinschaften aufzulösen, eine Tendenz, die zur Zeit des a. b. GB. bereits wieder aufgegeben war (vgl. Schiff, Agrarrecht, S. 44 ff.); aber man kann im § 503 gewiß nicht eine zwingende Vorschrift sehen, die eine sehr große Zahl wichtiger Rechtsverhältnisse in ihrem Wesen umgestalten und die altüberlieferten Rechte der Genossen verletzen würde; sie ist nur eine für Zweifelsfälle geltende Interpretationsregel. Es ist also festzuhalten, daß die Agrargemeinschaft nur soweit den Regeln des Miteigentums unterliegt, als nicht ein gegenteiliger überlieferter Rechtszustand nachweisbar ist (unrichtig Schiff a. a. O., S. 48).

Die praktische Durchführung dieser theoretisch zweifellosen Auffassung ist bei vielen Agrargemeinschaften durch ihre Behandlung im Grundbuche erschwert worden. Bei den nicht organisierten Gemeinschaften, die nicht eine juristische Person bilden, welche als Eigentümer hätte eingetragen werden können, wurde nämlich auf dem Eigentumsblatte des Gemeinschaftsgutes den beteiligten Genossen, (meist den jeweiligen Eigentümern bestimmter Bauernhöfe) Miteigentumsquoten zugeschrieben, ohne daß auf dem Lastenblatte der überlieferten, festen Nutzungsrechte der Genossen gedacht worden wäre (anders und richtiger in dem Falle Slg. Nr. 13 347). Trotz dieser ungenauen Eintragung im Grundbuche sind jedoch die erweislichen Genossenrechte nicht als aufgehoben, sondern als außerbücherlich fortbestehend anzusehen und zu behandeln, soweit nicht das Publizitätsprinzip nach § 1500 a. b. GB. entgegensteht. Die bestehenden Nutzungsrechte bilden dann ein faktisches Hindernis der Teilung des Gemeinschaftsgutes, die an sich jeder Miteigentümer beantragen könnte, da die Aufhebung der Gemeinschaft die fremden Rechte, also auch die Rechte der Genossen nicht beeinträchtigen kann (§ 847 a. b. GB.). Die Disposition des Miteigentümers über seine Quote kann hier wohl nicht gehindert werden, auch dann nicht, wenn die Genossenrechte früher erweislich unübertragbar waren; denn der Umstand, daß hier das Miteigentum als Realrecht mit dem Eigentum eines Stammhofes verbunden ist und als Pertinenz desselben erscheint, hindert die Veräußerung nicht, da es keine Rechtsregel gibt, welche die Eigenschaft der Untrennbarkeit den Realrechten als solchen oder gar den Pertinenzen zuschreiben würde (siehe Pfersche, Agrargemeinschaften in GerZ. 1894, S. 129 ff.). Freilich darf die Übertragung des Miteigentums den übrigen Miteigentümern nicht schädlich sein (§ 829 a. b. Gb.) und kann den Anspruch aus der Miteigentumsquote nicht vergrößern (Slg. NF., Nr. 1201 mit teilweise unrichtigen Motiven). Dagegen ist die separate Verpfändung eines Realrechtes allerdings unzulässig (Slg. NF., Nr. 955).

In Vorarlberg hat das RG. vom 1. März 1900, Nr. 44, Art. IX den Miteigentümern von Gemeinschaftsalpen und Weiden die Befugnis, die Teilung nach § 830 a. b. Gb. zu verlangen, entzogen; und das LG. vom 1. März 1900, Nr 18, hat dort vorgesehen, daß die Genossenschafter durch Statuten die selbständige Belastung der Miteigentumsanteile ausschließen können. Für Tirol verfügt das LG. v. 17. März 1897, Nr. 9, § 9, daß bei Liegenschaften, deren Miteigentumsanteile als Realrechte zu geschlossenen Höfen gehören, die Eintragung des Miteigentums zugunsten der jeweiligen, nicht namentlich zu bezeichnenden Eigentümer der betreffenden Höfe zu erfolgen habe, womit wohl indirekt gesagt sein soll, daß diese Realrechte als untrennbar gelten sollen. In manchen Fällen sind die Konsequenzen des Miteigentums bei nicht organisierten Agrargemeinschaften durch verwaltungsrechtliche Normen ausgeschlossen, so bei Waldbesitz nach § 31 kais. Pat. v. 5. Juli 1853, Nr. 130, und § 21 Forstgesetz v. 3. Dezember 1852, Nr. 250 (vgl. auch Budw. Nr. 545, 899). Die organisierten Agrargemeinschaften, bei welchen einer juristischen Person das Eigentum des gemeinschaftlichen Gutes zugeschrieben ist, geben zu privatrechtlichen Streitfragen nach § 503 a. b. GB. keinen Anlaß.

§ 19. Die Grenzverhältnisse.

I. In bezug auf die an den Grenzen von Grundstücken befindlichen Objekte gelten folgende besondere Regeln. Grenzobjekte, die sich zwischen benachbarten Grundstücken befinden, sind im Zweifel als gemeinschaftliches Eigentum anzusehen, § 854 (anders a. b. GB. § 921, das nur gemeinsame Benutzung vermutet). Doch kann diese Vermutung durch Indizien ausgeschlossen werden, die eine andere Auffassung wahrscheinlich machen. So erwähnt § 854 Wappen, Inschriften, und § 857 die herkömmliche Konstruktion künstlicher Scheidewände, welche die Stützen und den Wasserabfall regelmäßig auf Seite des Eigentümers anbringt.

An Grenzmauern erhält das Miteigentum die Besonderheit, daß jedem der beiden Miteigentümer die ausschließliche Benutzung seiner Seite bis zur Hälfte der Tiefe (für Wandschräuke, Schornsteine usw.) eingeräumt ist, soweit nicht der Gegner bereits an demselben Punkte seine Hälfte in entsprechender Weise verwendet hat, so daß hier das Zuvorkommen unter den Miteigentümern entscheidet, § 855. Auch kann hier von einer Aufhebung der Gemeinschaft nicht die Rede sein; dagegen besteht die Pflicht zur gemeinsamen Erhaltung der vorhandenen Mauer § 856, während der Alleineigentümer einer Scheidewand zu deren Erhaltung nur soweit verpflichtet ist, als etwa dem Nachbar durch Verfall derselben Schaden droht. Für Grenzbäume besteht keine Sonderbestimmung (anders DBGB. § 923).

II. Die Erneuerung einer bestehenden Grenzbezeichnung kann von jedem Nachbar beantragt werden, wenn die bestehende Bezeichnung „unkenntlich werden könnte". Die beantragte gerichtliche Beurkundung der unstreitigen Grenzlinien erfolgt sodann auf gemeinsame Kosten im außerstreitigen Verfahren, § 850. Ob dieses Amtsverfahren noch eintreten kann, wenn der Gegner des Antragstellers einfach widerspricht oder wenn er die Grenze als wirklich unerkennbar bezeichnet oder wenn er ihren Lauf bestreitet, ist nach dem Wortlaut des § 851 fraglich, aber aus praktischen Gründen zu bejahen, in welchem Sinne auch der Reformentw. § 68 f. entscheidet, indem er betont, daß das außerstreitige Verfahren auch bei Ausbleiben eines der Geladenen durchzuführen ist.

Zeigt sich bei dem außerstreitigen Verfahren, daß der Grenzlauf wirklich unkennbar geworden ist, oder daß über die „Berichtigung der Markung ein Streit entsteht" (§ 851 a. b. GB.), so hat doch das Gericht den letzten Besitzstand festzustellen und zu schützen, was der Natur des außerstreitigen Verfahrens gemäß nur provisorische Bedeutung hat. Es ist anzunehmen, daß das Gesetz in § 850 ff. die außerstreitige Verhandlung den Parteien nicht bloß freistellen, sondern als notwendig vorschreiben wollte, so daß eine prozessuale Geltendmachung von Besitz und Eigentumsansprüchen in bezug auf Grenzflächen erst nach dem das außerstreitige Verfahren beendenden Beschluß, und nur gegen denselben zulässig erscheint (so treffend E. Slg. NF. 969; ebenso der Reformentw. § 69).

Kann in bezug auf das Eigentum des streitigen Grenzraumes von keiner Seite ein Beweis erbracht werden, so soll nach § 855 a. b. GB. das Eigentum derselben für die Zukunft durch Adjudikation festgestellt werden. Dabei soll nach dem letzten ruhigen Besitzstande, und wenn auch dieser zweifelhaft ist, „nach dem Verhältnis des Besitzes, von dem der Anspruch ausgeht", § 851, entschieden werden; doch bleibt unklar, was damit gemeint sein soll (nach Reformentw. § 69 entscheidet einfach das billige Ermessen des Richters). Die Adjudikation wird nach § 351 EO. von einem Richter des Exekutionsgerichtes vollzogen, wenn für die Grenzberichtigung ein vollstreckbarer Titel, also ein gerichtlicher Vergleich der Parteien oder ein Urteil vorliegt.

Der Besitz.

§ 20. Der Besitz im allgemeinen.

I. In § 308 a. b. GB. wird der Besitz als ein sachenrechtliches Verhältnis neben Eigentum, Pfandrecht usw. angeführt; diese der damaligen und der modernen Theorie entsprechende Auffassung muß für das österreichische Recht beibehalten werden, da sie auch mit den einzelnen Bestimmungen des Gesetzes in notwendigem Zusammenhange steht, so mit der Besitzübertragung (§ 315) und mit der Vererblichkeit des Besitzes (§§ 308, 531).

Die von Savigny aufgestellte, für das österreichische Recht in dem großen Werke von Randa über den Besitz (1865) aufgenommene Ansicht, welche den Besitz aus der Reihe der Rechtsverhältnisse ausschließt und ihn als ein bloßes Faktum behandeln will, widerspricht nicht nur der für das übrige Rechtsgebiet allgemein üblichen Auffassung, sondern auch dem positiven Inhalt des Gesetzes. Allerdings bleibt zwischen dem Rechte des Besitzes und den anderen Sachenrechten ein merkbarer Unterschied; doch betrifft derselbe nicht die formelle juristische Seite, sondern nur die wirtschaftliche Seite, da der Besitz nur einen provisorischen Schutz des Berechtigten bezweckt, während die anderen Sachenrechte eine definitive Regelung der Verhältnisse an den Sachen betreffen.

Die bei allen Rechtsinstituten übliche Unterscheidung einer tatsächlichen und einer rechtlichen Seite, eines Tatbestandes und der Rechtsfolgen, ist beim Besitz dadurch erschwert, daß der Ausdruck „Besitz" im allgemeinen Sprachgebrauche für beide Seiten verwendet wird. Diese sprachliche Schwierigkeit, welche die sachlich notwendige Unterscheidung nicht hindern kann, wird durch die juristische Terminologie beseitigt, indem man dort, wo eine Zweideutigkeit möglich ist, für beide Seiten besondere Ausdrücke wählt (z. B. Besitzrecht und Besitztatbestand), indem man aber im allgemeinen den Ausdruck Besitz im rechtlichen Sinne verwendet. Die Ausdrücke „Entstehung und Endigung des Besitzes" bedeuten also in der folgenden Darstellung, wie im Gesetze die Frage, wann das Rechtsverhältnis des Besitzes beginnt und wann es endet.

II. Die Besitzlehre hat ihren Ausgang genommen vom Sachbesitze, von dem rechtlichen Schutze, den das tatsächliche Haben einer körperlichen Sache erhalten hat. Doch der Grundgedanke des Sachbesitzschutzes, nämlich die Aufrechterhaltung eines gegebenen wirtschaftlichen Zustandes gegen eigenmächtige Veränderungen, gestattet auch eine weitere Anwendung über den Sachbesitz hinaus. Der gleiche gesetzliche Zweck kann nämlich auch verfolgt werden bei anderen faktischen Beziehungen eines Rechtssubjektes zu einer körperlichen Sache, ja sogar bei manchen Beziehungen eines Berechtigten zu einer anderen Person, soweit dabei an eine eigenmächtige Verletzung eines Zustandes gedacht werden kann. Wegen der gleichen Art des Zweckes wurde auf die übrigen Fälle des provisorischen Schutzes der Ausdruck Besitz in der Abart als „Rechtsbesitz" angewendet; doch ist gleich zu bemerken, daß die juristische Durchführung und der Umfang des Schutzes nicht überall dem Sachbesitzschutz entsprechen, und daß auch nicht alle verschiedenen Unterarten des Rechtsbesitzes den gleichen Rechtsregeln unterliegen. Namentlich die dem Sachbesitze zustehende Selbsthilfe ist beim Rechtsbesitze vielfach ausgeschlossen.

Auch im a. b. GB. bildet der Sachbesitz den eigentlichen Gegenstand der Normierung, auf den die Sätze des I. Hauptstückes zunächst zu beziehen sind, soweit nicht ausdrücklich auf den Rechtsbesitz, als den Schutz anderer Verhältnisse hingewiesen wird. Es empfiehlt sich daher, zuerst nur den Sachbesitz und dann separat den Rechtsbesitz darzustellen, wobei aus praktischen Rücksichten auch die über das Sachenrecht hinausgehenden Fälle des Rechtsbesitzes des allgemeinen Privatrechts besprochen werden; der Besitz von Patentrechten, Musterrechten usw. bleibt hier außer Betracht.

III. Die moderne Besitzlehre beschränkt sich auf die Rechtsregeln über den Besitzschutz, während das Gesetzbuch in dem Hauptstücke über den Besitz auch einige andere Bestimmungen anführt, die mit dem Besitze zusammenhängen und als Rechtsfolgen des Besitzes bezeichnet werden können. Diese Bestimmungen bleiben hier außer Betracht; von der begünstigten Stellung des Besitzers gegenüber der Eigentumsklage (§ 323 ff.) war schon oben die Rede (§ 6 II); ebenso von dem Begriffe der Redlichkeit und Unredlichkeit § 326 ff. und von der Haftung gegenüber der Eigentumsklage § 329 ff. (s. o. § 7 III).

§ 21. Der Tatbestand des Sachbesitzes.

I. Unter den Voraussetzungen, welche den Besitzschutz begründen, kann man ein äußerliches und ein Willensmoment unterscheiden. Das äußerliche Moment ist immer dann vorhanden, wenn jemand nach der Lebensauffassung eine Sache in seinem Gewahrsam hat, so bei bewohnten Gebäuden, bei umfriedeten Grundstücken, so bei beweglichen Sachen, die auf einem geschlossenen Grundstück sich befinden oder mit einer Person in Verbindung stehen. Die Fälle des Gewahrsams bieten für die Besitzlehre die geringste Schwierigkeit und werden als Musterfälle betrachtet, nach welchen die übrigen Fälle zu behandeln sind, wo voller Gewahrsam nicht vorliegt, wie offene Grundstücke, im Freien gelagerte Steine, Kohlen, Holz usw. Die wichtigste Frage also, die das Gesetz zu entscheiden hat, geht dahin, wann auch ohne Erlangung des vollen Gewahrsams ein genügendes äußeres Moment für die Gewährung des Besitzschutzes vorliegt.

In dem Begriffe des Gewahrsams ist nach natürlicher Auffassung schon ein Willensmoment mitgedacht, das nur unter besonderen Umständen fehlen kann, wenn etwa die körperliche Beziehung der Sache zur Person nur zufällig hergestellt wird (fremde Sache fällt in Nachbargarten). Es genügt aber eine allgemeine Zustimmung des Erwerbenden zur Erlangung des Gewahrsams (Briefkasten). Des Willensmomentes wegen kann der Gewahrsam mit juristischer Wirkung nur von Willensfähigen erlangt werden (§ 310).

Für den Begriff des Gewahrsams und für sein Willensmoment bleibt es gleichgültig, aus welchem wirtschaftlichen Anlasse und zu welchem Zwecke der Gewahrsam ausgeübt wird, ob der Inhaber die Sache als Mieter, Faustpfandgläubiger oder Eigentümer behält. Die Regeln des Sachbesitzes sind aber im § 310 nur für jene Fälle bestimmt, in welchen der Inhaber „die Sache als die seinige zu behalten" beabsichtigt (animus domini). Eine Innehabung in anderer Absicht kann daher nur unter dem Begriff des Rechtsbesitzes geschützt werden. Die Absicht, die Sache als die seinige zu behalten, kann jeder Inhaber fassen, der Dieb wie der Mieter; juristisch aber bleibt die Absicht des Inhabers dann bedeutungslos, wenn er die Innehabung vertragsmäßig in fremdem Namen übernommen hat (§ 319). Der Nachweis des animus domini wird für die Frage des Sachbesitzes namentlich dann entscheidend, wenn mehrere Personen an derselben Sache (z. B. an einem offenen Grundstück) nacheinander Besitzhandlungen vornehmen (vgl. den Fall S. 10 722).

II. Der Sachbesitz wird jedenfalls erworben, wenn jemand den vollen Gewahrsam einer Sache im eigenen Namen und nicht als Vertreter eines anderen erlangt, gleichviel, welche sonstige Umstände vorliegen. Zum Erwerbe des Besitzes ist aber die Herstellung des vollen Gewahrsams nicht immer notwendig, es können auch andere Vorgänge dazu genügen. Was zum Erwerbe des Sachbesitzes außer den Musterfällen des vollen Gewahrsams genügt, das spricht unser Gesetz nicht in einer allgemeinen Formel aus (wie Randa, Bes. S. 81 unrichtig behauptet), vielmehr unterscheidet § 315 drei Gruppen von Fällen, je nachdem a) eine besitzfreie Sache erworben wird, oder b) eine schon im Besitze eines anderen befindliche Sache diesem Vormann eigenmächtig entzogen, oder aber c) vom Vormann vertragsmäßig überlassen wird.

a) Zur Aneignung besitzfreier Sachen kann jede Einwirkung genügen, welche zwar keine dauernde faktische Beziehung zur Sache herstellt, aber für die objektive Betrachtung Dritter ersichtlich macht, daß eine Aneignung der Sache beabsichtigt war. Genaueres hierüber, sowie über die Frage, welche Sachen besitzfrei sind, siehe oben § 8.

b) Die eigenmächtige Besitzentziehung dagegen erscheint ohne Erlangung des vollen Gewahrsams erst dann vollendet, wenn die bisherige Beziehung des Vorbesitzers zur Sache unterbrochen wird (Slg. 11414, 9222 usw.), so besonders, wenn eine persönliche Einwirkung des Vorbesitzers auf freiliegende Mobilien oder auf offene Grundstücke gewaltsam abgewehrt wird. Wirtschaftliche Einwirkungen auf offene Grundstücke (Ackern, Mähen, Fällen von Holz), sowie Vorkehrungen zum Zwecke der Bezeichnung (Ziehen von Grenzfurchen, Setzen von Grenzsteinen, Zäunen) seitens des Okkupanten, verschaffen diesem nicht sofort vollen Gewahrsam und beseitigen auch nicht sofort den Besitz des Vormannes. Auch erstreckt sich die eigenmächtige Besitzentziehung nur auf dasjenige, was wirklich ergriffen, betreten, bezeichnet oder in Verwahrung gebracht ist, § 315.

c) Die vertragsmäßige Besitzüberlassung aber erstreckt sich auf alles, was der vorige Besitzer gehabt und „durch deutliche Zeichen" überlassen hat, § 315. Wenn freilich die Besitzüberlassung als solche ohne Erlangung des Gewahrsams wirken soll, so müssen die Erfordernisse eines gültigen Vertrages vorliegen, also auch die volle Handlungsfähigkeit des Vormannes, während in den Normalfällen bei Erlangung vollen Gewahrsams der Besitz ohne Rücksicht auf die Fähigkeit und das Verhalten des Vormannes erworben wird. Als äußerer Vorgang genügen zur Besitzübergabe jene deutlichen Zeichen der Überlassung, die in der Lehre von der Eigentumstradition in § 427 angeführt sind, da ja das Eigentum an Mobilien gerade durch den Besitz erworben werden soll (siehe oben § 10 III).

Dieselben Regeln sind auf die Besitzüberlassung von Grundstücken anzuwenden. Eine körperliche Übergabe kommt auch hier vor, sofern der Tradent ein dem Gewahrsam entsprechendes Verhältnis zu dem Grundstück hat, indem er dieses Verhältnis faktisch aufgibt und die Erlangung des gleichen Verhältnisses seitens des Erwerbers sofort ermöglicht oder freistellt, wobei häufig die Übergabe von Schlüsseln verwendet wird. In diesen Fällen ist auch die Anwendung des Konstituts möglich, das bei verbücherten Grundstücken um so weniger bedenklich ist, weil es nur Besitz, nicht aber Eigentum vermittelt. Befindet sich das geschlossene Grundstück im selbständigen Gewahrsam eines Dritten, z. B. des Mieters, so genügt zur Besitzüberlassung die Zession des Herausgabeanspruches; doch ist diese Art der Besitzüberlassung überflüssig, wenn der Erwerber auch das Eigentum bücherlich erlangt, weil er dann ohnedies einen dinglichen Anspruch auf die Sache nach § 1120 hat, der noch wirksamer sein kann, als der obligatorische Anspruch. Bei offenen, also nicht in Gewahrsam befindlichen Grundstücken ist ein deutliches Zeichen der Übergabe die auf oder bei dem Grundstücke abgegebene mündliche Erklärung, besonders wenn sie mit einem äußeren Vorgang (Begehen der Grenzen, Zeigen der Grenzen oder Änderung derselben) verbunden ist; doch genügt auch hier nach § 427 die irgendwo erfolgende Übergabe einer Urkunde, welche ausspricht, daß der Besitz mit einem bestimmten Tage als übergeben gelten soll.

III. Das Rechtsverhältnis des Sachbesitzes kann nicht weiter in Frage kommen, wenn die Sache untergeht, oder wenn sie ihre juristische Individualität durch untrennbare Verbindung verliert; es erlischt nach § 349 in folgenden drei Fällen: a) wenn die Sache ohne Hoffnung, wieder gefunden zu werden, in Verlust gerät; b) wenn sie freiwillig verlassen wird; c) wenn sie in fremden Besitz kommt.

Durch andere Umstände geht der Besitz nicht verloren, auch nicht durch Abwesenheit, Handlungsunfähigkeit oder Tod des bisherigen Besitzers (§ 352; §§ 308, 531 a. b. GB.).

Der nur bei Mobilien denkbare zufällige Besitzverlust nach a) ist solange nicht vollendet als nach objektiver Beurteilung die Möglichkeit der Wiedererlangung vorhanden ist (z. B. bei einem im Meere versunkenen Schiff). Unter c) gehört der Fall des unfreiwilligen Besitzverlustes durch eigenmächtige Besitzergreifung seitens eines anderen, der oben unter II b) erörtert ist; aber auch der Fall amtlicher Besitzeinweisung, wie bei der Enteignung und bei gerichtlicher Exekution.

Von den unter b) gehörigen Fällen der freiwilligen Besitzaufgabe ist folgendes zu bemerken. Die Dereliktion, die neben der entsprechenden Absicht auch das Aufhören des Gewahrsams erfordert, kann in bezug auf den Besitz auch bei Grundstücken vorkommen (siehe oben § 13). Bei der Tradition wird der Besitz nur zugunsten des Empfängers aufgegeben, geht daher nicht freiwillig vorloren, wenn der Empfänger nicht den Besitz erwirbt.

V. Die Mitwirkung anderer Personen, die wir allgemein als Vertretung bezeichnen, kommt auch in Anwendung bei Erlangung und bei Verlust des Besitzes. Bei der gesetzlichen Vertretung willensunfähiger Personen und bei den ihr verwandten Fällen (wie Repräsentant einer juristischen Person, Kurator eines Abwesenden usw.) kommt für alle Fragen der Besitzlehre nur die Person des Vertreters in Betracht. Der Vertreter ist hier Träger des Gewahrsams und der faktischen Beziehung zur Sache; er allein ist zur Geltendmachung des Klageschutzes und der Selbsthilfe berufen, während der Vertretene nur als gedachter Träger des Besitzverhältnisses erscheint.

Anders ist es bei der gewillkürten Vertretung. Hier ergibt sich die Frage, wie weit die Person des Vertreters und des Vertretenen bei den Schicksalen des Besitzverhältnisses in Betracht zu kommen haben. Dabei macht sich überall als entscheidend bemerklich der Umstand, ob lediglich der Vertreter in einer faktischen Beziehung zur Sache steht, was wir selbständige Innehabung, selbständigen Gewahrsam nennen; oder ob auch eine faktische Beziehung des Vertretenen zur Sache als fortbestehend anzunehmen ist, sodaß der Vertreter nur unselbständigen Gewahrsam hat. Das letztere ist überall anzunehmen, wo der Vertreter verpflichtet ist, der Weisung des Vertretenen über die Sache nachzukommen (D.BGB. § 855 nennt den unselbständigen Vertreter „Besitzdiener").

Beim Besitzerwerb ergeben sich zwei Fragen: erstens ob durch die Mitwirkung des Vertreters Dritten gegenüber ein Besitzverhältnis hergestellt ist, und zweitens ob dieses Besitzverhältnis unmittelbar zugunsten des Vertretenen hergestellt ist. Die erste Frage ist bei selbständigem Gewahrsam des Vertreters nur nach der Person des Vertreters gemäß den allgemeinen Regeln zu beurteilen; was aber die Mitwirkung von Besitzdienern betrifft, so kann die faktische Einwirkung, die im Auftrag des Herrn erfolgt, auch von Willensunfähigen ausgehen (z. B. Kind holt gekaufte Sache, Hund bringt geschossenes Wild).

Ob zweitens der Besitz unmittelbar für den Herrn erworben ist, dafür ist an sich die Willensrichtung der Beteiligten maßgebend, die aber nach den allgemeinen Regeln von der Stellvertretung zu beurteilen ist (siehe Pfersche, Allg. L. § 32 II); davon sei hier nur folgendes erwähnt. Soweit die Willensrichtung des Vertreters in Betracht kommt, unterliegt sie auch der objektiven Interpretation, die eine Berufung auf die eigene Illoyalität nicht zulassen kann. Handelt also der Vertreter erweislich in Geschäften des Herrn, so erwirbt er Besitz für den Herrn, soweit dies überhaupt möglich ist, und er kann dieses Resultat nicht durch Berufung auf seine abweichende Willensrichtung ausschließen (z. B. Jäger erlegt Wild ohne besonderen Auftrag; Gutsverwalter okkupiert gewaltsam Nachbarparzellen oder übernimmt die vom Herrn bestellte Ware für sich).

Bei der Besitzübergabe ist natürlich in erster Linie die erweisliche Willensrichtung des Tradenten von Bedeutung; liegt darin kein Hindernis vor, so gilt die Tradition zugunsten der durch das zugrundeliegende Kausalgeschäft bezeichneten Person, da sonst die Tradition mangels des Rechtsgrundes ungültig wäre. Auch das Kausalgeschäft aber gilt im Zweifel zugunsten des Vertretenen, obwohl der Vertreter es abgeschlossen hat, wenn der Veräußerer kein Interesse daran hat, wer der Erwerber ist (wie bei Barkauf) und wenn der Vertreter zu direktem Erwerb für den Vertretenen verpflichtet ist.

Was den Besitzverlust betrifft, so müssen in den Fällen des unfreiwilligen Verlustes die äußeren Vorgänge natürlich nach der Person des Vertreters beurteilt werden. Ob die bewegliche Sache, die in der Hand des selbständigen oder unselbständigen Vertreters war, als verloren anzusehen ist, oder ob an einem Teile eines verpachteten Grundstückes der Nachbar durch eigenmächtige Aneignung Besitz erlangt hat, solche Fragen sind nur nach der Person des Inhabers zu beurteilen.

Dagegen bleibt der Wille des Vertreters ohne Bedeutung für den Besitz des Vertretenen. Gibt der Vertreter den Gewahrsam in Dereliktionsabsicht auf, so bedeutet das für den Vertretenen nur unfreiwilligen Verlust des Gewahrsams, aber keine Dereliktion. Faßt und erklärt der Detentor den Willen, die Sache künftig als die seinige zu behalten, so ist diese Erklärung nach § 319 a. b. GB. juristisch bedeutungslos, solange die Sache faktisch in der Hand des Detentors bleibt; so bleibt der Besitz des Deponenten erhalten, wenn der Depositar das Depositum zum Zwecke der Aneignung auf die Flucht mitgenommen hat, aber mit demselben gefangen worden ist. Daß der Depositar seiner Verpflichtung zur Herausgabe nicht nachkommt oder die Herausgabe direkt verweigert, hebt natürlich den Besitz des Deponenten nicht auf, und kann die Rechtsstellung des Depositars nicht verbessern. Der Besitzdiener jedoch kann den Besitz des Herrn durch faktische Entziehung aufheben (wenn die Sache des Herrn aus dessen Haus weggebracht oder von einem Dienstboten in dem eigenen Koffer verschlossen wird).

Erklärt der Detentor, die Sache vertragsmäßig einem Dritten zu überlassen, so ist auch diese Willenserklärung bedeutungslos, solange eine äußere Veränderung nicht stattfindet; daher kann ein redlicher Dritter von dem Detentor, obwohl diesem die Sache vom Eigentümer anvertraut ist, den Besitz und das Eigentum nach § 367 a. b. GB. nicht schon durch constitutum possessorium, sondern erst durch körperliche Übergabe erwerben (vgl. § 319 a. b. GB.). Wenn der selbständige Detentor die Sache einem Dritten körperlich übergibt oder die Ergreifung des Dritten gestattet, so hört allerdings der Besitz des Vertretenen unfreiwillig auf. Ist in diesem Falle dem Dritten bekannt, daß er durch einen treulosen Vertreter erwirbt, dessen Willenserklärung für den Besitz juristisch bedeutungslos bleibt, so kann sein Besitzerwerb nicht als ein vertragsmäßiger, sondern nur als ein eigenmächtiger angesehen werden, der die Besitzklage des Vertretenen begründet (D.BGB. § 858).

§ 22. Der Schutz des Sachbesitzes.

I. Unter der Überschrift „Rechtsmittel zur Erhaltung des Besitzstandes" ist im § 344 zuerst die Selbsthilfe erwähnt; doch ist die Selbsthilfe dem Besitzer hier nicht im weiteren Umfange zugesprochen als bei anderen Rechtsverhältnissen (s. Pfersche, Grundriß, allg. L. § 21, I), vielmehr erregt § 344 durch seine ungenaue Fassung eher den Anschein einer Einschränkung, die aber nicht beabsichtigt war. Es gilt auch für den Besitz die allgemeine Regel, daß Selbsthilfe zur Verteidigung unbedingt gestattet ist, soweit sie sich innerhalb vernünftiger Grenzen bewegt („angemessene Gewalt", § 344), daß aber Selbsthilfe im Angriffe nur ausnahmsweise im Notfalle, „wenn richterliche Hilfe zu spät kommen würde", zulässig ist. Angriffsweise Selbsthilfe kann auch durch den Willen der Parteien nicht im weiteren Maße zulässig gemacht werden.

Die praktische Bedeutung der Selbsthilfe für den Besitz hängt davon ab, was man noch unter Verteidigung zu verstehen hat. Geschützt und verteidigt wird nur das bestehende tatsächliche Verhältnis zur Sache, vor allem der Gewahrsam. Hat daher der Besitzer freiwillig den selbständigen Gewahrsam der Sache einem anderen eingeräumt (Mieter, Depositär), so entfällt für den Besitzer die Möglichkeit der Selbstverteidigung. Dagegen kommt ihm die Selbsthilfe zu, wo er einem anderen nur unselbständigen Gewahrsam eingeräumt hat, wie den Bediensteten am Hausrate und Arbeitszeug des Dienstgebers, dem Gaste im Gasthause usw. (Pfersche, öst. Sachenr. I, S. 103).

Die Verteidigung des Gewahrsams steht nicht nur dem Eigenbesitzer zu, sondern jedem Inhaber; dem selbständigen Detentor im eigenen Interesse wegen der ihm obliegenden Haftung, oder kraft eigenen Rechts (Rechtbesitzer, D. BGB. unmittelbarer Besitzer, § 868), dem unselbständigen Detentor aber in pflichtgemäßer Verteidigung der Interessen des Besitzers kraft allgemeiner Vollmacht (§§ 1009, 1029 a. b. GB.).

Als Verteidigung ist im Zweifel auch die Wiederherstellung des bisherigen Verhältnisses zur Sache zu behandeln, wenn sie sich unmittelbar an den vollzogenen Besitzeingriff anschließt (D.BGB. § 859), so z. B., wenn die bewegliche Sache dem Entziehenden auf der Flucht abgenommen wird, bevor er sie in seinem Hause geborgen hat, oder wenn der eigenmächtige Eingriff in ein offenes Grundstück gewaltsam beseitigt wird, bevor er einen ruhigen Besitzstand veranlaßt hat. Die Verteidigung bezieht sich auf die Sache als Ganzes, also z. B. auch auf den Vorbau über fremdem Grunde.

II. Das Rechtsverhältnis des Besitzes ist durch eine eigene Klage geschützt, die sachlich durch zwei Umstände charakterisiert ist: 1. daß der Kläger nur nachzuweisen hat seinen Besitz zur Zeit der Verletzung, und die seitens des Geklagten erfolgte Verletzung der bestehenden tatsächlichen Beziehung zur Sache;

2. daß gegen den begründeten Anspruch des Klägers die Berufung des Geklagten auf ein definitives Recht an der Sache oder auf die Sache (petitorische Einrede) ausgeschlossen ist, § 346. Die so beschränkte Besitzklage war in der älteren Theorie, wie sie im codex Theresianus zum Ausdruck kam, gar nicht als ein Rechtsmittel des Privatrechtes, sondern nur als eine prozessuale Zwischenverfügung (possessorium summariissimum) angesehen worden, welche als Vorläufer eines petitorischen Prozesses den letzten, ruhigen Besitzstand aufrechterhielt (Pfersche, öst. Sachenr. I, S. 88 ff.). Eine Nachwirkung davon ist es, daß unser Gesetz, das im übrigen die Besitzklage im römischen Sinne klar gedacht und durchgeführt hat, doch manche Bestimmungen der Prozeßordnung überlassen hat, die eigentlich materiell-rechtlicher Natur sind. Dahin gehört namentlich die zeitliche Beschränkung der Besitzklage, über welche das Gesetz jede Sonderbestimmung unterläßt, so daß die Besitzklage nach a. b. GB. nur in dreißig Jahren verjähren würde, was praktisch nicht zu billigen ist (D.BGB. § 864 befristet die Klage auf ein Jahr nach der Störung). Nach § 454 ZO. aber ist die Besitzklage beschränkt auf die Zeit von dreißig Tagen, nachdem der Kläger von der Störung Kenntnis erlangt hat. Darin liegt keine Verjährung, sondern eine Klagebefristung, die auch von Amtswegen zu beachten ist, wenn etwa die Überschreitung der Frist schon aus den Angaben des Klägers hervorgeht, während es Sache des Geklagten bleibt, zu beweisen, daß der Kläger früher, als er selbst angibt, von dem Besitzeingriffe Kenntnis erlangt hat. Die Frist beginnt mit dem Tage nach der Kenntnisnahme und wird privatrechtlich berechnet (s. Pfersche, allg. L. § 37), und nicht nach den Regeln der Prozeßordnung (ZPO. §§ 125, 126, GOG. § 89; Slg. NF. Nr. 858).

Auf die prozessualen Besonderheiten der Besitzklage, die möglichste Beschleunigung bewirken sollen, ist hier nur hinzuweisen; als materiell wichtig ist aber noch folgendes zu erwähnen: Einstweilige Verfügungen können hier nicht bloß auf Antrag, sondern auch von amtswegen angeordnet werden (§ 458 ZPO.); das hat namentlich zu geschehen nach der zwingenden Norm von § 347 a. b. GB., wenn sich nicht gleich zeigt, „wer sich in einem echten Besitz befinde“, wenn also z. B. an offenen Grundparzellen vereinzelte Besitzakte beider Parteien vorliegen. Endlich kann die Besitzklage nie auf Schadenersatz gerichtet werden.

Nur die eben dargestellte Besitzklage ist für den Besitzesschutz bestimmt und charakteristisch, nur durch sie kann der Besitzanspruch als solcher geltend gemacht werden (s. Tilsch S. 80 gegen den unklaren Wortlaut von ZO. § 455 ff.). Doch ist zu beachten, daß das Rechtsverhältnis des Besitzes auch zu anderen Klagen unter besonderen Umständen Anlaß gibt. So kann die durch einen Besitzeingriff veranlaßte Beschädigung zu einer obligatorischen Ersatzklage nach allgemeinen Regeln führen. So kann eine Besitzkondiktion stattfinden, wenn jemand in ungerechtfertigter Weise in den Besitz einer Sache gelangt und daraus bereichert worden ist. So kann nach der allgemeinen Norm des § 228 ZO. auf Feststellung des Bestehens oder Nichtbestehens des Besitzverhältnisses geklagt werden, was die Besitzklage manchmal praktisch ersetzt oder ergänzt, wo der Besitzeingriff zweifelhaft ist (siehe unten IV).

III. Den Erfolg der Besitzklage erwähnt das Gesetz zweimal, im § 339 in bezug auf eine Störung als Untersagung des Eingriffes, und im § 346 in bezug auf eine Entziehung des Besitzes als Zurücksetzung in die vorige Lage. Doch ist der Erfolg in beiden Fällen theoretisch der gleiche, nämlich Schutz und Wiederherstellung des letzten Besitzstandes (§ 454 ZO.); nur gestaltet sich derselbe Erfolg je nach den Umständen verschieden, indem dem Geklagten in einem Falle die Wiederverschaffung des Besitzes, im anderen Falle die Beseitigung der Störung, soweit diese möglich ist, und die Unterlassung weiterer Störung, soweit eine Wiederholung derselben zu befürchten ist, aufgetragen werden muß. Es gibt also nur eine einheitliche, in der Praxis als Besitzstörungsklage bezeichnete (§ 454 ZPO.) Besitzklage, sowohl dem Verfahren und den Voraussetzungen, als auch dem Erfolge nach. Der Kläger hat daher gar nicht nötig, den von ihm behaupteten Besitzeingriff als Entsetzung oder als Störung des Besitzes juristisch zu qualifizieren, und wenn er es unpraktischerweise doch tut, so ist seine etwa unrichtige, rechtliche Beurteilung der Tatsachen für den Richter nicht bindend.

Daß sich das Urteil der Besitzklage auf Untersagung künftiger Eingriffe richtet, gewährt dem Kläger nicht einen materiellen, sondern nur einen prozessualen Vorteil, indem er im Falle eines neuen Eingriffes ohne neue Klage die Exekution des ersten Urteils ansuchen kann (§ 355 EO.). Die Anerkennung oder Feststellung des klägerischen Besitzes gehört nicht zum Inhalt, sondern zur Begründung des Urteils, kann aber auf Antrag einer Partei in den Urteilsinhalt der Besitzklage aufgenommen werden (§ 404 ZPO.).

Was den durch den Besitzeingriff verursachten weiteren Schaden betrifft, so gehört dessen Ersatz nicht von selbst zum Inhalt des Besitzanspruches und kann nicht in allen Fällen, sondern nur bei Nachweis des Verschuldens des Geklagten verlangt werden. Die zweimalige Erwähnung im § 339 und § 346 ist nicht als besonderer Rechtssatz, sondern nur als Verweisung auf die allgemeinen Regeln über Schadenersatz anzusehen. Der Anspruch auf Schadenersatz kann nicht im summarischen Besitzverfahren zur „Erörterung" und Entscheidung kommen (§ 457 ZO.). Doch ist nicht ausgeschlossen, daß nach § 204 ZO. bei dem Besitzstreite ein gerichtlicher Vergleich der Parteien über die Ersatzfrage protokolliert wird. Schließlich muß betont werden, daß die Wiederverschaffung des entzogenen Besitzes und die Wiederherstellung der durch den Besitzeingriff bewirkten Veränderung an der Sache nicht zum Schadenersatz gehört, sondern den wesentlichen Inhalt des Besitzanspruches bildet, weshalb die Ersatzfrage überhaupt von geringerer praktischer Bedeutung bleibt.

IV. Voraussetzung der Besitzklage ist auf seiten des Klägers der von ihm zu beweisende Bestand seines Besitzrechtes zur Zeit des Besitzeingriffes. Daß Kläger den Gewahrsam hatte und selbst von dem Besitzeingriffe getroffen wurde, ist nicht nötig. Der Sachbesitzer kann auch klagen wegen eines Eingriffes, der gegen einen unselbständigen (Verwalter) oder selbständigen (Pächter) Detentor erfolgte. Es kommt nur auf den Besitz zur Zeit des Eingriffes an; daß Kläger den Besitz später verliert, hindert nicht die Klage wegen früherer Störung, und daß er nachträglich die entzogene Sache wiedererlangt (z. B. durch Eigenmacht), hindert nicht die Klage wegen früherer Entziehung, die etwa als Widerklage von praktischer Bedeutung werden kann.

Besitzschutz genießt ausnahmslos jeder ruhige Besitzstand, „er mag von was immer für einer Beschaffenheit sein" (§ 339 a. b. GB.). Daher ist derjenige, der durch widerrechtliche Aneignung ruhigen Sachbesitz (siehe oben § 21 III b) erlangt hat, sowohl gegen Störung als gegen Entziehung des Besitzes allgemein geschützt, selbst gegen den Vorbesitzer, dem er die Sache widerrechtlich entzogen hat. Die Einrede des fehlerhaften Besitzerwerbes ist zwar theoretisch mehrfach als zulässig behauptet worden, obwohl sie mit dem historischen Ursprung unserer Besitzesklage (poss. summar.) unvereinbar und im Gesetze nirgends angedeutet ist; zur Begründung derselben kann man nur Folgerungen aus dem unklaren Begriffe „unechter Besitzer" und zweifelhafte, legislatorische Erwägungen anführen (s. Zitate bei Krainz § 186, Nr. 1 ff.; Pfersche, öst. Sachenr. I, § 195 ff.). In der Praxis ist diese Einrede nicht nachweisbar, da die Prozeßgesetze das Besitzverfahren ausdrücklich auf die Frage des letzten Besitzstandes beschränken.

IV. Auf seiten des Geklagten muß ein Besitzeingriff vorliegen, den der Kläger zu beweisen hat. Es muß ein Handeln des Geklagten vorliegen, nicht die unbeabsichtigte Folge natürlicher Vorgänge (Absturz des Luftschiffers). Willenlose können keinen Besitzeingriff begehen. Im übrigen ist das subjektive Verhalten des Geklagten für den Besitzanspruch gleichgültig, es genügt schuldloses objektives Unrecht. Daher kann sich der unmittelbare Täter nicht von der Besitzklage befreien durch den Nachweis, daß er im fremden Auftrage und Interesse gehandelt habe (Slg. N. F. Nr. 4329), während selbstverständlich neben dem unmittelbaren Täter auch derjenige haftet, der den Besitzeingriff angeordnet, veranlaßt oder genehmigt hat.

Die Besitzklage richtet sich gegen jeden Eingriff in das bestehende Verhältnis zur Sache ohne Unterschied der Form des Eingriffes (gewaltsam, heimlich); aber sie dient nur dem Schutze der bestehenden faktischen Beziehung des Besitzers zur Sache und ist unanwendbar, wenn eine solche faktische Beziehung nicht verletzt wurde oder gar nicht besteht. Die Besitzklage unseres Rechtes ist daher unanwendbar zur Wiedererlangung des freiwillig aufgegebenen Gewahrsams, gleichviel welches die wirtschaftliche Veranlassung zur Aufgabe des Gewahrsams war (Nießbrauch, Miete, Depositum usw.); davon macht § 345 a. b. GB. keine Ausnahme, da die dort erwähnte bittweise Überlassung nicht auf das dem modernen Rechte unbekannte precarium im römischen Sinne bezogen werden kann, sondern nur auf die widerrufliche Gewährung des unselbständigen Gewahrsams der Sache, sowie auf die unverbindliche Gestattung einzelner Benutzungsakte (Pfersche, öst. Sachenr. I, S. 104 ff., 166 ff.). Der Besitzer kann von dem Detentor, dem er den selbständigen Gewahrsam eingeräumt hat, die Sache nur im Wege der obligatorischen Klage verlangen. Dabei ist zu beachten, daß seinem auf dem Besitz beruhenden obligatorischen Anspruche ein Vorrecht vor konkurrierenden Ansprüchen (z. B. aus dem Eigentume) eingeräumt ist (§ 348, siehe auch §§ 1109, 1440 a. b. GB.), und daß in dem wichtigsten Falle der Miete dem Herausgabeanspruche ein besonders beschleunigtes Verfahren gewährt ist (ZPO. § 560 ff.). Auch dem Finder gegenüber entfällt die Besitzklage, weil derselbe nicht das faktische Verhältnis zur Sache gestört hat; aber auch die obligatorische Klage des Verlierers hat den Vorrang vor konkurrierenden Ansprüchen (arg. § 389, 391, 348 a. b. GB.).

VI. Die Besitzklage wird durch jeden Eingriff in das tatsächliche Verhältnis des Besitzers zu der Sache begründet. Dazu gehört: a) jede Handlung, welche sich gegen die Person des Besitzers oder gegen seinen erklärten Willen richtet und dadurch seine Verfügung über die Sache hindert. Eine solche Störung kann gelegentlich selbst in Worten (Drohung, drohendes Verbot) gefunden werden; meist wird es richtiger sein, die Verbotsstörung zum Anlaß der Feststellungsklage über den Besitz zu nehmen.

Dazu gehört: b) jede Handlung, die auf die Sache einwirkt und den Zustand derselben ändert oder die Verfügung des Besitzers erschwert, wie Gräben ziehen oder zuwerfen, oder Schleußen öffnen, angepflocktes Vieh loslassen, Holzstöße umwerfen.

Geringfügigere Einwirkungen auf die Sache, die unschädlich und spurlos bleiben, stören die faktische Beziehung des Besitzers zu seiner Sache an sich gar nicht, können daher erst dann zur Besitzklage führen, wenn sie in anderer Weise das Interesse des Besitzers verletzen, z. B. weil sie gegen seinen ausgesprochenen Willen (Verbottafel) verstoßen, oder eine Wiederholung oder gar den Erwerb eines Rechtsbesitzes befürchten lassen. Jedenfalls erscheint es angemessen, den das berechtigte Interesse des Besitzers überschreitenden Mißbrauch der Besitzklage nicht zu begünstigen (nach D.BGB. § 862 ist die Besitzklage nur zulässig, wo die Beseitigung der Störung verlangt wird oder weitere Störungen zu besorgen sind).

VII. Der Eingriff in den Besitz muß endlich widerrechtlich sein, um die Besitzklage zu begründen; der Beweis, daß der Eingriff nicht widerrechtlich war, trifft im Zweifel den Geklagten. Ausgeschlossen ist die Widerrechtlichkeit:

1. wenn die Zustimmung des Besitzers zu dem fremden Eingriff gegeben war oder vermutet werden, oder nicht verweigert werden konnte (z. B. bei Rettung aus anscheinender Gefahr, bei Zutritt von Briefträgern, Amtsboten usw.);

2. wenn der Geklagte ein Recht zu dem Eingriff hatte. Im Zweifelsfall genügt oft der Nachweis, daß der Eingriff auf Grund eines Rechtsverhältnisses erfolgt ist, das eine Berechtigung dazu geben kann; denn dann bliebe nur noch der genauere Umfang der dem Geklagten zustehenden Berechtigung zu erörtern und zu entscheiden, was im Besitzverfahren prinzipiell ausgeschlossen ist (§ 457 ZO.). So bleibt die Abgrenzung der Befugnisse zwischen Eigentümer und Servitutenberechtigten (Slg. N. F. Nr. 301), zwischen Mieter und Vermieter, zwischen Miteigentümern, zwischen Grundeigentümer und Jagdberechtigtem vielfach von der Besitzklage ausgeschlossen, sofern nicht auch in bezug auf den Umfang der bisherigen Benutzung ein fester Besitzstand und dessen Überschreitung nachweisbar

ist. Vielfach ist es übrigens nur die vis inertiae der Anwaltspraxis, die der Besitzstörungsklage eine zu weite Ausdehnung auf Kosten der negatorischen und der obligatorischen und der Feststellungsklagen zu geben sucht.

§ 23. Rechtsbesitz.

I. Nach § 311 kann der Besitzschutz alle körperlichen und unkörperlichen Sachen, welche ein Gegenstand des rechtlichen Verkehrs sind, betreffen. Doch ergeben sich innerhalb dieses weitesten Umfanges aus dem Zwecke des Besitzschutzes folgende Einschränkungen. Der provisorische Schutz des Besitzes tritt nur dort ein, wo auch ein definitiver Rechtsschutz möglich wäre; nicht aber zugunsten von Verhältnissen, die rechtlich nicht als gültig anerkannt sind (Servitut, die verwaltungsrechtlichen Normen widerstreitet). Der Besitzschutz ist ferner nur dort möglich, wo ein gegebener wirtschaftlicher Zustand aufrecht erhalten werden kann, also nicht bei Obligationen auf einmalige Leistung.

Das Gesetz enthält nur wenige Regeln, die direkt den Rechtsbesitz betreffen; im übrigen sind die Regeln des Sachbesitzes analog anzuwenden. In bezug auf den Besitzerwerb nennt § 312 als prinzipielles Erfordernis den Gebrauch des Rechtes in eigenem Namen; es muß also ein tatsächliches Verhältnis, das dem Inhalte eines Rechtes entspricht, kraft eines angeblichen subjektiven Rechtes von dem anscheinend Berechtigten verwirklicht oder aufrecht erhalten sein. Doch ist diese Formel des § 312 nicht genau genug, um alle Fragen über Erwerb und Verlust des Rechtsbesitzes zu beantworten (a. A. Randa, Bes. S. 84 ff., 618 ff., der die ganze Lehre aus § 312 deduziert); entscheidend sind vielmehr die genaueren Bestimmungen von § 313 und § 351, bei welchen das Gesetz drei Gruppen von Rechten unterscheidet: a) auf eine Leistung gerichtete (bejahende), b) auf ein Dulden gerichtete (verneinende, z. B. Wegservituten) und c) Verbotsrechte. Eine genauere Darstellung des Rechtsbesitzes muß also die sachlich verschiedenen Fälle des Rechtsbesitzes getrennt behandeln; doch wird in Folgendem die gesetzliche Gruppierung aus historischen und praktischen Erwägungen ersetzt durch die Trennung in die drei Gruppen des Nutzbesitzes, Servitutenbesitzes und Forderungsbesitzes.

Über den Klageschutz ist für den Rechtsbesitz nichts Besonderes zu erwähnen. Der Kläger hat auch hier seinen Besitz zur Zeit des Eingriffes und den widerrechtlichen Eingriff des Geklagten zu beweisen, und muß innerhalb von dreißig Tagen nach seiner Kenntnis von dem Eingriffe klagen. Der Erfolg der Klage ist prinzipiell die Wiederherstellung des früheren Zustandes, wozu nach Bedarf die Untersagung weiterer Eingriffe tritt. Die Befugnis zur Selbsthilfe ist bei den einzelnen Gruppen des Rechtsbesitzes verschieden gestaltet.

Für alle Fälle des Rechtsbesitzes ist zu sagen, daß derselbe durch Verzicht des Berechtigten aufhören kann; ebenso durch Änderung der Ausübung, indem dieselbe nur bittweise mit Genehmigung des Gegners fortgesetzt wird. Durch Nichtausübung des Rechtes und durch den Tod des Berechtigten wird der einmal begründete Rechtsbesitz nicht aufgehoben. Betrifft der Besitz ein Realrecht, das angeblich mit dem Eigentum eines bestimmten Grundstücks verbunden ist, so geht auch der Rechtsbesitz mit dem Eigentum des Grundstücks auf jeden Erwerber des Grundstücks über.

II. Als Nutzbesitz bezeichnet man die rechtliche Stellung desjenigen, der eine körperliche Sache kraft eines auf selbständige Innehabung gerichteten Anspruches tatsächlich innehat. Ansprüche auf Innehabung, die dem Nutzbesitze zugrunde liegen können, gewähren namentlich folgende Rechtsverhältnisse: persönliche Dienstbarkeiten (Nießbrauch, Gebrauch, Wohnung), Faustpfandrecht, Leihe, Miete und ähnliche Obligationen, ferner die Fälle des Retentionsrechtes, das Rechtsverhältnis des Finders. Bei manchen Rechtsverhältnissen, die nur eine zeitweilige Benutzung gewähren sollen, wie bei Rechten auf Begräbnisplätze, Kirchensitze, Erblogen steht dem Berechtigten nicht ausschließlicher oder nicht dauernder Gewahrsam zu, weshalb es fraglich ist, ob dieselben nach Analogie des Nutzbesitzes oder aber des Servitutenbesitzes zu beurteilen sind.

In tatsächlicher Beziehung steht der Nutzbesitz völlig dem Sachbesitz gleich, bis auf das Willensmoment, indem hier die Absicht genügt, die Sache als fremde auf Grund des unterliegenden Verhältnisses zu behalten. Daher gilt für die Entstehung und Endigung des Nutzbesitzes das gleiche wie für den Sachbesitz; er entsteht durch Besitzüberlassung, aber auch durch eigenmächtige Entziehung unter denselben Umständen wie der Sachbesitz; er erlischt durch eigenmächtige Verdrängung oder durch Verzicht des Nutzbesitzers. Zu betonen ist, daß das Ende des Nutzungsrechtes den Nutzbesitz nicht von selbst aufhebt; der Eigentümer darf weder den Mieter bei Ende der Mietzeit, noch den Erben des Nießbrauchers nach dessen Tode eigenmächtig verdrängen, ist vielmehr auf die obligatorische Rückforderungsklage oder auf die Vindikation angewiesen.

III. Der Besitzschutz, der den Grunddienstbarkeiten und inhaltlich ähnlichen Rechtsverhältnissen gewährt wird und den wir als „Servitutenbesitz" bezeichnen, unterscheidet sich wesentlich vom Sachbesitz. Vor allem ist vom legislatorischen Standpunkte zu beachten, daß der Besitzschutz von Servituten und ähnlichen Rechten für den ruhigen Ablauf des Wirtschaftslebens nicht unentbehrlich, ja teilweise gefährlich ist (d. BGB. § 1029 gibt nur zugunsten von intabulierten Servituten Besitzschutz). Es liegt daher kein Grund vor, die zweifelhaften Fragen zugunsten des Servitutenbesitzes zu entscheiden. Zweitens hat der Servitutenbesitzer zwar die Besitzklage, aber nicht die Befugnis zur Eigenmacht in Verteidigung seiner Servitutsausübung gegen den Besitzer der dienenden Sache, in dessen Sachbesitz er eingreift (s. Pfersche, öst. Sachenr. I, S. 98). Drittens hat der Besitzschutz hier nur den Zweck, die Eigenmacht des Sachbesitzers auszuschließen und statt dessen den Sachbesitzer zur negatorischen Klage zu nötigen. Aber für den petitorischen Servitutenprozeß bleibt der Servitutenbesitz ohne Einfluß; er verschiebt namentlich nicht die Beweislast bezüglich des Bestandes des Servitutenrechtes, vielmehr muß in allen Fällen bei der konfessorischen wie bei der negatorischen Klage der Bestand der Servitut von dem, der sie in Anspruch nimmt, bewiesen werden (siehe oben § 6 VII).

Endlich besteht der Tatbestand des Besitzes hier nicht ausschließlich in einer tatsächlichen Beziehung des Besitzers zu einer Sache; sondern es kommt nach § 313 als ein entscheidendes Moment hinzu das Verhältnis des Servitutenbesitzers zu der Person, die den Sachbesitz an dem dienenden Grundstück ausübt, was bei den verschiedenen Gruppen der Servituten näher darzustellen ist.

Die Grunddienstbarkeiten bilden zwei nach ihrer wirtschaftlichen Erscheinung sehr verschiedene Gruppen: die Zustandsservituten, welche unter die Verbotsrechte des Gesetzes fallen, und die aktiven Servituten, welche die Befugnis zu unmittelbaren Eingriffen in das dienende Grundstück gewähren und von dem Gesetze als verneinende Rechte bezeichnet werden, weil sie dem Gegner das Dulden des Eingriffes auferlegen.

IV. Bei Servituten, die darin bestehen, daß der gegenwärtige Zustand des dienenden Grundstückes gegen den Willen des Berechtigten nicht geändert werden darf (z. B. Nicht-Höherbauen), beginnt der Besitz nicht schon mit dem servitutmäßigen Zustand des Grundstückes, sondern erst durch eine wirksame Ausübung des Verbotsrechtes, § 313; bei vertragsmäßiger Bestellung des Verbotsrechtes genügt aber zur Begründung des Besitzes neben dem servitutmäßigen Zustand die Erklärung des Eigentümers des dienenden Grundstückes, daß die Servitut bestellt sein solle oder daß er sich dem Verbote füge.

Der Besitz hört auf, wenn der Gegner das Verbot, etwas zu unterlassen, nicht mehr beachtet, § 351. Damit ist der Anlaß zur Anstellung der Besitzklage gegeben, die den Servitutenbesitz wieder herstellen kann; daß der Berechtigte die Frist der Besitzklage versäumte, ist nicht für die Aufhebung des Besitzes, sondern nur für dessen Wiederherstellung von Bedeutung, eine Erwägung, die für alle Fälle des Rechtsbesitzes gilt. Eine besondere Form des Besitzverlustes kann sich bei Einleitung eines Bauverfahrens ergeben, wenn der Servitutenbesitzer bei der formellen Einleitung des Bauverfahrens sein Recht geltend zu machen versäumt, § 340.

Bei Servituten, die eine Anlage auf fremdem Grunde voraussetzen (z. B. Wasserleitung), beginnt der Besitz mit der Herstellung der Anlage, wenn diese entweder mit Zustimmung des Gegners erfolgte, oder zwar eigenmächtig erfolgte, aber zu einem ruhigen Besitzstand geführt hat, weil der Gegner die Erhebung der Klage aus dem Sachbesitz gegen die vollendete Anlage unterlassen hat. Die wirtschaftliche Benutzung der Anlage ist zum Besitzerwerb nicht erforderlich.

Der Besitz hört hier auf mit der absichtlichen Beseitigung der Anlage durch den Gegner; zufällige Zerstörung der Anlage hebt den Besitz nicht auf und läßt die Wiederherstellung der Anlage durch den Besitzer als eine Fortsetzung des Besitzes erlaubt erscheinen.

Besteht die Servitut in einer Anlage auf dem herrschenden Grundstücke (z. B. Vorbau), so beginnt der Besitz, wenn die Anlage mit Gestattung des Gegners oder zwar ohne Gestattung des Gegners hergestellt, aber zu einem unanfechtbaren Besitzstand gediehen ist. Ein eigener Besitzschutz erscheint hier deshalb nicht notwendig, weil ein faktischer Eingriff des Gegners gegen den Bestand der Servitut zugleich den Sachbesitz an dem herrschenden Grundstücke verletzen würde; nur nach zufälliger Beseitigung des servitutmäßigen Zustandes wird die Klage aus dem Servitutenbesitz praktisch, wenn die Wiederherstellung der Servitut dem Widerstand des Gegners begegnet.

V. Nach § 313 erfordert der Besitzerwerb der aktiven Servituten die Ausübung des Rechtsinhaltes „mit Gestattung des Gegners“; damit sollte jedoch (im Gegensatz zum WGG. II, § 34, Prot. I, S. 227) nur die Regel des gemeinen Rechtes angedeutet werden, daß die zum Besitzerwerbe genügende Ausübung des Rechtes im Verhältnis zu dem Gegner beurteilt wird. Die Ausübung der Servitut muß also offenkundig und gegenüber dem Gegner fehlerlos sein und einen ruhigen Besitzstand begründen, sodaß der Gedanke der stillschweigenden Genehmigung des Gegners anwendbar erscheint. Nicht genügend sind Ausübungsakte, die gewaltsam gegen den Widerspruch oder Widerstand des Gegners, oder die heimlich, vor dem Gegner verborgen erfolgen. Aber auch ein einzelner Akt genügt nicht, der dem Gegner zwar bekannt wird, ihm aber als zufällig erscheinen kann und deshalb unwidersprochen geblieben ist. Als Gegner ist derjenige zu betrachten, der den Nachbargrund besitzt, sowie seine Vertreter, die für ihn die Aufsicht oder Benutzung der Sache ausüben (Verwalter, Bedienstete, Pächter). Es genügt zum Besitzerwerb, wenn die Servitut als ein dem Grundstücke gebührendes Recht ausgeübt wird, gleichviel ob dabei der Eigentümer, der redliche Besitzer oder Pächter tätig ist.

Der Besitz der aktiven Servituten hört auf, wenn der Gegner die Ausübung des Rechtes nicht mehr duldet. Die Hinderung der Rechtsübung muß namens des dienenden Grundstückes von dessen Inhaber erfolgen, gleichviel in welchem Verhältnisse derselbe zu der Sache steht. Das Nichtdulden muß einen praktischen Erfolg gehabt und eine Art Zustand der Nichtausübung herbeigeführt haben, sonst liegt nur eine Art Störung nicht aber eine Aufhebung des Servitutenbesitzes vor. Wenn also der Gegner die Ausübung des Wegerechtes durch eine Verbotstafel oder durch Ziehen eines Grabens erschwert, wenn er den Wasserbezug durch Verschließen der Röhren oder Schleußen unterbricht, der Servitutsinhaber dagegen diese Hindernisse beseitigt und den Gebrauch fortsetzt, so hat der Besitz nicht aufgehört und der Servitutenbesitzer könnte zwar die Besitzstörungsklage anstellen, war aber nicht genötigt, wegen Entsetzung aus dem Besitze zu klagen.

VI. Besitzesschutz kann auch eintreten auf Grund von anderen Rechtsverhältnissen, die mit den Prädialservituten inhaltlich übereinstimmen. So auf Grund von Servituten, die nicht zugunsten eines Grundstückes, sondern nur zugunsten einer bestimmten Person begründet sind (§ 479 a. b. GB.; siehe unten § 38), sowie auf Grund von obligatorischen Verhältnissen, welche dem Berechtigten die Befugnis zu einzelnen Eingriffen in ein bestimmtes Grundstück gewähren (z. B. gepachtete Jagdrechte, Benutzung einer Hauswand zur Anbringung von Plakaten, zeitweilige Benutzung eines Nachbargrundstückes zu einer Bauführung). Solche Verhältnisse können auch an Sachen in öffentlichem Gebrauche bestehen und Besitzesschutz erhalten (z. B. Gas- oder Wasserröhren im Straßengrunde). Besitzesschutz ist jedoch dann nicht anzuerkennen, wenn die Fortsetzung oder Wiederholung der Eingriffe oder Nutzungshandlungen zwar obligatorisch versprochen, aber in jedem Einzelfalle an die Genehmigung oder Gestattung des Eigentümers des berechtigten Grundes geknüpft erscheint (z. B. bei Verkauf des Holzes aus größeren Waldungen, wobei jedoch jährlich das zu schlagende Holz vom Verkäufer angewiesen wird).

VII. Als Forderungsbesitz bezeichnen wir den Besitzesschutz bei jenen Rechtsverhältnissen, deren Inhalt die Verpflichtung eines anderen zu persönlichen Leistungen bildet, bei welchen also der Besitzer nicht in faktische Beziehung zu einer Sache, sondern nur in dauernde Beziehung zu einer anderen Person tritt. Daß auch bei solchen Verhältnissen Besitzesschutz stattfinden kann, sagt ausdrücklich § 313, der sie als bejahende Rechte bezeichnet; fraglich aber bleibt, bei welchen dieser Verhältnisse Besitzschutz eintreten soll. Im Sinne des Gesetzes lag weder die Anwendung des Besitzschutzes auf alle denkbaren Fälle von obligatorischen Pflichten, noch eine Ausdehnung über die historisch überlieferten Fälle solchen Besitzschutzes; auch praktische Erwägungen sprechen gegen jede Ausdehnung des Forderungsbesitzes.

Historisch überliefert ist der Besitzesschutz bei jenen Leistungspflichten, die mit dem Verhältnisse der Grundherrschaft zusammenhängen; davon sind jedoch die meisten gegenwärtig aufgehoben (wie die Rechte auf bäuerliche Abgaben und Dienste, die Bannrechte, das Zehentrecht). Es kommen sonach nurmehr in Betracht die Pflichten aus dem Erbzinsverhältnisse nach §§ 1131, 1142 und die privatrechtlichen Reallasten. Bei den übrigen Obligationen, die auf regelmäßig wiederkehrende Leistungen gerichtet sind, wie auf Alimente, Darlehenszinse, Mietzinse usw. ist ein Besitzschutz nicht anzuerkennen.

Zur Begründung des Forderungsbesitzes ist nach § 313 ein Vorgang genügend, der juristisch als „Erfüllung" erscheint, also die freiwillige Leistung des Schuldobjektes, die von dem Schuldner oder für den Schuldner an den Gläubiger zum Zwecke der Schuldtilgung einverständlich gemacht und angenommen wird. Die erwiesene Unredlichkeit des Gläubigers macht dessen Einverständnis zur Erfüllung unmöglich und schließt daher den Besitzerwerb aus. Der Besitz hört nach § 351 auf, wenn der Schuldner „nicht mehr leisten zu wollen erklärt". Die ausdrückliche Weigerung weiterer Zahlung begründet also die Besitzklage des Berechtigten, die binnen dreißig Tagen anzustellen ist. Das Unterbleiben der Leistung an sich, mag es auf Nachlässigkeit des Gläubigers oder auf Dürftigkeit des Schuldners beruhen, hebt den Besitz nicht auf.

Der Forderungsbesitz gewährt selbstverständlich nicht das Recht der Selbsthilfe, sondern nur die Besitzklage, die sich auf Herstellung des früheren Zustandes richtet. Darunter ist hier zu verstehen die provisorische Anerkennung der Leistungspflicht, als Exekutionstitel für die weiteren verfallenden Leistungen bis zur definitivon Erledigung der Frage. Die praktisch wichtigste Folge des Besitzesschutzes liegt hier darin, daß die Leistung von jedem Besitzer des belasteten Grundstückes verlangt werden kann auf Grund der von seinen Vorgängern gemachten Leistungen, sodaß auch rechtliche Feststellungen, die im Wege der Anerkennung oder des Urteils erzielt sind, über die Person der beteiligten Parteien hinaus gegen die Singularsukzessoren wirksam werden.

Dem besitzenden Gläubiger gegenüber muß der Schuldner, der die Leistung weigern will, klagend auftreten. Ob ihm eine negatorische Klage, wie gegenüber der Servitutenanmaßung zukommt, ist fraglich; er wird sich gegenwärtig mit der negativen Feststellungsklage nach § 228 ZO. begnügen können. Was die Beweislast betrifft, so ist dafür im Feststellungsprozeß nicht die Klägerrolle entscheidend, sondern die materiell-rechtliche Frage (siehe Tilsch S. 76); doch gilt der Schlußsatz des § 324 a. b. GB.: „im Zweifel gebühret dem Besitzer der Vorzug" nicht nur für den Sachbesitz nach § 374, sondern auch für den Forderungsbesitz (Prot. I, S. 230: „sonst könnte jeder Grundholde den Grundherrn ungeachtet des längeren Besitzes der Grundrechte zum Beweise auffordern").

Das Pfandrecht an Mobilien.

§ 24. Allgemeines.

I. Das Pfandrecht bezweckt, dem Gläubiger bei Nichterfüllung der Pfandschuld die Befriedigung aus einer bestimmten Sache (Pfandobjekt) zu verschaffen. Ist das Pfandobjekt eine körperliche Sache, so kann man das Pfandrecht mit § 447 als ein dingliches Recht bezeichnen, weil es gegen jeden Besitzer geltend gemacht werden kann, um die Herausgabe der Sache behufs Veräußerung derselben zu erlangen. Das Pfandrecht an verbücherten Grundstücken wird als „Hypothek" bezeichnet und später besonders behandelt, da es unter teilweise anderen Normen steht, als das Pfandrecht an beweglichen Sachen, für welches der Ausdruck „Faustpfand" regelmäßig verwendet wird. Als Pfandobjekte können aber auch nichtkörperliche Rechtsobjekte erscheinen, ein Verhältnis, das aus praktischen Rücksichten im Anschluß an das Faustpfand zu behandeln ist.

Das österreichische Recht kennt kein Pfandrecht an einem Vermögen (Generalhypothek), daher auch nicht an der Verlassenschaft als solcher; es gilt vielmehr für alle Fälle des Pfandrechtes das Prinzip der Spezialität. Im übrigen ist prinzipiell „alles im Verkehr Stehende" (§ 448) Gegenstand des Pfandrechtes; doch gibt es manche gesetzlich angeordnete Ausnahmen. Dabei ist zu beachten, daß die gesetzliche Anordnung, welche gewisse Objekte von der gerichtlichen Exekution ausschließt, damit auch die Entstehung eines Vertragspfandes an diesen Objekten ausschließt (so EO. § 293), oder doch unpraktisch macht, da auch die schließliche Realisierung des Vertragspfandes regelmäßig im Exekutionswege erfolgen müßte. Im einzelnen sei folgendes erwähnt. Der gerichtlichen Pfändung entzogen sind die in § 251 EO. aufgezählten Mobilien, welche unentbehrlichen Lebensbedürfnissen des Eigentümers dienen. Ferner sind der Pfändung entzogen die Ansprüche auf Gnadengaben und Armenunterstützung und ähnliches schlechthin, § 290 EO.; Unterhaltsgelder, Pensionen, Renten usw. bis zum Betrage von 1000 K., § 291 EO.; die Bezüge der in öffentlichen Diensten Angestellten bis zum Betrage von 1600 K. nach Gef. v. 21. April 1882, Nr. 123; ebenso die Bezüge der in privatem Dienst dauernd Angestellten nach Ges. v. 29. April 1873, Nr. 68. Andere Bestimmungen sind aufgezählt im Ef.Gef. zur EO., Art. VII—XII (siehe auch die Gesetzesausgaben zu § 448 a. b. GB.).

II. Das Pfandrecht ist seinem Zwecke nach ein akzessorisches Recht, da es nur zur Realisierung eines durch andere Umstände begründeten Anspruches bestimmt ist. Die akzessorische Natur des Pfandrechtes, aus der sich für die Begründung und Aufhebung des Pfandrechtes wichtige Konsequenzen ergeben, geht aber nicht soweit, daß jemand nur für seine eigene Schuld ein Pfandrecht begründen könnte; man kann vielmehr auch für eine fremde Schuld ein Pfandrecht bestellen. Daß die Forderung bedingt oder betagt oder daß ihre künftige Entstehung noch ungewiß ist, schließt die Entstehung des Pfandrechtes nicht aus (siehe besonders § 14 GBG.). Das Pfandrecht erstreckt sich von selbst auf die natürlichen Erweiterungen der ursprünglichen Schuld, auf Zinsen, Kosten usw., sofern nicht gesetzlich (wie bei Hypotheken) oder vertragsmäßig eine Einschränkung gemacht ist.

Daß das Pfandrecht niemals durch Ersitzung entsteht, erklärt sich schon daraus, daß die Ersitzung eine Verbindung des Pfandobjektes mit einer bestimmten Forderung nicht herzustellen vermag.

Die Bestellung des Pfandes wirkt teilweise auf das Forderungsverhältnis zurück. So braucht die Erfüllung der Schuld nur gegen Rückgabe des beweglichen Pfandobjektes oder gegen Ausstellung einer löschungsfähigen Quittung bei Hypotheken zu erfolgen; es genügt daher das Angebot des Schuldners, unter der vorstehenden Bedingung zu leisten, um den Verzug des Gläubigers zu begründen.

Das Pfandrecht setzt zu seiner Entstehung eine vollgültige Forderung voraus, § 449. Die Bestellung des Pfandrechtes bleibt also definitiv ungültig, wenn demselben eine im öffentlichen Interesse mißbilligte, absolut ungültige Pfandforderung zugrunde liegt; dazu gehören unerlaubte Geschäfte nach §§ 878, 879 a. b. GB., Termingeschäfte nach dem Ges. v. 4. Januar 1903, Nr. 10 § 16, Wuchergeschäfte, Geschäfte über den Arbeitslohn nach § 78 Gew.O. usw.

Ist die Pfandforderung nur relativ zugunsten des Verpflichteten als ungültig oder klaglos erklärt, so wird eine Pfandbestellung wirksam, wenn die Ungültigkeit durch formlose Anerkennung der Verpflichtung gehoben werden kann (wie bei Ungültigkeit wegen Irrtum, bei Verjährung), und wenn die Pfandbestellung eine solche formlose Anerkennung der Pfandforderung darstellt, wenn sie also von dem Verpflichteten in Kenntnis der Ungültigkeit vorgenommen wird. Die formlose Anerkennung, also auch die Pfandbestellung, muß aber wirkungslos bleiben, wenn die Pfandforderung nur in einer bestimmten Form gültig oder klagbar begründet werden kann (wie Schenkung, Spiel und Wette); denn es wäre ja eine offenbare Umgehung der Formvorschriften, wenn zwar nicht die obligatorische Klage, aber doch die Klage aus dem Pfandrechte formlos begründet werden könnte (Slg. NF. 818). Auch die Ausnahmebestimmungen von § 1432, wonach die irrtümliche Erfüllung klagloser oder verjährter Forderungen wirksam ist und nicht kondiziert werden kann, darf auf die irrtümliche Bestärkung der klaglosen Forderung durch Bestellung von Pfand oder Bürgschaft nicht ausgedehnt werden. Dritte können die Ungültigkeit einer Pfandforderung durch Anerkennung nicht heilen, ihre Pfandbestellung bleibt daher ungültig; nur in dem einen Fall des § 1352 a. b. GB., wenn die Schuld mangels der Handlungsfähigkeit des Verpflichteten wirkungslos war, wird die von einem Dritten vorgenommene Pfandbestellung, selbst bei Unkenntnis des Bestellers von der Ungültigkeit, wie die Verbürgung wirksam.

Durch Tilgung der Schuld hört das Pfandrecht auf, § 1469. Diese sachenrechtliche Wirkung ist außer der Zahlung auch den meisten übrigen Aufhebungsgründen der Obligation zuzusprechen; so wenn sie mit der Befriedigung des Gläubigers verbunden sind, wie Kompensation, Hingabe an Zahlungsstatt; oder wenn sie auf dem Willen des Gläubigers beruhen, wie Verzicht und Novation, bei der nach § 1378 nur eine besondere Verabredung der Parteien das Pfandrecht für die neue Forderung erhält. Die Verjährung der Pfandforderung läßt allerdings das Faustpfandrecht unberührt, während die Hypothek durch dreißigjährige Verjährung der Pfandschuld erlischt (siehe später). Wenn endlich die Rolle des Gläubigers und des Schuldners in einer Person zusammenfällt, so wird auch das für die Forderung bestellte Pfandrecht gegenstandslos, wenn nicht besondere Umstände die Forterhaltung desselben billig erscheinen lassen (arg. § 1446). Bei teilweiser Zahlung oder Aufhebung der Pfandschuld erlischt das Pfandrecht nicht teilweise, sondern bleibt an dem ganzen Pfandobjekt erhalten (vgl. dazu § 1390 a. b. GB.; über einige Ausnahmen im Prozesse siehe Krainz I, S. 779).

III. Das Gesetz unterscheidet bei der Entstehung des Pfandrechts den Titel und die Erwerbungsart. Der Titel, der bei der Entstehung des Pfandrechts selbstverständlich eine etwas andere Bedeutung hat, als bei dem Erwerb des Eigentums, kann nur darin bestehen, daß der Gläubiger einen rechtlichen Anspruch auf Pfandsicherung hat. Dieser Anspruch ist entweder dahin spezialisiert, daß für die fragliche Forderung an einem bestimmten Objekt ein Pfandrecht entstehen solle; oder er lautet allgemein auf Pfandbestellung oder auf Sicherstellung überhaupt (die aber nach § 1373 a. b. GB. regelmäßig durch Pfänder zu leisten ist).

In allen diesen Fällen hat der Gläubiger einen obligatorischen Anspruch auf Vornahme jener Akte seitens des Schuldners, die zur Begründung des Pfandrechts notwendig sind; der obligatorische Anspruch wird bei Saumsal des Schuldners im Exekutionswege dadurch vollzogen, daß die Übergabe der Pfandsache an den Gläubiger nach § 346 EO., oder die Bezeichnung der Sache nach § 348 EO. zum Zwecke der Begründung des Pfandrechts durch das Gericht, statt durch den Schuldner, vorgenommen wird. Das Pfandrecht ist dann stets ein vertragsmäßiges, nicht ein exekutives.

Ist der Anspruch des Gläubigers generell auf Pfandsicherung gerichtet, wie bei den gesetzlichen Ansprüchen nach § 1245, 1364, 1365 a. b. GB., so muß allerdings wegen der Spezialität des Pfandrechts vorher eine Auswahl des Pfandobjekts aus dem Vermögen des Schuldners erfolgen; diese Wahl steht nach § 906 des a. b. GB. dem Schuldner zu, wird aber bei Verzug des Schuldners nach § 12 EO. statt durch ihn, durch den Gläubiger vorgenommen.

Der Anspruch des Gläubigers auf Pfandbestellung, und das ihn begründende Pfandversprechen muß auch dort juristisch unterschieden und beachtet werden, wo das Versprechen sogleich erfüllt wird, oder wo es aus anderen Gründen nicht deutlich hervortritt; denn für das Pfandversprechen gelten besondere Rechtsregeln.

Nach § 458 enthält das Pfandversprechen regelmäßig eine Art Gewährleistungspflicht des Pfandgebers, der „ein anderes, angemessenes Pfand" stellen muß, wenn der Wert des erstgegebenen durch sein Verschulden, oder wegen eines erst offenbar gewordenen Mangels nicht mehr zureichend erscheint; diese Gewährleistungspflicht kann aber auch ausdrücklich oder stillschweigend ausgeschlossen werden, (z. B. bei Pfandleihanstalten). Die allgemeinen Regeln über Gewährleistung sind hier nicht anwendbar, weil man nicht sagen kann, daß der Verpfänder die Sache dem Gläubiger im Sinne von § 922 a. b. GB. auf eine entgeltliche Art überläßt (unrichtig Krainz I § 285).

Auf das Pfandversprechen sind nicht die Regeln des § 936 über den Vorvertrag anzuwenden. Denn § 936 betrifft nur das Versprechen, künftig einen obligatorischen Vertrag abzuschließen, während das Pfandversprechen nur zur Vornahme eines sachenrechtlichen Geschäftes verpflichtet; es könnte als Vorvertrag für das Pfandrecht nur in dem uneigentlichen Sinne bezeichnet werden, wie etwa der Kauf als Vorvertrag der Eigentumsverschaffung (siehe Pfersche Z. f. Not. 1910, S. 102 ff).

IV. Einer besonderen Regelung bedarf das Verhältnis des Gläubigers zur Pfandsache, wenn er den Gewahrsam derselben erlangt; es müssen dann für ihn gewisse obligatorische Verpflichtungen entstehen, wie sie jeden Inhaber in fremdem Namen treffen. Der Pfandgläubiger muß daher die in seiner Hand befindliche Pfandsache wohl verwahren, und bei Erlöschen des Pfandrechtes zurückstellen; er darf sie einem Dritten ohne zwingenden Grund nur auf eigene Gefahr zur Aufbewahrung geben (nach § 965 a. b. GB.). Schuldloser Verlust macht den Gläubiger nicht ersatzpflichtig und beeinträchtigt nicht seine Forderung § 459. Für Aufwendungen auf die detinierte Sache, und für den durch dieselbe verursachten Schaden hat der Gläubiger einen Ersatzanspruch (vgl. § 1369: „zweiseitig verbindlich"). Diese Sätze müssen für alle Fälle gelten, in welchen die Sache in die Hand des Pfandgläubigers oder für ihn in die Hand des Gerichtes gelangt.

Durch die Bestellung eines Faustpfandes entsteht die gesetzliche Pflicht des Pfandnehmers, einen Pfandschein mit deutlicher Beschreibung des Pfandobjektes auszustellen. Im Übrigen kann das Verhältnis des Gläubigers zur Pfandsache durch einen Vertrag, der im § 1368 als „Pfandvertrag" bezeichnet ist, geregelt werden. Für den Pfandvertrag stellt das Gesetz mehrfache Beschränkungen auf. So kann dem Gläubiger zwar der bloße Gebrauch der beweglichen Pfandsache, nicht aber die Fruchtnießung eingeräumt werden, § 1372.

Danach ist aber nur ausgeschlossen die Vereinbarung, daß der Gläubiger die Früchte ohne Verrechnung, also etwa an Stelle von Zinsen für sich behalten könne; nicht ausgeschlossen ist die Vereinbarung, daß die Verwaltung der Sache durch den Gläubiger, oder für den Gläubiger durch Sequestration geführt, und daß das Erträgnis rechnungsmäßig zur Befriedigung des Gläubigers verwendet werde (siehe dazu auch bei den Hypotheken).

Unzulässig sind die Klauseln, daß der Schuldner das Pfand niemals einlösen oder daß er auf seinem Grundstück keine weitere Hypothek bestellen dürfe. (Die übrigen Beschränkungen des § 1371 siehe unten § 25 IV a.)

§ 25. Das Vertragspfand.

I. Die vertragsmäßige Entstehung des Pfandrechtes an Mobilien erfordert neben der Pfandschuld und dem Pfandversprechen noch die Entstehungsart der Übergabe. Da aus allgemeinen Rücksichten das Pfandrecht eine gewisse Erkennbarkeit für Dritte haben soll, will das Gesetz an Mobilien nur das „Faustpfand“ anerkennen, und fordert daher für die Entstehung des Pfandrechts die Tradition in strengerem Sinne als bei der Eigentumsübertragung. Wegen dieser zweifellosen Tendenz des Gesetzes ist das Zitat des § 427 im § 452 nur auf den letzten Fall des § 427 zu beschränken. Es muß daher regelmäßig dem Pfandgläubiger der volle Gewahrsam der Sache verschafft werden § 451; befindet sich die Sache nicht in der Hand des Verpfänders, so entspricht es der wirklichen Übergabe, wenn der Pfandgläubiger in die Stellung des Verpfänders einrückt, indem ihm der Anspruch auf Herausgabe der Sache gegen den Dritten übertragen wird. Nur als Ausnahme wird in § 452 zugelassen, daß das Pfandrecht auch durch Anbringung von Zeichen an der Pfandsache selbst, „woraus jedermann die Verpfändung leicht erfahren kann“, begründet wird. Durch die übrigen Fälle der symbolischen Tradition (Urkundenübergabe, Zeichen) und durch das constitutum possessorium kann das Pfandrecht nicht bestellt werden; diese gegenüber dem Wortlaut von § 452 strengere Auffassung ist gegenwärtig in der Praxis durchaus vorherrschend. (Krainz, § 273, N. 5); Slg. NF. 863).

II. Das Pfandrecht als dingliches, das Eigentum beschränkendes und selbst aufhebendes Recht kann regelmäßig nur durch den Eigentümer oder auf Grund der Zustimmung des Eigentümers mit voller Wirkung begründet werden. Doch kann, wie das Eigentum selbst, so auch das Pfandrecht an einer fremden Sache durch einen Nichteigentümer begründet werden unter den Bedingungen des Erwerbes aus Macht des Rechtes.

α) Nach § 456 wird das Pfandrecht an der fremden Sache begründet nach den Regeln von § 367. Doch kann natürlich die öffentliche Versteigerung, bei der verkauft, aber nicht verpfändet wird, hier nicht in Betracht kommen. Der Erwerb von einem befugten Geschäftsmann kann auch beim Pfandrecht vorkommen, nur ist die Voraussetzung genau so zu formulieren, wie im Artikel 306 HGB., daß nämlich die Sache von dem Geschäftsmann in seinem Geschäftsbetriebe verpfändet und übergeben wird. In bezug auf den dritten Fall kann die Entgeltlichkeit nicht als besonderes Erfordernis aufrecht erhalten werden, weil für die Bestellung eines Pfandes ein eigentliches Entgelt nicht ausgemessen wird. Das nach § 456 erworbene Pfandrecht kann die Eigentumsklage natürlich nicht ganz ausschließen, sondern bildet nur eine Einwendung, die der Kläger durch Tilgung der Pfandschuld beseitigen kann, eine Bestimmung, die auch ohne die Aufnahme im § 456 als selbstverständlich gelten würde.

β) An Geld und Inhaberpapieren wird das Pfandrecht wie das Eigentum (siehe oben § 12) von dem redlichen Empfänger in allen Fällen erworben (arg. § 371).

γ) Der legitimierte Erbschaftsbesitzer kann nach § 824 an allen Erbschaftssachen vollwirksames Pfandrecht bestellen, auch wenn er nicht der wahre Erbe sein sollte.

δ) Die Verpfändung an eine konzessionierte Pfandleihanstalt begründet stets gültiges Pfandrecht, wenn dem Gewerbeinhaber der Mangel des Rechtes des Verpfänders nicht schon „bei der Übergabe bekannt oder deutlich erkennbar war“ (Ges. v. 23. März 1883, Nr. 48, § 4).

III. Ist das Vertragspfandrecht durch Übergabe begründet, so erlangt der Pfandgläubiger an der Pfandsache den Nutzbesitz und kann sich durch die Besitzklage gegen jeden Eingriff des Verpfänders oder eines Dritten schützen. Verliert er unfreiwillig den Besitz, ohne daß dadurch das Pfandrecht aufhört (siehe dazu unten V), so hat er die dingliche Pfandklage gegen jeden Inhaber derselben. Die Wirkung der Pfandklage ist nach den Regeln der Eigentumsklage entsprechend zu bestimmen.

Die obligatorischen Beziehungen des Gläubigers zu der in seiner Hand befindlichen Pfandsache sind durch den oben (§ 24 IV) besprochenen Pfandvertrag geregelt. Hinzuzufügen ist, daß die Befugnis des Gläubigers, die Pfandsache seinerseits weiter zu verpfänden (Afterpfand) in § 454 ausdrücklich anerkannt ist; doch kann der Gläubiger von dieser Befugnis nur auf eigene Gefahr Gebrauch machen, und haftet dann nach § 460 selbst für einen solchen Zufall, „wodurch das Pfand bei ihm nicht zu Grunde gegangen oder verschlimmert worden wäre". (Über das Afterpfand siehe unten VI.) Die Afterverpfändung kann vertragsmäßig ausgeschlossen werden; dem Inhaber eines Pfandleihgewerbes ist sie gesetzlich untersagt (§ 5 Ges. 23. März 1885 Nr. 48).

IV. Mit Fälligkeit der Pfandforderung erhält der Pfandgläubiger die Befugnis sich aus dem Pfande zu befriedigen. Ein Verzicht des Gläubigers auf die Verkaufsbefugnis ist ungültig, § 1371. Die Befriedigung, die den Pfandbesitz voraussetzt, hat regelmäßig durch gerichtliche Feilbietung nach den prozeßualen Vorschriften zu erfolgen, § 461; und da die zwangsweise Feilbietung nur auf Grund eines Exekutionstitels erfolgt, hat der Pfandgläubiger normaler Weise zunächst durch Klage aus seiner Forderung ein exekutionsfähiges Urteil zu erwirken. Die genaueren Bestimmungen über die gerichtliche Realisierung des Pfandes siehe unten § 26.

Zur Begründung der Exekution gegen das in der Hand des Gläubigers befindliche Pfand genügt das Urteil über die gegen den Personalschuldner angestellte Personalklage, auch wenn derselbe nicht Eigentümer der Pfandsache ist. Doch kann der Gläubiger seine Klage auch gegen den von dem Personalschuldner verschiedenen Eigentümer der Pfandsache richten, gleichviel, ob derselbe von Anfang an die Sache verpfändet, oder ob er erst nach der Pfandbestellung das Eigentum erworben hat; eine Reihenfolge unter den beiden Klagen ist nicht vorgeschrieben, § 466. Die gegen den dritten Pfandeigentümer gerichtete Klage, die als Pfandklage zu bezeichnen ist, hat für das Mobiliarpfandrecht geringere praktische Bedeutung und ist genauer erst bei der Hypothek zu besprechen.

In vielen Fällen kann die Realisierung des Vertragspfandes ausnahmsweise auch in einfacherer Art vor sich gehen.

a) Durch Vertrag der Parteien kann dem Gläubiger gestattet werden, sich ohne gerichtliches Verfahren zu befriedigen. Nach § 1371 sind zwar Vereinbarungen ungültig, die dem Gläubiger *bestimmte*, das Interesse des Verpfänders benachteiligende Arten der Selbstrealisierung gestatten; ungültig ist namentlich die Vereinbarung, daß der Gläubiger das Pfand „nach Willkür", also zu einem beliebigen Preise, oder daß er es zu einem „schon im voraus bestimmten Preise" veräußern könne, sowie daß er es zu einem, in den erwähnten Arten bestimmten Preise oder gegen den Schuldbetrag für sich behalten dürfe. Daraus aber folgt a contrario, daß andere das Interesse des Verpfänders nicht gefährdende Vereinbarungen der Selbstrealisierung zulässig sind (Krainz, § 283). So ist allgemein zulässig die in Art. 311 HG. nur unter Beschränkungen zugelassene Vereinbarung, daß der Gläubiger das Pfand öffentlich oder, wenn es einen Marktpreis hat, auch nicht öffentlich zum laufenden Preise verkaufen darf. Zulässig ist ferner die Vereinbarung, daß das Pfand um den durch Sachverständige nach Verfall der Schuld zu bestimmenden Schätzungswert frei verkauft werden kann; endlich auch die Vereinbarung, daß der Gläubiger das Pfand selbst übernehmen darf, wenn der Preis in einer der angeführten, erlaubten Arten nach Verfall der Schuld bestimmt wird. Der Gläubiger hat in allen diesen Fällen zu beweisen, daß er die Vereinbarung eingehalten und das Interesse des Schuldners entsprechend gewahrt habe; bei eigenmächtigem Vorgehen haftet er dem Schuldner für allen Schaden (Slg. 14 733).

b) Die außergerichtliche Selbstrealisierung ist auch ohne besondere Vereinbarung manchen Gläubigern gesetzlich gestattet; so manchen konzessionierten Banken, den Sparkassen, den Versatzämtern und konzessionierten Pfandleihgewerben, Lagerhäusern usw. (siehe die Anführungen bei § 461 der Gesetzesausgaben).

c) Die Realisierung durch freiwilligen, *öffentlichen* Verkauf, der außerstreitig bei Gerichte anzusuchen ist (Plen. ESlg. NF., 186), ist zulässig nach Art. 310 HGes., wenn das Pfandrecht schriftlich bestellt ist aus beiderseitigen Handelsgeschäften unter Kaufleuten; ferner ohne diese Beschränkung in anderen Fällen, wo Art. 310 HGes. anwendbar erklärt ist, so zu Gunsten von „Anstalten, die unter Aufsicht der Staatsverwaltung Kreditgeschäfte betreiben" (M.V. vom 28. Oktober 1865 Nr. 110).

d) Der exekutive, gerichtliche Verkauf kann ohne vorherige Klage vom Gläubiger beantragt werden, wenn für die Pfandforderung bereits ein Exekutionstitel nach § 1 EO. vorliegt; so namentlich, wenn die Schuld in einem vollstreckbaren Notariatsakte begründet (Not.O. § 3) oder durch einen exekutionsfähigen Vergleich festgestellt wurde.

Für den Pfandverkauf gelten noch folgende Regeln. Nach § 463 kann der „Schuldner" bei der Versteigerung nicht mitbieten, wobei das Gesetz, wie in dieser Lehre gewöhnlich, an den Fall denkt, daß der Personalschuldner auch Pfandeigentümer ist; trifft das nicht zu, so ist auch der Pfandeigentümer von dem Mitbieten ausgeschlossen (EO. § 180). Der Gläubiger kann mitbieten.

Der Mehrerlös ist dem Pfandeigentümer herauszugeben, § 464. Wird der Schuldbetrag durch den Erlös nicht gedeckt, so bleibt natürlich das Forderungsrecht für den Rest aufrecht; doch kann das Forderungsrecht seiner Natur nach auf den Pfanderlös beschränkt sein, wie nach Verjährung der Forderung, § 1483 oder auf Grund besonderer Vereinbarungen, die bei Pfandleihanstalten stillschweigend anzunehmen ist, (Heyrovsky in Ger.Z. 1895, Nr. 95).

Durch den gerichtlichen Pfandverkauf erlöschen die Pfandrechte, nicht nur das des betreibenden Gläubigers und die ihm nachstehenden, sondern auch etwaige vorhergehende Pfandrechte; doch gehen diese Pfandrechte über auf die erlegte Kaufsumme oder auf die nicht berichtigte Kaufpreisforderung (Plen. E.Slg. NF. 2364). Über den Eigentumserwerb durch Pfandverkauf siehe oben § 12 II.

Der Pfandgläubiger ist nicht genötigt, sich an sein Pfand zu halten (vgl. auch § 1360), er kann von dem Personalschuldner ohne Rücksicht auf das Pfand im Wege der Klage und Exekution Befriedigung verlangen, soweit nicht § 263 E.O. den Schuldner gegen ungehörige Belastung schützt.

V. Das Erlöschen des Vertragspfandes tritt ein teils als Folge der akzessorischen Natur des Pfandrechtes, (siehe oben § 29, II), teils nach folgenden Regeln:

a) Der vollständige Untergang der Pfandsache (§ 467 „zerstört") macht das Pfandrecht gegenstandslos; bei teilweisem Untergang besteht es an dem Reste fort. Physische Veränderungen des Pfandobjektes berühren den Bestand des Pfandrechtes nicht in weiterem Umfang als den Bestand des Eigentums; so hört das Pfandrecht an der beweglichen Sache auf, wenn sie Bestandteil eines Grundstückes, § 417, oder zur Ausbesserung einer fremden beweglichen Sache verwendet wird, § 416. Verwandelt sich dagegen das Eigentum infolge der physischen Veränderung in Miteigentum, so setzt sich das Pfandrecht an der Miteigentumsquote fort. Spezifikation durch den Eigentümer selbst ist das Gegenteil von „Zerstörung" und läßt das Pfandrecht unberührt (unrichtig die romanistischen Deduktionen von E. Demelius, Pfandrecht, S. 216 ff.).

Der aus der widerrechtlichen Zerstörung entstehende Ersatzanspruch des Pfandeigentümers wird nicht von selbst von dem Pfandrechte an der zerstörten Sache ergriffen; doch hat der Pfandgläubiger selbst Ansprüche auf Entschädigung, wenn die Sache in seinem Gewahrsam zerstört oder widerrechtlich aus seinem Gewahrsam entzogen wird.

b) Das Pfandrecht erlischt ferner durch Zeitablauf, wenn es zeitlich beschränkt oder auf Grund zeitlich beschränkten Eigentums bestellt war;

c) durch Konfusion, wenn es mit dem Eigentum der Pfandsache in einer Person zusammentrifft;

d) durch exekutiven Verkauf der Pfandsache, selbst wenn derselbe nicht hätte vorgenommen werden dürfen;

e) durch Ersitzung und durch Erwerb aus Macht Rechtens, wenn die Sache als pfandfreie redlich erworben wird (Krainz § 291, N. 17; nicht dagegen Slg. NF. 1644);

f) durch Verzicht, der an den Gegner zu erklären ist, der aber Rückgabe des Gewahrsams nicht erfordert, sondern sogleich die obligatorische Klage aus dem Pfandvertrage fällig macht.

g) Das Vertragspfand wird nicht aufgehoben durch den unfreiwilligen Verlust der Innehabung, welcher vielmehr die Pfandklage gegen jeden Inhaber auf Rückstellung der Sache veranlaßt; auch nicht durch Überlassung des Gewahrsams an einen dritten Detentor (z. B. Sequester). Wenn aber die Pfandsache dem Verpfänder freiwillig zurückgegeben wird, so erlischt prinzipiell das Pfandrecht; doch sieht § 467 die Möglichkeit vor, daß durch einen Vorbehalt bei der Rückgabe der Pfandsache das Pfandrecht doch erhalten werden kann. Die letztere, vom legislativen Standpunkte nicht angemessene Einschränkung (D.BGB. § 1353 erklärt konsequent diesen Vorbehalt für ungültig) ist mit Rücksicht auf die Erfordernisse der Entstehung des Vertragspfandrechtes dahin aufzufassen, daß der Vorbehalt in einer Weise zum Ausdruck komme, wodurch jedermann die Verpfändung leicht erfahren kann, § 452. Da die rückgestellte Pfandsache jetzt dem Verpfänder anvertraut ist, kann sie aus Macht Rechtens von diesem einem redlichen Dritten zu pfandfreiem Eigentum oder zu besserem Pfandrechte übertragen werden, so daß das im Prinzip aufrecht erhaltene Pfandrecht nur im Konkurse des Verpfänders eine größere praktische Bedeutung hat, als der obligatorische Anspruch gegen den Verpfänder auf Rückgabe der Pfandsache.

VI. Mit dem gesetzlichen Übergang der Pfandforderung § 1358, oder mit dem gesetzlichen Anspruch auf Abtretung der Forderung § 1422 verbindet sich der Anspruch auf Abtretung des Pfandrechtes, welche durch Übergabe der Pfandsache erfolgt. Ebenso steht es dem Pfandgläubiger frei, mit der Pfandforderung auch das Pfandrecht durch Übergabe des Pfandobjektes auf den Zessionar zu übertragen. Die Übertragung des Pfandrechtes wird im Zweifel nicht anzunehmen sein (arg. § 1378, anders D.BGB. § 1250). Wird aber die Forderung ohne das Pfandrecht zediert, so erlischt das Pfandrecht bei dem alten Gläubiger, da seine Verbindung mit der Pfandforderung definitiv gelöst ist (so auch D.BGB. § 1250).

Der Pfandgläubiger kann die Pfandsache weiter verpfänden (Afterpfand); dazu ist erforderlich die Übergabe der Sache wie bei Entstehung des ersten Pfandrechtes, sowie daß der erste Pfandgläubiger die Sache als verpfändete erklärt und übergibt. Denn es ist auch möglich, daß der Pfandgläubiger die ihm anvertraute Pfandsache widerrechtlich als eigene weiterverpfändet und übergibt; dann würde aber für den zweiten Gläubiger nicht ein Afterpfand begründet, sondern bei redlichem Erwerb nach § 456 ein Pfandrecht ersten Grades. Die gerichtliche Geltendmachung des Afterpfandrechtes setzt voraus, daß nicht nur der Anspruch des Afterpfandgläubigers gegen den ersten Pfandgläubiger, sondern daß auch dessen Anspruch gegen den Schuldner exekutionsreif gemacht werde; daraus folgt, daß bei der Afterverpfändung im Zweifel auch die erste verpfändete Forderung als mitverpfändet zu denken ist.

Durch die Detention der Pfandsache genießt der Afterpfandgläubiger schon eine gewisse Sicherheit, da der erste Schuldner, der nur gegen Herausgabe des Pfandes zu zahlen braucht, regelmäßig dem ersten Pfandgläubiger nicht zahlen wird, solange dieser die Sache nicht zurückgeben kann. Sollte freilich doch der Schuldner den ersten Pfandgläubiger redlich befriedigen, so erlischt die erste Pfandforderung und das erste Pfandrecht, und dadurch auch das Afterpfandrecht, sodaß der Afterpfandgläubiger gegen die Vindikation des Verpfänders keine wirksame Einwendung hätte. Diese Gefahr zu beseitigen, steht dem Afterpfandgläubiger das Mittel der Denunziation zu, das nach § 455 ebenso wie bei der Zession wirkt. Liegt nicht der Normalfall vor, den § 455 voraussetzt, daß der erste Schuldner auch Eigentümer der Pfandsache ist, so ist die Denunziation sowohl an den Personalschuldner, als an den Eigentümer der Pfandsache zu richten. Ob die Denunziation in § 455 nur als praktisches Mittel zur vollen Sicherheit des Afterpfandes angeraten, oder ob sie als Erfordernis der Gültigkeit des Afterpfandes gedacht ist, bleibt bestritten. Dem ohne Denunziation entstandenen Afterpfandrecht kann aber nur relative Wirksamkeit gegenüber dem ersten Pfandgläubiger und seiner Konkursmasse zukommen.

§ 26. Richterliches Pfandrecht.

I. Im Laufe der Zwangsvollstreckung wegen Geldforderungen kann es auch zur Begründung des Pfandrechtes an beweglichen Sachen kommen (§ 256 EO.). Die Voraussetzung dafür ist entweder ein Exekutionstitel im Sinne von § 1 EO. (namentlich ein rechtskräftiges Urteil über einen fälligen Anspruch), oder eine einstweilige Verfügung zur Sicherung nach § 370 EO. Das Pfandobjekt ist auch hier stets ein spezielles; es gibt keine Vermögensexekution. Die Auswahl des Pfandobjektes ist nach §§ 250, 251 EO. beschränkt. Die Verbindung zwischen dem Anspruch und dem konkreten Pfandobjekt, die beim Vertragspfand durch den Willen der Parteien hergestellt ist, wird hier begründet durch die auf Antrag des Gläubigers erfolgte Verfügung des Exekutionsgerichtes, beziehungsweise durch das Vorgehen des Vollstreckungsorganes. Hat der Gläubiger die Exekution weiter, als zu seiner Sicherung notwendig ist, beantragt, so kann das Gericht, um eine unnötige Belastung des Schuldners zu vermeiden, weniger als beantragt bewilligen, § 14 EO., oder auf Antrag des Exekuten die bewilligte Exekution einschränken, §§ 96, 263 EO. Auch sind trotz der Bewilligung nicht mehr Objekte zu pfänden, als zur Verwirklichung des Anspruches notwendig erscheint, § 27 EO.

II. Die Begründung des richterlichen Pfandrechtes, die Pfändung, erfolgt nach § 253 EO. dadurch, daß das Vollstreckungsorgan die dem Exekuten gehörige bewegliche Sache in einem Protokolle verzeichnet und beschreibt und für eine bestimmte Forderung des antragstellenden Gläubigers als gepfändet erklärt (Pfändungsprotokoll, pfandweise Beschreibung). Befindet sich die zu pfändende Sache im Gewahrsam oder wenigstens im Mitgewahrsam des Exekuten oder des Gläubigers, so ist die Pfändung vorzunehmen, trotz eines Einspruches eines Dritten, welcher ein die Exekution ausschließendes Recht an der Sache behauptet, und es ist nur der erfolgte Einspruch zu protokollieren. Befindet sich die Sache im selbständigen Gewahrsam eines Dritten, so kann die Pfändung der Sache nur mit Zustimmung des Detentors erfolgen; stimmt er nicht zu, so kann nur der Anspruch gegen den Detentor auf Herausgabe der Sache gepfändet werden.

Die erfolgte Pfändung wird bei Gericht in einem Pfandregister verzeichnet, in welches Interessenten Einsicht nehmen können, sodaß das Pfandrecht eine gewisse Publizität erhält. Auf gepfändete Sachen kann ein anderer Gläubiger durch Pfändung ein weiteres, nachstehendes Pfandrecht erlangen; die zweite Pfändung erfolgt durch Anmerkung im Pfandprotokoll.

Ist Geld gepfändet, so wird es von dem Vollstreckungsorgane sogleich in Verwahrung genommen, was als Zahlung seitens des Exekuten gilt (§ 261 EO., vgl. auch § 1425 a. b. GB.). Bei anderen Sachen ist mindestens die erfolgte Pfändung von Amts wegen „in einer für jedermann leicht erkennbaren Weise ersichtlich zu machen", § 259 EO.; doch kann der Gläubiger auch sogleich die Verwahrung der gepfändeten Sache beantragen. Die Verwahrung erfolgt nur ausnahmsweise und mit Zustimmung des Schuldners bei dem Gläubiger selbst; sonst regelmäßig bei Gericht oder auf Gefahr des Gläubigers bei einem Dritten. Die weiteren Vorgänge nach der Pfandbeschreibung sind nicht, wie bei dem Vertragspfande konstitutiv, sondern nur aus praktischen Rücksichten zur Erhaltung des Pfandrechtes angeordnet, da sonst die dem Exekuten überlassene, also anvertraute Sache, von demselben an einen redlichen Erwerber als pfandfreie nach Analogie von § 456 veräußert werden könnte.

Das richterliche Pfandrecht erlischt von selbst, wenn der Gläubiger nicht innerhalb eines Jahres nach der Pfändung den Antrag auf Verkauf der Pfandsache stellt und durchführt, § 256 EO. Im übrigen gelten auch hier die Aufhebungsgründe des Vertragspfandrechtes. Die Afterverpfändung des richterlichen Pfandrechtes ist nicht vorgesehen.

III. Die Exekution hat nur die Aufgabe, dem Gläubiger bestimmte Vermögensteile des Schuldners zur Verfügung zu stellen, sie kann aber nicht über das Vermögen des Schuldners hinausgreifen und nicht dem Gläubiger mehr Rechte verleihen als der Schuldner hatte. Wird daher von der Pfändung eine im Gewahrsam des Schuldners befindliche Sache betroffen, die nicht oder nicht ganz im Vermögen des Schuldners steht, so war die Exekution unzulässig und hat das Pfandrecht nicht gültig begründet; ein Erwerb aus Macht Rechtens tritt hier nicht ein (Krainz, § 274, N. 4, N. 5; Slg. 13341, Slg. NF. 1300).

Der durch Bewilligung oder Vornahme der Exekution in seinem Rechte verletzte Dritte kann gegen die Exekution die Widerspruchsklage (Exszindierungsklage) erheben, welche bei dem die Exekution bewilligenden oder vollziehenden Gerichte gegen den betreibenden Gläubiger, eventuell auch gegen den Exekuten eingebracht wird, und welche im Falle des Sieges den Erfolg hat, daß die Exekution eingestellt wird, § 37 EO. Welche Rechte

Dritter die Exekution unzulässig machen, ist eine zivilrechtliche in § 37 EO. nicht entschiedene Frage. Außer dem Eigentum kommt hierbei wohl der Nießbrauch in Betracht, nicht aber obligatorische Ansprüche (Mietrechte). Wenn jedoch die Sache in Gewahrsam des Dritten ist, der auf das Behalten derselben einen Anspruch (z. B. aus dem Vertragspfande, als Mieter oder nach § 1086 a. b. GB.) hat, und der deshalb die Vornahme der Sachpfändung nicht gestattet, so kommt der obligatorische Anspruch des Dritten zur vollen Wirkung, weil nur der dem Exekuten zustehende Anspruch auf Herausgabe der Sache gepfändet, und dann von dem Gläubiger nur im Namen des Exekuten, also nicht in wirksamerer Weise, als von diesem selbst geltend gemacht werden kann.

Wird die Sache des Exekuten in seinem Gewahrsam betroffen und gepfändet, so wird die Exekution durch ein an der Sache schon bestehendes Pfandrecht eines Dritten nicht unzulässig; doch hebt die Pfändung den Anspruch des Dritten auf vorzugsweise Befriedigung nicht auf. Der Dritte kann vielmehr nach § 258 EO. sein Pfandrecht sofort, auch wenn die Pfandforderung noch nicht fällig wäre, durch eine beim Exekutionsgericht einzureichende Klage gegen den betreibenden Gläubiger oder gegen den Exekuten zur Geltung bringen. Erfolgt der Pfandverkauf auf Grund der Pfändung des nachstehenden Gläubigers früher, als das Pfandrecht des Dritten rechtskräftig anerkannt ist, so verwandelt es sich in einen Befriedigungsanspruch an dem Pfanderlöse (vgl. § 285 EO.).

IV. Für die Realisierung des richterlichen Pfandrechtes gilt als Regel die gerichtliche Versteigerung, § 270 EO. Eine Feststellung des Schätzungswertes durch Sachverständige erfolgt regelmäßig erst bei der Versteigerung; vorher nur dann, wenn dies notwendig erscheint, oder auf Antrag eines Gläubigers. Die gerichtliche Versteigerung hat sich in der Praxis nicht als praktisch bewährt, indem im statistischen Durchschnitt nicht einmal die Hälfte des Schätzungswertes als Erlös erzielt wird. Besseren Erfolg gewährt der Verkauf in öffentlichen Auktionshallen, deren Beiziehung zu exekutiven Verkäufen im Verordnungswege normiert werden kann. Von Wichtigkeit sind daher namentlich die übrigen vom Gesetze (§§ 268, 271 EO.) zugelassenen Realisierungsmöglichkeiten. Wertpapiere, die einen Börsenpreis haben, sind durch Vermittlung eines Handelsmäklers aus freier Hand zu verkaufen. Auch andere Objekte, die dort, wo sie sich befinden, einen Börsen- oder Marktpreis haben, sind nach diesem Preise aus freier Hand zu verkaufen, eventuell zum Zwecke einer solchen Verwertung auf Kosten und Gefahr des Verpflichteten an einen Ort zu senden, wo sich eine Börse oder ein Markt dafür befindet (siehe dazu § 269 EO. und oben § 12). Ferner kann mit Zustimmung der interessierten Gläubiger das Pfandobjekt einem Dritten überlassen werden, der spätestens drei Tage vor dem Versteigerungstermin sich bereit erklärt, mindestens ein Viertel mehr als den Schätzungspreis und dazu alle Kosten der Schätzung und Exekution zu bezahlen, § 271 EO.

§ 27. Gesetzliches Pfandrecht.

I. An beweglichen Sachen kann ein Pfandverhältnis entstehen, ohne daß ein Vertrag der Parteien oder eine behördliche Verfügung die Grundlage dafür bilden würde; solche Fälle, in denen wir das Pfandrecht als ein *gesetzliches* bezeichnen, finden sich im Handelsrechte (für den Kommissionär Art. 375, Spediteur Art. 382, Frachtführer Art. 409) und in Spezialgesetzen (so für Lagerhausunternehmungen, Gesetz vom 28. IV. 1890 Nr. 46; für die Expensen der Advokaten Adv.O. § 19; ferner für Zollgebühren an den eingeführten zollpflichtigen Waren; für Steuern an dem steuerpflichtigen Zucker, Branntwein usw.) Aus dem Zivilrecht gehören hierher das Pfandrecht des Vermieters und die Viehpfändung.

Wie ein Pfandrecht wirkt auch das *gesetzliche Zurückhaltungsrecht*, das im Handelsrecht (art. 313—315) geordnet ist; im Zivilrecht ist ein Retentionsrecht nicht ausdrücklich vorgesehen (§ 471 a. b. GB.) und wird in dem Reformentwurf (§ 91 f.) nur für die Gegenansprüche bei einer Sachrestitution in Aussicht genommen.

II. Wer auf seinem Grundstücke fremdes Vieh antrifft, ist nicht nur berechtigt, es zu verjagen, sondern wenn es Schaden angerichtet hat, soviel Stücke davon zurückzubehalten, als für seine Entschädigung hinreicht § 1321. Das eigenmächtige Zurückhalten fremden Viehs (Privatpfändung) kann nicht nur von dem Eigentümer und dessen Leuten, sondern auch von anderen Beteiligten (Pächter, Nießbraucher) und ihren Leuten vorgenommen werden, aber nur auf dem Grundstück selbst oder in unmittelbarer Verfolgung von demselben aus. Wird mehr Vieh als notwendig zurückgehalten, so haftet der Zurückhaltende für den dadurch veranlaßten Schaden. Die Privatpfändung begründet an dem zurückgehaltenen Vieh das Pfandrecht für den Anspruch auf Ersatz des Feldschadens, welcher Anspruch auch ohne Pfändung besteht und ein Verschulden des Vieheigentümers nicht voraussetzt. Das Pfandrecht erlischt, wenn der Pfändende nicht binnen acht Tagen die Ersatzklage anstellt, oder den Ersatzanspruch im Vergleichswege festgestellt hat, sowie ferner wenn der Vieheigentümer dafür eine andere angemessene Sicherstellung anbietet.

Nach den Feldschutzordnungen hat der behördliche Feldhüter, neben anderen weitergehenden Befugnissen zum Zwecke des Feldschutzes, auch die Berechtigung, schädigendes Vieh zu pfänden, welches er dem Gemeindevorsteher zu übergeben hat (Schiff, Agrarrecht, S. 96 ff.).

III. Nach § 1101 wird die Forderung auf den Miet- oder Pachtzins durch ein gesetzliches Pfandrecht gesichert. Dies gilt auch für die Forderung aus der Aftervermietung. Die Fälligkeit der Zinsforderung ist für die Geltendmachung des Pfandrechtes nicht erforderlich (Plen. E., Slg. N.F. 2364). Das Pfandrecht gebührt nur für die Zinsforderung nebst den Eintreibungskosten derselben, und den aus Anlaß der Miete an den Vermieter, wenn auch nicht für ihn, zu entrichtenden, gewöhnlich in den Zins eingerechneten, laufenden Abgaben (Zinsheller usw. Slg. 6427); nicht aber für andere Ansprüche des Vermieters (Adaptierungskosten, Schadenersatz).

Gegenstand des Pfandrechtes sind bei der Miete einer „Wohnung" alle beweglichen Sachen, da eine Ausnahme (z. B. für Bargeld) im Gesetze nicht angedeutet ist. Diese Bestimmung über die Miete einer Wohnung ist auf alle Bestandverträge anzuwenden, welche Wohnobjekte (z. B. Schiffmühlen arg. § 569 ZPO.) und welche Gebäude überhaupt (Stall, Magazin, Slg. 10580) betreffen. Die abweichende Bestimmung zugunsten des „Verpächters" betrifft nicht jeden Pachtvertrag im Sinne von § 1091, sondern nur den Bestandvertrag über landwirtschaftliche Grundstücke. Nur in dem letzteren Fall ist das gesetzliche Pfandrecht beschränkt auf das vorhandene Vieh und die Wirtschaftsgeräte, sowie auf die separierten, noch auf dem Gute befindlichen Früchte. In allen anderen Fragen besteht kein Unterschied zwischen dem gesetzlichen Pfandrecht des Verpächters und des Vermieters.

Das Pfandrecht entsteht an den erwähnten Objekten nicht nur, wenn sie dem Mieter gehören, sondern nach der ausdrücklichen Bestimmung von § 1101 auch dann, wenn sie ihm im Sinne von § 367 anvertraut sind; doch ist ganz selbstverständlich auf Seiten des Vermieters Redlichkeit im Sinne von § 368 und § 456 erforderlich. Unter diesen Voraussetzungen überwindet das Pfandrecht des Vermieters nicht nur fremdes Eigentum, sondern auch fremdes Pfandrecht (Pl. E. Slg. 7323).

IV. Das Pfandrecht des Vermieters entsteht mit dem Zeitpunkt der Einbringung auf das gemietete Objekt, an Früchten mit ihrer Separation (H. D. vom 10. April 1839 J. G. S. Nr. 189). Es geht daher allen später entstehenden Pfandrechten vor, auch dem richterlichen Pfandrechte. Wird das letztere jedoch trotzdem durch Verkauf zuerst realisiert, so verwandelt sich das gesetzliche Pfandrecht in einen dem exekutiven Pfandrechte vorausgehenden Befriedigungsanspruch (Plen. E. Slg. N. F. 2369).

Allerdings kann das Pfandrecht nur geltend gemacht werden an den Sachen, welche sich zur Zeit der Klage, richtiger zur Zeit der Geltendmachung, noch auf dem Mietobjekte befinden; daher wird das gesetzliche Pfandrecht wirkungslos, wenn die Pfandobjekte vorher von dem Mieter oder mit seiner Zustimmung von Dritten aus dem Mietobjekte entfernt wurden. Sofern das Wegbringen der Mietobjekte das Interesse des Vermieters verletzt, kann er das Wegbringen eigenmächtig hindern, ohne eine Besitzstörung zu begehen. (Slg. N. F. 164, 455; D.BGB. § 561 gibt dem Vermieter auch die Pfandklage wegen widerrechtlicher Entfernung der Pfandobjekte). Unter Bescheinigung der Gefährdung kann er auch einstweilige Verfügungen nach § 364 E. O. erwirken.

Die Geltendmachung des gesetzlichen Pfandrechtes des Vermieters setzt notwendig die Feststellung der von demselben betroffenen Objekte voraus. Zu diesem Zwecke ist dem Vermieter (durch H. D. vom 5. November 1819 J. G. S. Nr. 1621, aufrecht erhalten in Art. XIII. Z. 6. Ef. G. zur E. O.) die pfandweise Beschreibung der auf dem Mietobjekte vorhandenen Pfandobjekte zur Verfügung gestellt worden. Die pfandweise Beschreibung ist in dieser Anwendung weder eine einstweilige Verfügung, noch dazu bestimmt, ein richterliches Pfandrecht zu erzeugen; sie ist nur dazu bestimmt, das schon bestehende Pfandrecht zu umgrenzen, ist daher auch nach Eröffnung des Konkurses der Konkursmasse gegenüber zulässig. Das Ansuchen um pfandweise Beschreibung setzt nur die Einbringung einer Klage voraus ohne Unterschied, ob die Klage eine schon fällige Zinsrate oder eine erst künftig verfallende Rate betrifft, ob sie also Leistungsklage im eigentlichen Sinne oder nur eine Art Feststellungsklage ist.

Im Übrigen wird das gesetzliche Pfandrecht des Vermieters, gleich wie das Vertragspfand nach § 461 a. b. GB. geltend gemacht durch gerichtlichen Verkauf auf Grund der Zinsklage und des darüber ergangenen rechtskräftigen Urteils.

§ 28. Pfandrecht an anderen Objekten.

I. An nicht verbücherten Grundstücken wird das richterliche Pfandrecht gegen den Besitzer derselben durch die pfandweise Beschreibung nach § 90 ff. E. O. begründet; die vollzogene Pfändung ist durch Anschlag am Gerichtsgebäude und in ortsüblicher Weise kundzumachen.

Für die Bestellung eines Vertragspfandes an nicht verbücherten Grundstücken fehlt es an einer Form, da die analoge Anwendung der §§ 450, 451 a. b. GB. aus praktischen Rücksichten untunlich ist; das Leben konnte sich hier nur durch künstliche Heranziehung der richterlichen Pfandbestellung helfen. Auch in bezug auf Bäume, die in Tirol als selbständige, unbewegliche Sachen erscheinen können, ist nur die pfandweise Beschreibung als die Bestellungsart des Pfandrechtes anerkannt (Ges. v. 17. III. 1897 Nr. 77, Art. IV), die hier natürlich nicht auf 1 Jahr beschränkt sein kann, wie die rein exekutive pfandweise Beschreibung nach § 256 E. O.

Bauwerke, die nicht in der Absicht, „daß sie stets darauf bleiben sollen“, auf fremdem Grund errichtet sind, erscheinen nach § 297 nicht als Bestandteile des Grundes, sondern als bewegliche Sachen; doch auch für diese Objekte ist weder Übergabe noch Bezeichnung eine praktisch brauchbare Form der Verpfändung, weshalb man auch hier nur zur pfandweisen Beschreibung Zuflucht nehmen kann (s. Grünberg: Bauten auf fremden Grund S. 33 ff.) Sind solche Superädifikate auf Grund von Mietverträgen errichtet, so unterliegen sie dem gesetzlichen Pfandrechte des Vermieters.

Der Reformentwurf § 53 sieht für die Begründung der Pfandrechte an nicht verbücherten Grundstücken und den verwandten Fällen eine besondere Form vor, nämlich die gerichtliche Hinterlegung einer beglaubigten Urkunde.

II. Der Nießbrauch kann an sich dem Pfandrechte zweifellos unterliegen. Wenn er verbüchert ist, entsteht das Pfandrecht durch Einverleibung; Nießbrauch an beweglichen Sachen kann nur durch Übergabe der Sachen verpfändet werden.

An dem Patentrechte wird das Pfandrecht durch Eintragung in das Patentregister erworben (§ 23 Pat.G.). Das Markenrecht ist mit dem Unternehmen untrennbar verbunden (§ 9, Ges. v. 6. I. 1890, Nr. 19), daher kein eigener Gegenstand des Pfandrechtes. Das Urheberrecht, so lange es dem Urheber und seinen Erben zusteht, ist nicht Gegenstand der Exekution (§ 14, Ges. v. 26. XII. 1895, Nr. 197), daher auch nicht des Pfandrechtes. Steht es anderen Personen zu, so kann es nach § 331 E. O. gepfändet werden durch das richterliche Gebot an den Berechtigten sich jeder Verfügung über das Recht zu enthalten; für die Verpfändung fehlt auch hier eine Form der Bestellung.

Handelsbetriebe, gewerbliche und andere Unternehmungen sind Vermögenskomplexe und deshalb kein Gegenstand des Pfandrechtes, das Spezialität erfordert; doch ist auf sie das Exekutionsmittel der Zwangsverwaltung unter gewissen Beschränkungen anwendbar § 341 E. O. Gewerbekonzessionen sind als unübertragbar nicht Gegenstand des Pfandrechts; doch kommt der Verpfändung nebst der Anzeige der Verpfändung an die politische Behörde wenigstens die Wirkung zu, daß der Berechtigte die Konzession nicht eigenmächtig zurücklegen kann.

Wird dem Gläubiger Geld als Pfand übergeben und fällt es nach allgemeinen Regeln (§ 371 a. b. GB.) in sein Eigentum, so erscheint als verpfändet die Forderung des Schuldners gegen den Gläubiger auf Rückerstattung der Geldsumme.

III. An Forderungen entsteht das richterliche Pfandrecht nach folgenden Regeln. Forderungen, die in einem Papier verkörpert sind, werden durch das Papier repräsentiert und durch das Papier als körperliche Sachen gepfändet, so Inhaberpapiere, Ordrepapiere, die indossiert sind, Legitimationspapiere (Sparkassenbücher). Bei anderen Forderungen erfolgt die Pfändung durch gerichtliches Verbot, das dem Drittschuldner die Zahlung an den persönlichen Gläubiger, und diesem jede Verfügung über die Forderung untersagt § 294. Der Drittschuldner kann auch gerichtlich befragt werden, ob und wie die gegen ihn behauptete Forderung zu Recht bestehe und von ihm anerkannt werde; der Drittschuldner haftet für den Schaden, der dem Gläubiger aus einer unrichtigen Auskunft oder aus dem Unterlassen der Auskunft erwächst. Die Anerkennung des Schuldners aber hat die Wirkung des § 1396 a. b. GB.

Die regelmäßige Verwertung gepfändeter Forderungen ist entweder die Überweisung an den Pfandgläubiger an Zahlungsstatt, die namentlich angemessen ist bei einer Forderung des Exekuten gegen den betreibenden Gläubiger; oder die Einziehung des Schuldobjektes, die unter entsprechenden Vorsichten dem betreibenden Gläubiger zu überlassen oder aber durch einen Kurator zu bewirken ist. Nur wenn alle diese Wege praktisch nicht angemessen erscheinen, kann eine andere Art der Realisierung (Verkauf, Zwangsverwaltung) vom Gerichte angeordnet werden.

Vertragsmäßig wird das Pfandrecht an Forderungen, die in einer Urkunde verkörpert sind (s. oben), oder die nur auf Vorweisung der Urkunde geltend gemacht werden können (Namensaktien), begründet durch die Übergabe der Urkunde. An anderen Forderungen ist zur Bestellung des Pfandrechtes die Verständigung des Drittschuldners nach Analogie von § 450 notwendig, weil nur dieser Akt nach § 1396 a. b. GB. die Verfügung des Verpfänders über das Pfandobjekt ausschließt; die Ausfolgung des etwa vorhandenen Schuldscheines oder der Vermerk der Verpfändung auf dem Schuldschein ist zur Begründung des Pfandrechtes an der Forderung nicht genügend, aber auch nicht notwendig, (Krainz § 281, ebenso D.BGB. § 1280, vgl. auch § 1205).

Die Hypotheken.

§ 29. Allgemeines.

I. Das Pfandrecht an verbücherten Grundstücken wird im modernen Recht als Hypothek bezeichnet, weil es in seiner Entstehung und Existenz bis zum Moment der Realisierung von dem faktischen Besitz der Sache unabhängig bleibt. Die Hypothek beruht vielmehr auf dem Eintrag in den öffentlichen Büchern und ist nach den Regeln des Grundbuchrechtes zu behandeln.

Auch die Hypothek ist beherrscht von dem allgemeinen Zwecke des Pfandrechtes, eine bestimmte Geldsumme aus der Pfandsache beitreiben zu können; und kann insofern akzessorische Natur haben, als ihre Geltendmachung nur gewährt wird zugunsten eines bestimmten Anspruchs auf eine Geldsumme, der dann in seiner Entstehung und Dauer von anderen Umständen abhängig ist, als die Hypothek selbst. Das moderne Recht hat jedoch die akzessorische Natur der Hypothek aus wirtschaftlichen Gründen nur teilweise beibehalten. Die moderne Wirtschaft hat so große Teile des Volksvermögens in der Form von Hypotheken zu fruchtbarer Anlage gebracht, daß eine wirkliche Rückzahlung derselben zum großen Teile gar nicht durchführbar und nicht beabsichtigt ist. Die Hypothekarforderungen erscheinen heute vielfach als selbstständige und dauernde Wertobjekte und werden im Verkehre als solche behandelt; denn einerseits kann ein Bedürfnis des Schuldners vorliegen, daß er nicht auf Zahlung des Kapitals in Anspruch genommen wird, andererseits kann dem Gläubiger das Interesse an der Beseitigung der sicheren Kapitalanlage fehlen. Je weniger freilich die Hypothek durch Zahlung realisiert wird, desto häufiger kommt der Gläubiger in die Lage, sie durch Veräußerung und Übertragung zu Geld zu machen; die Veräußerung der Hypothek wird also ein alltägliches Verkehrsgeschäft, das einer handlichen Form bedarf. Um diesen verschiedenartigen Bedürfnissen des modernen Wirtschaftsleben entgegen zu kommen, hat das Deutsche bürgerliche Gesetzbuch, wie andere moderne Gesetze, notwendig gefunden, das Pfandrecht an verbücherten Grundstücken in verschiedenen Formen zuzulassen, auf welche hier kurz hinzuweisen ist.

1. Das deutsche Recht kennt eine „Grundschuld", die erstens eine abstrakte Geldschuld ist, und bei der zweitens der Gläubiger sich mit der realen Haftung des Grundstückes begnügt, neben der die persönliche Haftung eines Schuldners gar nicht entsteht. Die Grundschuld kann von vornherein für den Eigentümer der Pfandsache eingetragen werden (§ 1196 D.BGB.). Eine wichtige Unterart der Grundschuld ist ferner die bücherliche „Rentenschuld", welche nur die jährliche Leistung einer Geldsumme aus einem bestimmten Grundstücke ohne weitere persönliche Haftung sichert und dem Gläubiger keinen Anspruch auf die Rückzahlung des Kapitals gewährt, welche aber dem Schuldner die Möglichkeit gibt, durch Zahlung des im Grundbuche eingetragenen Kapitals die Rente abzulösen.

2. Im Übrigen wird zwar die akzessorische Natur der Hypothek prinzipiell und formell gewahrt; aber die materiellen Konsequenzen daraus sind nur soweit aufrecht erhalten, als dies unbedingt nötig erscheint. Nämlich einerseits für die besondere Erscheinung der „Sicherungshypothek" (§ 1184 ff D.BGB.). Eine solche ist notwendig dann vorhanden, wenn für erst künftig entstehende Ansprüche das Pfandrecht bis zu einem Höchstbetrage eingetragen wird, sowie dann wenn die Pfandsicherung für eine in einem Papier ver-

körperte Forderung (Wechsel &c.) bestellt ist (§ 1187 D.BGB.). Die Sicherungshypothek kann ferner willkürlich bei anderen Forderungen von bestimmtem Betrage begründet werden, wenn sie als solche im Grundbuche bezeichnet und dadurch von der gewöhnlichen oder „Verkehrshypothek" unterschieden wird. Andererseits tritt die akzessorische Natur der gewöhnlichen Hypothek noch hervor, soweit bloß das Verhältnis des Verpfänders zu dem ersten Erwerber der Hypothek in Betracht kommt (§ 1137 D.BGB.).

Dagegen sind die Konsequenzen der akzessorischen Natur beseitigt durch folgende Normen: a) Der öffentliche Glaube des Grundbuches nach § 892 ff D.BGB. der doch nur für die einverleibten Sachenrechte bestimmt ist, wird ausdrücklich ausgedehnt auf die Pfandforderung (§ 1138 D.BGB.), und ebenso die Vermutung für die Richtigkeit des verbücherten Rechtes nach § 891, wodurch der Gläubiger bei der Hypothekarklage der Beweispflicht für die Forderung enthoben wird. b) Die Hypothek erlischt nur, wenn sie mit Zustimmung des Pfandeigentümers bücherlich gelöscht wird § 1183; alle Vorgänge, welche die Pfandschuld aufheben und den Eigentümer von der hypothekarischen Haftung befreien, heben die Hypothek nicht auf, sondern verschaffen dieselbe dem Eigentümer selbst. Dadurch ist das Vorrückungsrecht der Nachhypothekare prinzipiell ausgeschlossen und der Befriedigungsanspruch des Nachhypothekars definitiv an seinen Rang gebunden (Lokusprinzip).

3. Für die Grundschuld und die Verkehrshypothek kann eine Urkunde ausgestellt werden (Hypothekenbrief), welche den Inhalt des Bucheintrages wiedergibt und welche dazu bestimmt ist, die Übertragung der Hypothek ohne Einverleibung im Grundbuche einfach und sicher vornehmen zu können.

II. In Österreich hat das Grundbuchgesetz von 1871 die Bedürfnisse des modernen Wirtschaftslebens noch nicht berücksichtigt. Daß der Eigentümer ein berechtigtes Interesse daran hat, seinen Realkredit wirksam und vollständig ausnützen zu können, daß er namentlich von der Tatsache profitieren soll, daß der Zins auf dem Geldmarkt sinkt, sowie daß die Hypotheken zweiten und späteren Ranges teuerer bezahlt werden müssen; daß andrerseits der Hypothekargläubiger ein wesentliches Interesse hat über seine Hypothek als über ein selbständiges Wertobjekt leicht und sicher disponieren zu können — alles das ist in unserem geltenden Recht nicht mit vollem Bewußtsein beachtet worden. Allein die vorhandenen Bestimmungen sind nicht so genau und vollständig, daß sie die Rücksichtnahme auf die modernen Lebensinteressen ausschließen würden, und das österreichische Hypothekenrecht bietet deshalb gerade einen Musterfall, wo die Rechtsanwendung mit Rücksicht auf die Entwicklung des Wirtschaftslebens über die Gedanken des Gesetzgebers und die historische Interpretation hinaus gehen kann und soll. (Anregung dazu hat namentlich gegeben Strohal, „Prioritätsabtretung" 1880, und „Eigentümerhypothek" in Österr. Centralbl. 1884 H. 5; die historisch-konservative Auffassung ist dagegen vertreten von Krasnopolski in Wiener Zschr. Bd. 8, S. 458 f., Bd. 11, S. 43, S. 527 f.). Die dem Interesse des Gläubigers dienende Regel, daß dem Zessionar einer Hypothek die Ungültigkeit der Pfandforderung nicht entgegengesetzt werden kann, ist unbestritten aus § 62 BGB. entnommen worden, obwohl unser Gesetz sonst die Hypothek in Entstehung und Endigung durchaus akzessorisch behandelt. Die Interessen des Eigentümers der Pfandsache sind durch die Rechtsanwendung nicht so weit gewahrt worden, als es möglich gewesen wäre; hier hat die Gesetzgebung durch die Normen über die Konvertierung von Hypotheken bereits eingegriffen (siehe unten § 33 V), und muß bei einer zivilrechtlichen Reform noch weiter in modernem Sinne eingreifen (siehe dazu unten § 33 IV). Eine Ergänzung unseres Hypothekenwesens hat endlich die Gesetzgebung über die Pfandbriefe und über die hypothekarische Sicherung von Teilschuldverschreibungen geschaffen, die hier zu erwähnen sind.

III. Pfandbriefe sind Schuldverschreibungen einer Anstalt, die nur kraft staatlicher Bewilligung ausgegeben werden dürfen und für deren Sicherung die Anstalt einen Fonds unter staatlicher Aufsicht bereit stellen muß. Der Sicherungsfond für die Pfandbriefe, der hauptsächlich in Grundstücken und Hypotheken zu bestehen pflegt (z. B. Eisenbahnanlagen), ist in erster Linie den Ansprüchen der Pfandbriefbesitzer verfangen, bildet im Konkurse der Anstalt eine besondere Masse und kann von Exekutionen anderer Gläubiger nur mit Einschränkung betroffen werden. Verfügungen der Anstalt über die Bestandteile des Sicherungsfonds bedürfen zu ihrer Rechtswirksamkeit der Zustimmung des der Anstalt beigegebenen Regierungskommissars. Zum Schutze der gemeinsamen Rechte der Pfandbriefbesitzer ist nach Bedarf vom Gericht ein Kurator zu bestellen (Ges. vom 24. April 1874 Nr. 48; siehe Artikel Pfandbriefe im Ö.St.W.).

Teilschuldverschreibungen einer größeren Anleihe, die indossabel sind oder auf den Inhaber lauten, dürfen nur mit staatlicher Bewilligung ausgegeben werden. Für die Teilschuldverschreibungen kann ein einheitliches Pfandrecht auf einem oder mehreren Grundbuchskörpern begründet werden, wobei gewisse Ausnahmen von den allgemeinen Regeln notwendig werden. So ist statt eines bestimmten Berechtigten bei der Hypothek nur der Gesamtbetrag des Anlehens unter Hinweis auf die Anlehensurkunde einzutragen. Auch zur Wahrung der gemeinsamen Rechte der Besitzer von Teilschuldverschreibungen ist vom Gericht nach Bedarf ein Kurator zu bestellen (Ges. vom 24. April 1874 Nr. 49).

§ 30. Die Entstehung der Hypothek.

I. Das Hypothekarverhältnis erfordert stets die bücherliche Eintragung, sowohl wenn es geschäftlich als wenn es gerichtlich nach §§ 87, 88 E.O. begründet wird. Außerbücherlich entsteht eine pfandartige Haftung des verbücherten Grundes für eine Reihe von verwaltungsrechtlichen Leistungen (Steuern, Gebühren, Grundentlastungsrenten usw.); darüber genauer unter IV.

Die Eintragung der Hypothek ist entweder Einverleibung oder Vormerkung. Was die Vormerkung betrifft, so betont § 36 GG. (im Gegensatz zu § 453 a. b. GB.), daß dieselbe die Bescheinigung sowohl der Pfandschuld, als auch eines Titels für das Pfandrecht erfordert. Im Übrigen gelten für die Einverleibung, wie für die Vormerkung und ihre Rechtfertigung die allgemeinen Regeln, deren Anwendung auf die Hypothek im folgenden nur in den Einzelheiten zu verfolgen ist.

II. a) Das Ansuchen um Eintragung muß ausgehen von dem Berechtigten oder seinem legitimierten Vertreter; ausnahmsweise kann ein Dritter, der an der Entstehung der Hypothek ein Interesse hat, auch ohne Zustimmung des Berechtigten das Ansuchen einbringen. So erwirkt der Bürge kraft seiner Ansprüche nach §§ 1358, 1360 a. b. GB. den Eintrag, der dem Gläubiger für die verbürgte Schuld zugesagten Hypothek (§ 79 GbG.); so erwirkt den Eintrag einer vereinbarten Hypothek derjenige, dem der Gläubiger an dieser Hypothek ein Afterpfand zugesichert hat, § 68 GbG. Auch wer einen Exekutionstitel auf die einzutragende Hypothek erlangt hat, kann die Eintragung derselben begehren (§ 350 E.O.; Slg. NF. 1584). Ein wesentliches Interesse an der Verbücherung der Hypothek kann unter Umständen auch der Personalschuldner haben, ob er nun Verpfänder ist oder nicht; unter Nachweis seines Interesses oder der Zustimmung des Pfandgläubigers ist auch sein Ansuchen genügend.

b) Das Ansuchen muß stets den allgemeinen Erfordernissen entsprechen, also erstens das Hypothekarobjekt und die beteiligten Personen genau bezeichnen, und zweitens mit Urkunden belegt sein, welche sowohl die Existenz der Pfandschuld als auch den Titel zur Erlangung des Pfandrechts bescheinigen.

In bezug auf das Objekt ist zu beachten, daß die Hypothek regelmäßig den ganzen Grundbuchskörper zugleich ergreifen muß (eine Ausnahme für Tirol in LG. v. 17. März 1897, Nr. 9, § 5 a. E.). Wohl aber kann, wenn Miteigentumsquoten an dem Grundbuchskörper eingetragen sind, eine solche Quote separat mit Hypotheken belastet werden. Liegt die Hypothek auf dem ganzen Grundstück und tritt nachträglich eine Teilung in Miteigentumsquoten ein, so ändert sich eigentlich nichts an den Verhältnissen; doch gestattet die Praxis, daß der Gläubiger die Exekution auf eine Quote statt auf das ganze Grundstück vorzieht, wobei nach Durchführung dieser Exekution dann Regreßansprüche unter den Miteigentümern entstehen.

c) Was die Personen betrifft, so kann die Hypothek nur eingetragen werden, wenn der Auctor, gegen den die Eintragung kraft des Pfandrechtstitels gerechtfertigt erscheint, als Eigentümer intabuliert ist. Ist der Auctor noch nicht als Eigentümer intabuliert, so kann der Gläubiger, wenn er durch Urkunden dazu in der Lage ist, gleichzeitig die Eintragung desselben, eventuell auch seines Vormannes im Sinne von §§ 22, 23 GG. ansuchen. Ist der Auctor nicht mehr als Eigentümer eingetragen, so kann auf Grund einer von ihm erteilten Eintragungsbewilligung oder eines gegen ihn erwirkten Urteils nicht mehr die Eintragung der Hypothek erfolgen, selbst wenn der gegenwärtig Eingetragene ein unbedingt haftender Erbe des Auctors wäre (Slg. 15464); hier muß erst gegen den Erben der obligatorische Anspruch auf Gestattung der Eintragung geltend gemacht werden. Daß der eingetragene Auctor handlungsunfähig geworden oder gestorben ist, steht der Eintragung der Hypothek an sich nicht entgegen; nur wenn über den Auctor der Konkurs eröffnet wurde, kann gegen ihn ein nach der Konkurseröffnung eingereichtes Gesuch nicht mehr bewilligt werden (§ 12 KO.).

d) Die Wirksamkeit der Hypothek hängt ab von der Wirksamkeit des Rechtes des Auctors, der sie begründet hat. Ist das Eigentum des Auctors beschränkt durch einen Endtermin, eine Resolutivbedingung usw., so erlischt die Hypothek mit dem Rechte des Auctors, wenn nicht der Hypothekar als redlicher Erwerber in weiterem Umfange als der Auctor geschützt wird. Hat der Auctor nicht die Veräußerungsbefugnis des Pfandobjektes (wie bei einem Familienfideikommiß), so kann die Hypothek zwar eingetragen, aber nicht durch Verkauf geltend gemacht werden. Ist der Buchstand des Auctors anfechtbar, so erstreckt sich die Anfechtung nach allgemeinen Regeln (siehe oben § 4, IV) auch auf die von ihm bewilligte oder gegen ihn erwirkte Hypothek, sofern nicht der redliche Erwerber einer Vertragshypothek kraft des Publizitätsprinzipes gegen die Anfechtung geschützt bleibt.

Auch die Person des Gläubigers muß im Eintrag deutlich bezeichnet sein. Eine Hypothek zugunsten des Eigentümers selbst kann nicht eingetragen werden (daran will auch der Reformentwurf nichts ändern; anders D.BGB. § 1196). Eine Pfandsicherung zugunsten unbestimmter Personen kann jedoch bei Teilschuldverschreibungen und Pfandbriefen vorkommen (Ges. v. 24. April 1874 Nr. 49).

III. Die Existenz eines Rechtsverhältnisses, dessen Ansprüche Pfandsicherung finden sollen, muß bei der Eintragung durch Urkunden erwiesen oder bescheinigt werden; die Ansprüche können geschäftlicher oder gesetzlicher Natur sein (Schadenersatz, Notariatskaution usw.).

Die Hypothek kann nur für eine ziffermäßig bestimmte Geldschuld eingetragen werden; soll die Pfandhaftung auch Vertragszinsen umfassen, so muß deren Höhe bücherlich angegeben sein. Haftet die Hypothek für ein Rentenrecht, so deckt sie nur dreijährige rückständige Raten. Neben den bestimmt eingetragenen Summen deckt die Hypothek auch im gleichen Range die Prozeß- und Exekutionskosten § 16 GG., sowie dreijährige gesetzliche oder vereinbarte Zinsrückstände; wird für Rückstände ein eigenes Pfandrecht exekutiv erworben, so erhält dasselbe einen eigenen, späteren Rang (Slg. Nr. 7652).

Soll das Pfandrecht Ansprüche sicherstellen, die aus einem bestehenden Rechtsverhältnisse sich erst künftig ergeben werden und deren Höhe noch nicht feststeht (Kautionshypothek), so muß ein Höchstbetrag der Haftung angegeben und eingetragen werden. Ergibt sich der Höchstbetrag nicht aus dem Rechtsgeschäfte selbst, so ist derselbe im Grundbuchgesuche anzuführen; in diesem Falle kann das Gericht den vom Gläubiger allein angegebenen Höchstbetrag auf Ansuchen des Schuldners, das in der Rekursfrist zu erfolgen hat, nach billigem Ermessen herabsetzen. Der Höchstbetrag der Kautionshypothek ist unüberschreitbar, es sind daher auch Zinsen und Kosten in denselben einzurechnen. Entsteht ein konkreter Anspruch aus dem gesicherten Rechtsverhältnisse, so kann statt sofortiger Befriedigung aus der Hypothek auch die Verwandlung der Kautionshypothek in eine gewöhnliche Hypothek innerhalb des Höchstbetrages nach allgemeinen Regeln erwirkt werden; dabei bleibt der etwaige Rest noch für weitere Ansprüche als Kaution offen.

Eine Kautionshypothek entsteht nach § 14 GG. aus „einem gegebenen Kredite, einer übernommenen Geschäftsführung oder aus dem Titel der Gewährleistung oder des Schadenersatzes.“ Eine taxative Aufzählung liegt hier offenbar nicht vor; die Ausdrucksweise des Gesetzes ist übrigens so weit, daß wohl alle zugehörigen Fälle darunter subsumiert werden können. Nur ist jedenfalls ein Mißbrauch der Kautionshypothek zu vermeiden; wenn

z. B. die Hypothek für eine feste Dahrlehnssumme bewilligt ist, kann nicht die gesetzliche Haftung nach § 16 GbG. für die Kosten und rückständigen Zinsen dadurch erhöht werden, daß eine höhere Kaution für die etwaigen Ersatzforderungen eingetragen wird. (Slg. 8864; D.BGB. § 1190 kennt eine sogenannte Sicherungs- oder Maximalhypothek, die ohne Rücksicht auf irgend ein Rechtsverhältnis eingetragen wird, also vorläufig eine Eigentümerhypothek bildet).

Die die Pfandschuld betreffenden Urkunden müssen nach § 26 GbG. die ihrem Inhalt nach notwendige Form haben (z. B. Ehepakte Notariatsakt), auch wenn nur die Vormerkung der Hypothek bewilligt werden soll. Das Erfordernis der Form des Geschäftes das die Pfandschuld begründet, ist von Amts wegen zu prüfen, ebenso wie das Erfordernis der persönlichen Fähigkeit der Kontrahenten § 94 GbG. Der Mangel anderer Erfordernisse (z. B. Unerlaubtheit des Geschäftes, Wucher, Zwang usw.) hindert nicht die angesuchte Einverleibung. Doch wird die eingetragene Hypothek wegen der Ungültigkeit der Pfandschuld ebenso anfechtbar, wie das Faustpfand (siehe darüber oben § 24 II) und begründet eine Einwendung gegen die Geltendmachung der Hypothek.

IV. Ein Rechtsgrund zum Pfandrechte (§ 36 GG.) liegt jedenfalls vor, wenn der Gläubiger einen Anspruch auf Pfandsicherung durch ein bestimmtes Grundobjekt hat. Ein solcher Anspruch entsteht gesetzlich nach § 17 des Gesetzes vom 7. Juli 1896 Nr. 140 zugunsten der Entschädigungssumme für den Notweg; im übrigen nur durch die Zusage des Pfandeigentümers. Im Falle der Zusage kann die Begründung der Hypothek durch Vormerkung erfolgen, wenn auch die Zusage des Pfandeigentümers keine formgerechte Eintragungsbewilligung nach § 32 GbG. darstellt.

Als Pfandrechtstitel ist es auch anzusehen, wenn dem Gläubiger ein genereller Anspruch auf Sicherstellung zukommt, sei es ein gesetzlicher, letztwilliger oder vertragsmäßiger. Doch hat ein solcher Anspruch und Titel noch nicht die notwendige Beziehung auf ein bestimmtes Buchobjekt; deshalb ist er nicht zur Vormerkung genügend, sondern kann nur im Wege der obligatorischen Klage und der Exekution nach § 12 und 350 E.O. zur Entstehung der Hypothek führen. In diesen Fällen liegt trotz der zwangsweisen Bestellung stets eine Vertragshypothek vor (siehe dazu oben § 24 III).

V. Die richterliche Hypothek wird angewendet um Geldforderungen im exekutiven Wege einzutreiben (§§ 87, 88 E.O.) oder zu sichern (§ 374 E.O.). Die Begründung des Pfandrechtes erfolgt durch bücherlichen Eintrag, der hier nur binnen 14 Tagen im Rekurswege bestritten werden kann. Die Bewilligung des Eintrages setzt voraus den Nachweis eines Exekutionstitels nach § 1 EO.; ist der Exekutionstitel noch nicht rechtskräftig oder bedingt, so wird nach § 38 GG. und § 370 ff. E.O. das Pfandrecht nur vorgemerkt und die Höhe der Pfandschuld durch den bewilligenden Beschluß festgestellt. Die Auswahl des Pfandobjektes aus dem Vermögen des Schuldners ist, wie überhaupt die Wahl des Exekutionsmittels, ein Amtsakt, der auf Antrag des Gläubigers (§ 54, lit. 3, E.O.) durch das Exekutionsgericht und das Vollzugsorgan erfolgt.

Der Erwerb des richterlichen Pfandrechtes ist keine geschäftliche Singularsukzession, sondern nur ein Mittel, einen Bestandteil des Vermögens des Schuldners, wie er sich eben vorfindet, zu versilbern; das richterliche Pfandrecht ist daher in seiner Wirksamkeit nach § 62 GG. unbedingt abhängig von der Wirksamkeit des Rechtes des Schuldners, und der betreibende Gläubiger gehört nicht zu den „dritten Personen" des § 63 GG., deren eingetragenes Recht durch redlichen Erwerb stärker werden kann, als das Recht ihres Vormannes (Jud.buch. Nr. 188 von 13. Januar 1909; ebenso D.BGB. § 892: „welcher . . . durch Rechtsgeschäfte erwirbt").

VI. Die Reihenfolge der an einem verbücherten Grundstücke entstehenden Hypotheken ist regelmäßig schon bestimmt durch das allgemeine Prinzip, daß die Eintragung der Rechte im Grundbuche in der Reihenfolge der einlangenden Gesuche zu erfolgen hat. Durch die Anmerkung des Ranges kann einer Forderung allerdings ein bestimmter Rang im Voraus gesichert werden (siehe dazu oben § 13 IV c); ebenso durch die Formen der Konversion von Hypotheken (siehe dazu § 33 V). Ferner gibt es von der zeitlichen Reihenfolge der Hypotheken folgende Ausnahmen (siehe dazu Walker Ex.R. S. 87 ff.):

1) Aus dem privatrechtlichen Gesichtspunkte der versio in rem ist einigen Ansprüchen für ihre eingetragenen Pfandrechte der Vorrang vor den übrigen intabulierten Hypotheken zugewiesen.

α) Die aus Anlaß der gerichtlichen Einräumung eines Notweges gerichtlich festgestellten Entschädigungsbeträge, die unter Umständen von amtswegen pfandrechtlich sichergestellt werden, genießen dann privilegierten Rang (§ 21, Ges. vom 7. Juli 1896 Nr. 140).

β) Wenn bei dem ordnungsmäßig eingeleiteten und durchgeführten Kommassationsverfahren einem Beteiligten an Stelle der von ihm bisher innegehabten Grundteile im Tauschwege ein Plus an Ausdehnung oder Güte zugewiesen wird, so hat er dafür einen Abfindungsbetrag an Geld herauszugeben, welcher, falls er nicht sogleich beglichen wird, auf dem Grundbuchskörper des Beteiligten an erster Stelle sicherzustellen ist.

γ) Die Kosten für größere, durch Genossenschaften durchgeführte Entwässerungs- und Bewässerungsanlagen werden vielfach den Genossenschaften und ihren Mitgliedern vorgestreckt, meist von öffentlichen Instituten (Meliorationsdarlehen). Die den einzelnen Mitgliedern obliegende Pflicht, für einen Teil dieser Darlehen Zinsen und Annuitäten zu zahlen, heißt Meliorationsrente, wird als solche intabuliert und genießt ein Vorzugspfandrecht, soweit durch die Melioration ein Wertzuwachs des Grundes erzielt worden ist, was nach richterlichem Ermessen festgestellt wird. Die Meliorationsrente hat noch die weitere Eigentümlichkeit, daß sie nur aus dem Grundstücke, nicht aus dem sonstigen Vermögen des Belasteten befriedigt werden kann, also eine Art von Grundschuld darstellt (Ges. vom 6. Juli 1896, Nr. 144; siehe Bartsch, S. 307 ff.).

2) Ein Vorzugsrecht bei der Verteilung des Pfanderlöses erhalten aus dem Gesichtspunkte der Verwendung auch α) die während des Exekutionsverfahrens aufgelaufenen Verwaltungskosten (§ 216, Nr. 1 E.O.); β) die aus dem letzten Halbjahr vor der Versteigerung rückständigen Löhne der auf dem versteigerten Gute verwendeten landwirtschaftlichen Arbeiter (§ 216, Nr. 3, EO.).

Von der Gesetzgebung wird gegenwärtig auch beabsichtigt, den Forderungen der Bauhandwerker an dem durch ihre Leistung hergestellten Bauwerke eine entsprechende Sicherung in bevorzugter Reihenfolge zu verschaffen (siehe darüber v. Mayr-Hartingk in Wiener Zschr. 1911).

3) Vor alle eingetragenen Hypotheken stellt sich die gesetzliche, ohne Eintragung wirksame Haftung des Grundstückes für gewisse öffentlich-rechtliche Leistungen. Dieses Privileg kommt namentlich zu: der Grundsteuer und Gebäudesteuer; der Erwerbsteuer an den der steuerpflichtigen Unternehmung gewidmeten Grundstücken; den Vermögenübertragungsgebühren an dem übertragenen Objekte; den Feuerlöschkosten, den Beiträgen zu einer Wassergenossenschaft usw. Neben den Grundbeträgen kommen in Anrechnung Zuschläge und Verzugszinsen, soweit alle diese Leistungen nicht länger als drei Jahre von dem Zeitpunkte der pfandrechtlichen Geltendmachung rückständig sind. Durch gerichtliche oder administrative Exekutionsmaßregeln, namentlich durch Begründung des exekutiven Pfandrechtes, der Zwangsverwaltung oder Zwangsversteigerung wird der privilegierte Rang dieser Ansprüche dauernd erhalten (Slg. NF. Nr. 1802).

§ 31. Die Geltendmachung der Hypothek.

I. Das Recht des Gläubigers auf Befriedigung aus dem Pfande wird nicht wirksam vor der Fälligkeit der Pfandschuld. Es kann aber außer an die Fälligkeit der Schuld, noch an weitere Voraussetzungen geknüpft sein (z. B. Zeit und Art der Kündigung), wenn diese Voraussetzungen bücherlich eingetragen sind. Ist die Voraussetzung der Geltendmachung des Pfandrechtes (z. B. die Kündigung) gegenüber dem gegenwärtig eingetragenen Eigentümer der Pfandsache verwirklicht, so kann dieser Umstand angemerkt werden, damit die Wirksamkeit der Voraussetzung gegen jeden späteren Eigentümer der Pfandsache sich erstreckt, §§ 77, 78 GG.

Als Wirkung des Pfandrechtes nennt § 461 a. b. GB. die Befugnis „die Feilbietung des Pfandes gerichtlich zu verlangen". Dieser auf den Normalfall berechnete Satz ist zu eng. Der Gläubiger hat vielmehr die Befugnis, überhaupt mit Zwangsvollstreckung vorzugehen und alle Formen der gerichtlichen Exekution des Pfandobjektes anzusuchen, namentlich statt des Verkaufes auch Zwangsverwaltung nach § 97 ff. E.O.

II. Die Zwangsvollstreckung kann nach allgemeiner Regel durch Ansuchen beim Exekutionsgerichte erreicht werden, wenn ein Exekutionstitel nach § 1 E.O. vorliegt, wenn also die Pfandschuld vollstreckbar ist; in bezug auf Hypotheken gilt das jedoch nur dann unbeschränkt, wenn der Pfandeigentümer zugleich Personalschuldner ist. Beruht z. B. die Hypothek auf einem mit dem Personalschuldner errichteten exekutionsfähigen Notariatsakte, so kann unter Nachweis der Fälligkeit der Schuld die Exekution des Pfandobjektes nur angesucht werden, solange der Personalschuldner als Eigentümer desselben intabuliert ist. Eine gegen jeden Pfandeigentümer wirksame (absolute) Vollstreckbarkeit oder Exekutionskraft erhält das Pfandrecht in folgenden Fällen.

Absolute Exekutivkraft ist den Forderungen einzelner Hypothekarinstitute als ein Privilegium verliehen (z. B. allg. Bod.-Kreditanst. nach Art. 85 ihrer Statuten in M.V. vom 1. Juni 1864 Nr. 49; öst.-ung. Bank § 11 ihrer Statuten nach Kais. V. vom 21. September 1899 Nr. 99 usw.). Absolute Exekutivkraft haben jene Forderungen, deren Vollstreckbarkeit nach §§ 88, 89 E.O. bücherlich angemerkt ist (Slg. NF. 174); ferner jene Forderungen, in bezug auf welche die Erhebung der Hypothekarklage nach § 77 GbG. angemerkt ist.

Im Übrigen muß gegen den dritten Pfandeigentümer die Vollstreckbarkeit stets im Wege der Klage erwirkt werden (§ 1 JMV. vom 19. September 1860 Nr. 212); auch diese Klage kann bücherlich angemerkt werden mit der Wirkung, daß die Klage und die auf Grund derselben erlangte Verurteilung und Exekution gegen jeden weiteren Eigentümer wirkt.

Hat der Hypothekar in der angeführten Weise für seinen Anspruch die absolute Vollstreckbarkeit erlangt, so ist er in der Erlangung und Durchführung der Exekution auch nicht gehindert durch den Umstand, daß ein Dritter ohne Intabulation (z. B. auf Grund eines Kaufvertrages) faktischer Besitzer des Grundstückes geworden ist (unrichtig heißt es bei Exner I. S. 239, Krainz § 293 Nr. 15, daß die Hypothekarklage gegen den „Besitzer" des Pfandobjektes anzustellen sei).

III. Die gegen den Pfandeigentümer zu richtende Klage nennen wir Hypothekarklage; sie bezweckt und bewirkt die Befriedigung der Pfandschuld aus dem Pfandobjekte allein; im Gegensatz zu der gegen den Personalschuldner gerichteten Schuldklage, welche nicht nur gegen das Pfandobjekt, sondern gegen das ganze Vermögen des Schuldners vollstreckt werden kann. Die Beschränkung der Klage auf das Pfandobjekt muß dort, wo die Hypothekarklage allein angestellt wird, in dem Petit irgendwie zum Ausdruck kommen (Exner, Hyp. R. I. S. 236 ff.); das Petit lautet z. B. auf Gestattung der Exekution, oder auf Zahlung zur Vermeidung der Exekution.

Wenn die Schuldklage und die Hypothekarklage gegen verschiedene Personen möglich ist, so steht dem Gläubiger die Wahl frei, welche der Klagen er zuerst anstellen will § 466 a. b. GB., er kann auch beide Gegner gemeinschaftlich klagen (§ 2 JMV. vom 19. September 1860 Nr. 212), sofern diese Klagenkumulierung nach den gegenwärtigen Kompetenzvorschriften noch möglich erscheint (Tilsch S. 152). An der Natur und Zulässigkeit der Hypothekarklage ändert sich nichts, wenn die Hypothek für einen künftigen Anspruch als Kautionshypothek eingetragen war (so Slg. Nr. 10 209; falsch Slg. Nr. 14 049, wo ohne Schein eines Grundes verlangt wird, die Kautionshypothek müsse vor ihrer klageweisen Realisierung in eine Hypothek mit bestimmter Summe umgewandelt werden).

Der Gläubiger muß zur Begründung der Hypothekarklage den Bestand des Forderungsrechtes nicht nur bei der Kautionshypothek, wo es selbstverständlich ist (s. DBGB. § 1185), sondern in allen Fällen nachweisen; die Eintragung der Hypothek begründet nicht eine Vermutung für die Richtigkeit der Pfandforderung (anders DBGB. § 891 mit § 1138). Freilich ist das für den Kläger notwendige Beweismaterial regelmäßig schon in den, für die Einverleibung der Hypothek notwendigen und in der Urkundensammlung bewahrten Urkunden gegeben. Wichtiger ist daher die aus der Beweispflicht sich ergebende Konsequenz, daß der Gläubiger keine bessere Stellung erlangen kann durch den Umstand, daß das Hypothekarobjekt in eine andere Hand übergeht. Der geklagte Pfandeigentümer kann daher nicht nur den Beweis des Gläubigers erwarten, sondern auch seinerseits die anfängliche Ungültigkeit oder die Aufhebung der Pfandforderung in gleicher Weise einwenden, wie der Personalschuldner (ebenso D.BGB. 1137; s. Krainz § 293 bei N. 17). Eine nachträglich seitens des Personalschuldners erfolgte Anerkennung der Schuld oder Verzichtleistung auf Einwendungen kann die Rechtsstellung des Pfandeigentümers nicht verschlechtern. Auch bindet die Rechtskraft des den Personalschuldner verurteilenden Erkenntnisses nicht den Pfandeigentümer, obwohl derselbe sich auf das den Personalschuldner befreiende Urteil ebenso berufen kann wie ein Bürge (unrichtig Slg. Nr. 9270). Andererseits ist zu betonen, daß regelmäßig bei der Eigentumsübertragung des Grundstückes zwischen den Parteien Verfügungen über die auf dem Grundstücke haftenden Hypotheken getroffen werden, und daß die Anfechtungsbefugnis des neuen Eigentümers von diesen Vereinbarungen abhängt; hat er, wie gewöhnlich, die eingetragene Hypothek zur Selbstzahlung übernommen, so verzichtet er damit auf die Anfechtung und verliert (arg. § 1396) das Anfechtungsrecht.

Wie weit die gegen den ersten Erwerber der Hypothek möglichen Einwendungen auch gegen seine bücherlichen Sukzessoren zulässig sind, ist erst unten zu erörtern § 34.

IV. Hat der Hypothekar in der dargestellten Weise die absolute Vollstreckbarkeit seiner Forderung begründet, so kann er um die Bewilligung der Exekution ansuchen, also entweder um die Zwangsverwaltung oder um die Zwangsversteigerung. Die erteilte Bewilligung wird von amtswegen bücherlich angemerkt (§ 98, 134 E.O.); sollte diese Anmerkung nach dem Stande des öffentlichen Buches undurchführbar sein und der Gläubiger das Hindernis nicht beseitigen können, so muß das weitere Verfahren eingestellt werden (§ 101 E.O.).

Die Anmerkung der Einleitung des Versteigerungsverfahrens hat die Folge, daß die Versteigerung gegen jeden späteren Eigentümer des Grundstückes durchgeführt werden kann, und daß der Gläubiger in dem Range der Anmerkung, also vor allen späteren Eintragungen ein Befriedigungsrecht an dem Erlös erhält (§ 135 E.O.). Diese Wirkung der Anmerkung ist von praktischer Bedeutung für einen Gläubiger, der noch keine Hypothek an dem zu versteigernden Grundstücke hat. Für den Hypothekar aber, der ohnedies die absolute Vollstreckbarkeit seiner Forderung und das Befriedigungsrecht schon in dem besseren Range seiner Hypothek erworben hat, ist diese Anmerkung eine bloße Ersichtlichmachung und eine Formalität, mit welcher die Geltendmachung seiner Hypothek in das allgemeine Exekutionsverfahren übergeht.

V. Über den formellen Verlauf der Realisierung ist auf die Lehre von der Exekution zu verweisen (Walker, Exekutionsr. S. 69 ff.); doch sind folgende Normen von materiellrechtlicher Bedeutung hier noch hervorzuheben.

Der Anspruch des Gläubigers auf Verkauf des Pfandobjektes ist vielfach beschränkt. a) Für die Versteigerung wird ein Mindestgebot festgesetzt, das bei Gebäuden und Bauplätzen die Hälfte, bei landwirtschaftlichen Grundstücken zwei Drittel des gerichtlichen Schätzungswertes wenigstens betragen muß. Wird dieser Mindestpreis nicht geboten, so ist die Versteigerung fruchtlos und darf erst nach einem halben Jahre neuerlich versucht werden. b) Vorausgehende Gläubiger können gegen den Zuschlag Einspruch erheben, wenn sie durch den gebotenen Kaufpreis nicht gedeckt sind (siehe dazu § 32 I c). c) Der Verpflichtete kann statt der Versteigerung die Zwangsverwaltung beantragen, wenn die Interessen des betreibenden Gläubigers auch damit im Sinne von § 201 E.O. gesichert erscheinen.

Die Versteigerung wird ersetzt durch das freiwillige Kaufangebot eines Dritten, das den Schätzungswert um mindest ein Viertel übersteigt (§ 200, Z. 1, E.O.).

Die Regel des § 463 a. b. GB., daß die Schuldner kein Recht haben, „bei der Versteigerung der von ihnen verpfändeten Sachen mitzubieten", betrifft schon nach ihrem Wortlaut den Verpfänder. Ebenso schließt § 180 E.O. den „Verpflichteten" aus, sowie die Vertreter des Verpflichteten, daher auch den Masseverwalter in bezug auf ein zur Konkursmasse gehöriges Grundstück (Slg. NF. 2470).

Die Vollziehung der Versteigerung, der „Zuschlag", überträgt das Eigentum des Grundstückes auf den Ersteher (§ 237 E.O.); der Zuschlag wird von amtswegen im Grundbuche ersichtlich gemacht § 62 GbG., wodurch der Ersteher gegen die Gefahr gesichert wird, daß ein weiterer Eintrag infolge der Redlichkeit des Erwerbers gegen den Ersteher Wirksamkeit erlange. Die definitive Einverleibung des Erstehers im Grundbuch erfolgt erst nach Erfüllung aller seiner Pflichten aus den Versteigerungsbedingungen § 237 E.O. Bis dahin ist sein Eigentum nur bedingt und kann durch Anfechtung der Versteigerung, oder falls er in Verzug gerät, durch Wiederversteigerung aufgehoben werden. Der säumige Ersteher haftet persönlich für allen Schaden, der aus einer Wiederversteigerung sich ergeben sollte § 155 E.O. Der Erwerb des Erstehers ist kein Kauf, sondern beruht auf einem Verwaltungsakte, und gibt keinen Anspruch auf Gewährleistung § 189 E.O.

Mit dem Zuschlag geht die Gefahr des Objektes, sowie aller Nutzungen und Lasten prinzipiell auf den Ersteher über. Die wirkliche Einräumung des Objektes an den Ersteher erfolgt erst nach Erfüllung aller Versteigerungsbedingungen § 156 E.O.; jedoch kann der Ersteher, sowie jeder Hypothekar schon nach Erteilung des Zuschlags verlangen, daß das Objekt dem Verpflichteten im Wege einer einstweiligen Zwangsverwaltung abgenommen werde § 158 E.O. Der Verpflichtete muß schon nach Kundmachung der Versteigerung die Besichtigung des Exekutionsobjektes den Kauflustigen gestatten § 176 E.O.

VI. Bei der Realisierung des Pfandrechtes in der Form der Zwangsverwaltung kommen folgende materiell-rechtliche Normen in Betracht. Die Rechtswirkung der Zwangsverwaltung entsteht durch die von amtswegen zu veranlassende bücherliche Anmerkung ihrer Bewilligung und richtet sich gegen jeden Besitzer des Grundstückes. Die Zwangsverwaltung gibt dem betreibenden Gläubiger nur einen Anspruch auf die normalen Ertragsüberschüsse in dem Range seines Exekutionsgesuches; es werden also aus den Erträgnissen, außer den öffentlichen Abgaben und den Kosten des Wirtschaftsbetriebes und den Kosten der Zwangsverwaltung, zuerst die laufenden Zinsen verbücherter Forderungen und Lasten gedeckt, bevor der betreibende Gläubiger für sein Kapital aus den Überschüssen befriedigt wird (Jud. Slg. NF. 1683).

Gegen den Besitzer wirkt die Zwangsverwaltung dadurch, daß ihm jede Verfügung über die Erträgnisse des Objektes und jede Einmischung in die Geschäftsführung des bestellten Verwalters untersagt, und das Grundstück dem Verwalter zum Zwecke der Verwaltung nach § 349 EO. übergeben wird. Der Verwalter tritt damit in die gegenwärtige Rechtsstellung des Besitzers ein, und kann nur diejenigen Verfügungen treffen, die auch der Besitzer selbst jetzt hätte treffen können. Er muß namentlich die vor Einleitung der Zwangsverwaltung vom Besitzer geschlossenen Mietverträge anerkennen (§ 111 E O.) und kann sie nur ordnungsmäßig kündigen; die von dem Besitzer vereinbarte Beschränkung seines Kündigungsrechtes trifft auch den Verwalter. Die Forderung aus dem Mietverhältnis könnte der Verwalter an sich auch nur in dem Zustand zur Zeit der Entstehung der Zwangsverwaltung ausüben; hier greift jedoch § 1102 a. b. GB. ein, wonach die Zinsforderung den eingetragenen Gläubigern derart verfangen ist, daß der Pfandeigentümer nur zur Empfangnahme der laufenden gesetzlichen Zinsrate (nach § 1100 a. b. GB.) als berechtigt erscheint.

Wird die Zwangsverwaltung von einem Hypothekar betrieben, so kommt dem Verwalter offenbar auch das Recht und die Pflicht zu, die materiellen Ansprüche des Hypothekars in ihrem Range zur Geltung zu bringen; sonst würde dem Pfandrechte auf die Erträgnisse (z. B. bei Fideikommißgütern, bei Verpfändung des Usufruktus) ein spezielles Realisierungsmittel überhaupt versagt sein (unrichtig Slg. NF. 2900). In diesem besonderen Falle der Zwangsverwaltung kommt daher auch die weitere Norm von § 1102 a. b. GB. über das verbücherte Mietrecht zur Anwendung. Wenn nämlich bei einem verbücherten Bestandrecht auch die Vorauszahlung des Zinses für eine längere Zeit einverleibt, oder falls sie nachträglich erfolgte, wenigstens angemerkt ist (siehe dazu Bartsch S. 602), so wirkt die Vorauszahlung zwar gegen die später eingetragenen Gläubiger und den von denselben eingesetzten Verwalter; sie wirkt aber nicht gegen die im Range vorhergehenden Hypotheken und gegen den auf deren Betreiben eingesetzten Verwalter.

§ 32. Die Wirkungen der Hypothek.

I. In bezug auf die Wirkungen der Hypothek ist zu betrachten, daß dieselben je nach dem Range der Hypothek verschieden sein können, sowie daß dieselben durch den Beginn der gerichtlichen Geltendmachung wesentlich verstärkt werden, teils für den betreibenden Gläubiger, teils für alle Hypothekare.

a) Prinzipiell hat jeder Gläubiger ohne Rücksicht auf seinen Rang die Befugnis, die Exekution einzuleiten und bis zur Versteigerung fortzuführen; ist jedoch das Versteigerungsverfahren durch bücherliche Anmerkung bereits eingeleitet, so haben die anderen Gläubiger nur die Befugnis an dem bereits eingeleiteten Verfahren sich zu beteiligen, „beizutreten", § 139 EO.

b) Jeder Gläubiger hat nach § 462 a. b. GB. bis zum Vollzug der Versteigerung die Befugnis, die Forderung, wegen der die Exekution eingeleitet wurde, einzulösen; die Zahlung der fremden Schuld erfolgt kraft eigenen Rechtes, es bedarf dazu weder der Zustimmung des Schuldners § 1422, noch der des Gläubigers nach § 1423 a. b. GB. Die Einlösung muß natürlich auch alle Nebengebühren und Kosten, die hypothekarisch gedeckt sind, umfassen, § 200, Z. 2 E.O. Der Einlösende tritt materiell-rechtlich (§ 1358 a. b. GB.) und prozessual (§ 200, Z. 2, 3, EO.) in die Stellung des betreibenden Gläubigers, kann daher die Exekution einstellen oder fortsetzen.

c) Die dem betreibenden Gläubiger vorausgehenden Hypothekare haben das Vorrecht, daß sie nach der Verständigung von der beabsichtigten Versteigerung die vorläufige Feststellung des Lastenstandes begehren (§ 164 ff., E.O.) und auf Grund derselben gegen die Erteilung des Zuschlages Widerspruch erheben können, wenn ihre Ansprüche durch das erzielte Meistbot nicht gedeckt erscheinen (§ 190 ff. E.O.).

d) Der Gläubiger, dessen Forderung als vollstreckbar angemerkt ist, oder der den Beginn der Exekution erwirkt hat, kann die dem Eigentümer des Pfandobjektes zukommenden Befugnisse auch in negativer Richtung ausüben, soweit sein Interesse reicht; er kann also die Löschung ungerechtfertigter Lasten im Rechtswege durch Löschungsklage oder durch Amortisation ansuchen und durchführen, soweit sie ihm im Range vorausgehen. Dies ist im Art. XXVIII EfG. zur E.O. ausdrücklich anerkannt. Daraus folgt weiter nach der Regel des Gegensatzes, daß der Nachhypothekar die vorgehenden Hypotheken nicht anfechten kann, bevor er zur Vollstreckbarkeit gelangt ist.

II. Bei Durchführung der Versteigerung sind bezüglich der auf dem Grundstück haftenden Lasten folgende materielle Regeln zu beachten:

a) Die erfolgte Versteigerung soll die Hypothek des betreibenden Gläubigers sowie alle im Range nach derselben stehenden Hypotheken aufheben und in Ansprüche auf Befriedigung aus dem Meistbote verwandeln. Dasselbe gilt im Prinzip für Dienstbarkeiten und Reallasten. Wenn jedoch für letztere aus dem Meistbot ein genügendes Deckungskapital entfällt, so sind sie in Natur aufrecht zu erhalten und es ist dafür dem Ersteher aus dem Meistbot jener Betrag zuzuweisen, der seinem Interesse an der Aufhebung dieser Lasten entspricht (§ 211 E.O.). Ist die Last von beschränkter Dauer (z. B. Personalservituten), so gebühren dem Ersteher nur die Zinsen des Deckungskapitals und dieses wird nach Aufhören der Last für die nachstehenden Interessenten (§ 219 E.O.) verfügbar. Reicht das Meistbot für diese Lösung nicht aus, so wird die Last gelöscht und dem Berechtigten der verfügbare Betrag des Meistbotes bis zur Höhe seines Interesses an der Aufrechterhaltung der Last zugewiesen. Ausgedinge, zu deren Deckung die Zinsen des verfügbaren Meistbotes nicht ausreichen, sind jedoch stets in Natur soweit aufrechtzuerhalten, soweit es durch Aufzehrung des Deckungskapitals oder durch Verwendung des Kapitals zu Versicherungsprämien möglich ist (§ 226 E.O.). Der Notweg bleibt immer erhalten ohne Anrechnung auf das Meistbot (§ 20, Gesetz von 7. Juli 1896, Nr. 140).

b) Die dem betreibenden Gläubiger vorgehenden Lasten werden durch die Versteigerung prinzipiell nicht berührt, falls nicht der Berechtigte einer Änderung zustimmt, die dann in den Versteigerungsbedingungen anzugeben ist. Das Grundstück wird daher im belasteten Zustande angeboten, wobei Dienstbarkeiten, Reallasten und Ausgedinge bei Berechnung des Meistbotes außer Betracht bleiben, während die vorausgehenden Hypotheken in das zu fordernde Meistbot eingerechnet, und bei der Berichtigung des Meistbotes abgerechnet werden. (§ 150 E.O.). Der vorhergehende Hypothekar kann jedoch bis acht Tage vor der Versteigerung den Anspruch erheben aus dem Meistbote bar befriedigt zu werden (§ 171 EO.), und der Ersteher kann die vorhergehenden Hypotheken halbjährig kündigen, wenn für dieselben eine mehr als vierprozentige Verzinsung bedungen ist.

c) Was das einverleibte Bestandrecht betrifft, das nicht eine einseitige Last, sondern eine gegenseitige Verpflichtung darstellt, die auch dem Interesse des Erstehers dienen kann, so ist die Beseitigung desselben der Willkür des Erstehers anheim gegeben, der nach §§ 1120, 1121 den Mieter durch gehörige Kündigung zur Räumung des Bestandobjektes zwingen kann (Krainz II, § 370, N. 37; Slg. NF. 1631). Zu der Kündigung ist der Ersteher erst befugt, wenn sein Erwerb ein definitiver geworden ist (siehe oben § 31, V). Wird dem Mieter vorzeitig gekündigt, so erhält er für seinen, nach § 1120 zu bestimmenden Entschädigungsanspruch ein Befriedigungsrecht an dem Meistbot im Range seines Eintrages; dieses Befriedigungsrecht ist bei der Meistbotsverteilung wie eine bedingte Hypothek zu behandeln, da die Entstehung und die Höhe des Schadens erst von der Kündigung und den späteren Umständen abhängt (Slg. NF. 1631).

d) Bei der Meistbotsverteilung hat jeder zur Verhandlung erschienene Interessent die Befugnis, gegen die Berücksichtigung vorhergehender Ansprüche Widerspruch zu erheben und den Widerspruch durch Klage vor dem Exekutionsgerichte durchzuführen (§ 232 E.O.). Auch der Afterhypothekar hat diese Befugnis. Nach dem Vollzug der Versteigerung erhält daher jeder Nachhypothekar das ihm bis dahin nicht zustehende Recht, die Gültigkeit vorhergehender Hypotheken zu bestreiten und deren Löschung zu begehren.

III. Die Hypothek erfaßt das ganze Grundstück nebst Zuwachs und Zugehör, § 457 a. b. GB. Die Anwendung dieser Norm für die Zeit der Versteigerung ist im Vorhergehenden dargestellt; ihre Durchführung für die frühere Zeit von der Entstehung der Hypothek bis zur Versteigerung ist im Folgenden zu betrachten.

a) Teile des Grundbuchskörpers können regelmäßig nur dann abgeschrieben werden, wenn die Belastung des abgetrennten Teiles aufrecht erhalten bleibt, oder wenn die Hypothekare der lastenfreien Abschreibung zustimmen. Die Abschreibung kann jedoch in manchen Fällen ohne Zustimmung der Hypothekare erfolgen, wenn die Sicherheit des Pfandrechtes nicht verletzt wird. So wenn es sich um geringfügige Grundstücke handelt oder wenn nur ein Wechsel der Parzellen stattfindet ohne Wertverminderung (siehe oben § 3 VI).

Realrechte, die mit dem Eigentum des verpfändeten Grundstückes verbunden sind und mit demselben übergehen (§ 442 a. b. GB.), sind mitverpfändet und können ohne Zustimmung der Hypothekare von dem Eigentümer nicht aufgehoben werden. Zwar fehlt über diesen Punkt in der Grundbuchsordnung eine ausdrückliche Bestimmung zur Sicherung der Hypothekare; doch hat das Grundbuchsgericht schon nach allgemeinen Regeln die Löschung eines Realrechtes auf einem belasteten Grundstücke nur dann zu bewilligen, wenn außer der Löschungsbewilligung des Eigentümers des herrschenden Grundstücks auch die Zustimmung der Hypothekare des herrschenden Grundstücks, oder das Nichtvorhandensein von Hypotheken auf demselben nachgewiesen wird (Slg. Nr. 8866, Krainz § 270 a. E.; unrichtig Exner I, S. 222, S. 284). Bei Realrechten, die nur im Gutsbestandsblatt des herrschenden Grundstücks ersichtlich gemacht sind, und die durch außerbücherliche Vorgänge erlöschen (z. B. Wasserrechte an öffentlichen Gewässern), ist ein Verzicht des Eigentümers den Hypothekaren gegenüber ungültig und kann von ihnen angefochten werden. Für radizierte Gewerberechte ist ausdrücklich angeordnet, daß der Verzicht des Eigentümers der Zustimmung der Hypothekare bedarf.

b) Die Abtrennung der laufenden Früchte steht dem Eigentümer bis zum Beginn der Zwangsverwaltung frei und entzieht die separierten Früchte dem Pfandrechte des Hypothekars.

Soweit das Fruchtrecht des Eigentümers reicht, kann er darüber auch durch Veräußerung oder Verpfändung disponieren. Die Realisierung des Pfandrechtes durch Veräußerung oder Verwaltung macht jedoch die rechtlichen Verfügungen des Eigentümers über sein Fruchtrecht den Hypothekaren gegenüber unwirksam. (Nach § 1102 und 459 a. b. GB.; die eigentümliche Fassung des § 459 alinea 2 erklärt sich daraus, daß damals nach manchen provinziellen Grundbuchsordnungen ein Pfandrecht an stehenden Früchten eingetragen werden konnte; Krainz § 270 N. 7b.).

Auch die Zivilfrüchte (z. B. Raten eines Realrentenrechtes) sind den Hypothekaren prinzipiell verfangen und können von dem Eigentümer des Pfandobjektes nur bis zur Realisierung des Pfandrechtes gezogen oder veräußert werden (siehe D. BGB. § 1124 alinea 2, § 1126).

c) Werden Teile des Grundstücks über den ordentlichen Wirtschaftsbetrieb hinaus (Abholzen des Waldes) oder zur Schädigung des Grundstückes (Devastierung des Hauses) abgetrennt, so treten auch diese abgetrennten Teile aus der Pfandhaftung. Ein besonderes Rechtsmittel zum Schutze des Hypothekars gegen solche Verletzungen ist im österreichischen Rechte nicht gegeben (anders D.BGB. § 1133 ff.); da jedoch der Hypothekar nach § 458 auf Ergänzung des Pfandobjektes klagen kann, wenn dessen Wert durch Verschulden des Schuldners unzureichend geworden ist, so muß man dem Hypothekar umsomehr eine Klage gegen den Pfandeigentümer auf Unterlassung der Schädigung des Pfandobjektes gestatten, welche dann die Grundlage zur Erwirkung von prozessualen Sicherungsmitteln bietet.

d) Wird das Pfandobjekt oder ein Teil desselben enteignet, so bleibt den Hypothekaren die Entschädigungssumme verfangen. Wird ein verpfändetes Gebäude durch Brand geschädigt, so ist die aus einer bestehenden Feuerversicherung gebührende Versicherungssumme nach dem HfKD. vom 5. Januar 1828 (pol. GS., Bd. 56, Nr. 59) den Hypothekaren verfangen (Jud. Slg. NF. 2717; ebenso D.BGB. § 1117). Ist die Versicherungssumme vertragsmäßig nur zur Wiederherstellung des Gebäudes zu verwenden und auszuzahlen, so ist sie dadurch schon den Hypothekaren gesichert, umsomehr als der Anspruch auf eine solche Versicherungssumme nach § 290, Z. 2, EO. für unpfändbar erklärt ist; wird die Versicherungssumme aus irgendwelchem Grunde nicht für die bauliche Herstellung reserviert und verwendet, so gilt sie den Hypothekaren für verpfändet und kann ohne deren Zustimmung nicht gültig ausgezahlt werden (Krainz § 290 Z. 9).

e) Auf das Zugehör kann die Hypothek sich nur dann erstrecken, wenn dieser Ausdehnung kein rechtliches Hindernis entgegensteht (siehe Pfersche allg. L. § 13, II, b.). Wenn also Maschinen dem Eigentümer einer Fabrik nur unter Eigentumsvorbehalt geliefert und unter diesem Vorbehalt in der Fabrik verwendet worden sind, so werden sie von der Hypothek an der Fabrik nicht getroffen (Slg. NF. 2578). Aber auch an dem Zugehör, welches dem Eigentümer des Grundstückes gehört, kann die Hypothek nur dann zur Geltung kommen, wenn es sich im Zeitpunkt der Realisierung der Hypothek noch faktisch als Zugehör darstellt; das Wegschaffen des Zugehörs kann vorher nur in gleicher Weise wie andere Verschlechterungen des Objektes verhindert werden (siehe oben unter c; D.BGB. § 1135). An dieser Sachlage kann auch die von der Praxis manchmal zugelassene Anmerkung, daß bestimmte Sachen als Pertinenzen gelten sollen (siehe Bartsch S. 604) nichts ändern. Dagegen ist die unfreiwillige Beseitigung des Zugehörs im Wege der Mobiliarexekution bei landwirtschaftlichen Grundstücken und bei Bergwerksobjekten gesetzlich ausgeschlossen (§ 252 EO.). Bei Eisenbahnen gilt das Betriebsmaterial nicht bloß als Zugehör, sondern als Bestandteil des Grundbuchskörpers (§ 5, Ges. vom 19. Mai 1874 Nr. 70).

IV. Bezüglich des Nachhypothekars ist noch zu betonen, daß seine Stellung prinzipiell nicht verschlechtert werden kann durch eine Erhöhung der vorhergehenden Hypotheken, sei es in bezug auf das Kapital, sei es in bezug auf die vertragsmäßigen Zinsen, abgesehen von den für die Konvertierung von Hypotheken gesetzlich aufgestellten Ausnahmen (siehe unten § 33 V). Geringfügige Änderungen, wie Verlängerung der Kündigungsfrist oder Verlängerung der Tilgungsfrist der Vorhypotheken, sind keine Beeinträchtigung der Rechtsstellung des Nachhypothekars.

Ein Vorrückungsrecht des Nachhypothekars ist dagegen in unserer Gesetzgebung nicht anerkannt. Ein Wegfall der Vorhypothek ist ein glücklicher Zufall, auf den er keine rechtliche Anwartschaft hat. Daher fehlt dem Nachhypothekar vor Beginn seiner Pfandrealisierung auch jede Befugnis, die rechtliche Existenz eingetragener Vorhypotheken zu bestreiten und deren Löschung zu begehren.

§ 33. Die Aufhebung der Hypothek.

I. Die Aufhebung des Pfandrechtes an verbücherten Grundstücken unterliegt den allgemeinen Regeln des Sachenrechtes ohne besondere Ausnahmebestimmungen. Auch § 469 a. b. GB. gibt keine Ausnahmebestimmung; der Satz „ein Hypothekargut bleibt so lange verhaftet, bis die Schuldurkunde aus den öffentlichen Büchern gelöscht ist" enthält vielmehr nur den Hinweis auf die allgemeine Erscheinung, daß der Buchstand als solcher, auch wenn er mit der materiellen Rechtslage nicht mehr übereinstimmt, gewisse Rechtsfolgen begründet. Ebenso ist der im § 4 GbG. ausgesprochene Satz, daß bücherliche Rechte nur durch Eintrag im Grundbuche aufgehoben werden, für das Pfandrecht nur mit denselben Beschränkungen richtig, wie für andere Rechtsverhältnisse. Man muß daher nach österreichischem Rechte die materiell-rechtliche Aufhebung des Pfandrechtes und die Beseitigung des Buchstandes (Löschung) als zwei besondere Erscheinungen getrennt betrachten, und in Erwägung ziehen, daß auch hier die formelle Rechtskraft des Buchstandes nur soweit über das materielle Recht hinausgeht, als das Publizitätsprinzip dies erfordert (siehe oben § 4, V). Als ein Fall der Aufhebung, der mit besonderen Nebenwirkungen verbunden ist, erscheint auch die K o n v e r t i e r u n g der Hypotheken (siehe unten V).

II. Die Löschung der Hypothek erfolgt nach den allgemeinen Regeln des Grundbuchrechtes auf Ansuchen desjenigen, dem dieselbe zum Vorteile gereicht (§ 77 GbG.), also des intabulierten Eigentümers der Pfandsache oder seines legitimierten Nachfolgers. Daß der Pfandgläubiger selbständig, ohne Zustimmung oder gegen den Willen des Pfandeigentümers, die Löschung der Hypothek verlangen könnte, hat nicht den geringsten gesetzlichen Anhalt; zwar kann der Hypothekar die Anmerkung des Ranges für eine beabsichtigte künftige Löschung ansuchen nach § 53 GG.; allein daraus folgt noch nichts für die wirkliche Vornahme der Löschung. Die eigenmächtige Löschung seitens des Pfandgläubigers ist umso weniger zuzulassen, weil sie der bloßen Schikane dienen, und ein wesentliches Interesse des Eigentümers verletzen kann (siehe B a r t s c h S. 57, Nr. 4). Nach § 237 EO. ist die Löschung der bei der Versteigerung nicht übernommenen Lasten „auf Antrag des Erstehers" zu bewilligen. Zum Ansuchen um Löschung der konvertierten Hypothek wird in § 7 al. 3 Ges. v. 22. Februar 1907 Nr. 48 ausnahmsweise auch der neue Gläubiger berufen.

Die Einverleibung der Löschung erfordert die Löschungsbewilligung des Gläubigers oder eine dieselbe ersetzende behördliche Verfügung, sonst kann die Löschung nur vorgemerkt werden. Zur Vormerkung genügt der Nachweis des gerichtlichen Erlages der Schuldsumme § 39 GbG., wenn die Deposition nach § 1425 a. b. GB. zulässig war, oder wenn dem Gläubiger die Zahlung gegen Abtretung der Hypothek nach § 1422 angeboten war. Die Vormerkung ist auch zulässig auf Grund einer Urkunde, welche die Aufhebung des Pfandrechtes bescheinigt, ohne die Erfordernisse der Tabularurkunden zu haben (einfache Empfangsbestätigung des Gläubigers, Bestätigung eines Dritten über Empfang für den Gläubiger).

Bei der Löschung des Pfandrechtes kann zwar nicht von einem gültigen Rechtsgrund in dem Sinne, wie bei Begründung eines Sachenrechtes, die Rede sein (vgl. § 96 alinea 2 GG.); allein die Löschung setzt auch hier die materiell-rechtliche Aufhebung des Pfandrechtes voraus. Ist die Löschung der Hypothek ohne materiellen Grund einverleibt worden (z. B. auf Grund einer gefälschten Urkunde, einer erzwungenen Löschungsbewilligung oder durch Irrtum bei der Manipulation im Grundbuche, vgl. den Fall Slg. NF. 2623), so ist das Pfandrecht materiell nicht aufgehoben und es kann auf Grund des fortbestehenden

Pfandrechtes die Beseitigung der Löschung und die Wiederherstellung des richtigen Buchstandes mit der Löschungsklage gefordert werden.

Die Löschung der Hypothek kann im Klagewege begehrt werden, wenn der Buchstand mit der materiellen Rechtslage nicht oder nicht mehr übereinstimmt. Diese Löschungsklage kann bücherlich angemerkt werden, um ihr absolute Wirkung gegen jeden Hypothekar zu geben. Diese Anmerkung findet zweifellos statt, wenn die Hypothek von Anfang an anfechtbar war, z. B. weil sie auf einer gefälschten Urkunde oder auf einer ungültigen Forderung (fingierter Wechsel Slg. NF. 3024) beruhte § 61 GG. Ferner ist die Anmerkung im § 69 GbG. ausdrücklich zugelassen, wenn die Hypothek wegen Verjährung der Pfandforderung erloschen ist. Auch ist schon im § 1443 a. b. GB. vorgesehen, daß die Aufhebung der Pfandforderung durch Kompensation, welche das Pfandrecht des Hypothekars materiell beseitigt, für die Zukunft mit absoluter Wirkung gegen jeden Erwerber der Hypothek versehen werden kann durch bücherlichen Eintrag der Kompensationsforderung bei der Hypothek. Diese Regel ist durch das Grundbuchsgesetz keinesfalls aufgehoben und wird gegenwärtig in der Form der Anmerkung praktisch durchgeführt (unrichtig behauptet Randa, Eig. S. 511, N. 20, daß § 1443 aufgehoben sei, weil das GbG. die möglichen Anmerkungen angeblich taxativ aufzähle, daher die Anmerkung der Kompensationsforderung ausschließe). Ist die Kompensation mit der Pfandforderung bereits durchgeführt, so wird der Schuldner meist auch die Möglichkeit haben (z. B. auf Grund einer schriftlichen Abrechnung) schon die Vormerkung der Löschung wegen Kompensation der Pfandforderung anzusuchen.

Aus diesen Bestimmungen ergibt sich der allgemeine gesetzliche Gedanke: die Aufhebung der Pfandschuld hebt auch das Pfandrecht an dem verbücherten Grundstücke materiell auf, und macht den Buchstand der Hypothek zu einem ungerechtfertigten, der durch die sachenrechtliche und deshalb zur Anmerkung geeignete Löschungsklage (die von der obligatorischen Klage auf Erteilung der Löschungsbewilligung wohl zu unterscheiden ist), beseitigt werden kann. Diese Ansicht ist in der Praxis rezipiert (siehe Slg. Nr. 10666; siehe dazu Pfersche in Ger.-Ztg. 1895, Nr. 10).

III. Was die Aufhebung des Pfandrechtes betrifft, so ist zunächst hervorzuheben, daß der Verzicht des Hypothekars, der auf das Pfandrecht allein, nicht auch auf die Forderung gerichtet ist, unter die Regel des § 4 GbG. fällt und wie alle geschäftlichen Veränderungen bücherlicher Rechte erst durch die Einverleibung sachenrechtliche Wirkung erlangt.

Ohne Verbücherung wird das Pfandrecht als Sachenrecht aufgehoben durch folgende Umstände:

a) Das gegen den Eigentümer rechtswirksame Enteignungserkenntnis hebt auch die auf dem enteigneten Grundstücke lastenden Pfandrechte auf und zwar mit absoluter Wirkung gegen jedermann; die von Amts wegen zu veranlassende Anmerkung des Enteignungserkenntnisses ist nur eine deklarative Ersichtlichmachung. Die Enteignung verwandelt aber das Pfandrecht in einen Befriedigungsanspruch an der Entschädigungssumme.

b) Die Zwangsversteigerung hebt das Pfandrecht des betreibenden Gläubigers und die ihm nachstehenden Pfandrechte materiell auf; doch wird die Aufhebung unbedingt erst mit Rechtskraft des Verteilungsbeschlusses und erhält erst durch die Löschung absolute Wirkung, § 237 EO.

Ebenso hebt das Zusammentreffen des Pfandrechtes und des Eigentums der Pfandsache in einer Person das Pfandrecht zwar materiell auf, doch erhält die Aufhebung absolute Wirkung erst durch die Löschung (§ 1446 a. b. GB.).

Das Pfandrecht hört auf mit dem zeitlich beschränkten Rechte des das Pfandrecht bestellenden Vormannes (Slg. Nr. 12497), wird aber auch hier erst durch Löschung mit absoluter Wirkung aufgehoben, § 468 a. b. GB.

c) Das Pfandrecht erlischt materiell durch den Wegfall der Pfandforderung. Diese Regel wird begründet durch § 69 GG., der nach Verjährung der Pfandforderung (Slg. N. F. 3440) die Löschungsklage und die Anmerkung derselben gestattet, ferner durch

§ 1443 a. b. GB., der die Anmerkung der Kompensationsforderung anerkennt; und durch § 39 GG., wo nach Deponierung des Schuldbetrages die Vormerkung der Löschung zugelassen wird. Da kein Grund vorliegt, die übrigen Fälle der Aufhebung der Pfandforderung anders zu behandeln, muß die materielle Aufhebung des Pfandrechtes auch angenommen werden bei Erfüllung der Pfandschuld, bei Hingabe an Zahlungsstatt, bei durchgeführter Kompensation. Das Pfandrecht wird auch aufgehoben, wenn die Pfandforderung ohne besonderen Vorbehalt des Pfandrechtes noviert wird, § 1378 a. b. GB. Die Praxis anerkennt die vorstehenden Regeln, indem sie die Anmerkung der Löschungsklage über § 69 GG. hinaus auch bei anderen Aufhebungsarten der Pfandschuld zuläßt (Bartsch, S. 588; Slg. Nr. 10666, 13058).

Die teilweise Tilgung der Pfandschuld hebt das Pfandrecht nicht teilweise auf. Dies gilt namentlich für die sogenannten Annuitätendarlehen, bei welchen die Rückzahlung der Pfandschuld durch eine Reihe von Jahresraten im voraus bedungen wird. Eine Kautionshypothek wird durch die einmalige Zahlung des Höchstbetrages an sich nicht aufgehoben, mag die Zahlung nun durch den Personalschuldner oder durch den Pfandeigentümer erfolgt sein (siehe Bartsch, S. 291; Slg. Nr. 8569).

d) Die Aufhebung des verbücherten Pfandrechtes durch Verjährung ist nicht vorgesehen; auch eine Ersitzung der Pfandfreiheit des belasteten Objektes ist mangels der Redlichkeit ausgeschlossen. Dagegen hat das Grundbuchsgesetz die Beseitigung von Hypotheken durch Amortisierung eingeführt, Voraussetzung dafür ist, daß seit der Einverleibung der Hypothek oder seit dem letzten auf die Hypothek sich beziehenden Eintrage ein Zeitraum von 50 Jahren verstrichen ist; daß ferner der als Berechtigter Eingetragene oder seine Erben und Nachfolger nicht ausfindig zu machen sind; und daß endlich das Recht in der Zwischenzeit weder durch Erhebung von Zinsen oder Kapitalzahlungen oder auf eine andere Art geltend gemacht worden ist. Auf Grund dieser Umstände wird von dem Eigentümer um die Amortisation angesucht, worauf das Grundbuchsgericht durch Edikt den Berechtigten zur Geltendmachung seines Rechtes binnen Jahresfrist auffordert. Nach fruchtlosem Verlauf der Frist wird die Löschung der einverleibten Hypothek durch Bescheid angeordnet. Die Amortisierung kleiner Satzposten bis zu 200 K., die in großer Zahl aus den alten in die neuen Grundbücher übergegangen waren, wurde durch die Bewilligung der Gebührenfreiheit für das ganze Verfahren erleichtert (Ges. v. 31. März 1875, Nr. 52; Ges. v. 28. Dezember 1890, Nr. 234).

Auf Servituten und Reallasten findet die Amortisation keine Anwendung, da diese Lasten ohnedies der Verjährung unterliegen (§§ 1479, 1480 a. b. GB.).

IV. Die Fortdauer des Buchstandes der Hypothek hat auch nach der materiellrechtlichen Aufhebung des Pfandrechtes gewisse Rechtsfolgen, die entweder a) gegen den Willen des Pfandeigentümers oder b) mit seinem Willen eintreten können.

a) Solange die Hypothek nicht erloschen ist, hat der Hypothekar die Möglichkeit (wenn auch nicht das Recht) über dieselbe zu disponieren, also durch seine Bewilligung die Übertragung derselben an einen anderen Gläubiger, oder die Belastung derselben durch eine Afterhypothek herbeizuführen. Dieser mindestens objektiv widerrechtliche Vorgang kann dem bücherlichen Erwerber, der im Vertrauen auf das öffentliche Buch handelt, nach allgemeinen Regeln ein unanfechtbares, von dem Rechte des Vormannes unabhängiges Recht verschaffen und dadurch den Pfandeigentümer, der sich nicht rechtzeitig gesichert hat, schädigen. Die exekutive Überweisung der Hypothekarforderung zur Einziehung oder an Zahlungsstatt ist dagegen nicht als redlicher Erwerb kraft des Publizitätsprinzips anzusehen (Jud. B. Nr. 188).

b) In manchen Fällen hat der Pfandeigentümer die Möglichkeit über die materiell erloschene Hypothek derart zu disponieren, daß dieselbe auf einen anderen Gläubiger oder auf eine andere Forderung übergeht. Erstens kann der Eigentümer die Erfüllung der Pfandschuld durch einen Dritten vornehmen lassen, der dann nach § 1422 a. b. GB. in das Recht des Gläubigers eintritt, und von demselben statt einer Löschungsquittung die Zessionserklärung verlangen und bei Widerstand des Gläubigers auf Grund der gerichtlichen Deponierung nach § 39 GG. den Übergang der Hypothek vormerken lassen kann. Unter

Mitwirkung des abzufindenden Gläubigers kann natürlich die Übertragung der Hypothek auf eine neue Forderung um so leichter stattfinden.

Wenn zweitens durch Konfusion Eigentum und Hypothek in einer Person zusammenfallen, kann der Eigentümer auf Grund von § 1446 a. b. GB. die Hypothek, statt sie löschen zu lassen, an einen Dritten zedieren, solange das Grundstück nicht etwa in Exekution gezogen ist.

Unser geltendes Recht anerkennt also die Möglichkeit, daß über materiell erloschene Hypotheken zugunsten anderer Forderungen seitens des Eigentümers disponiert wird, es findet in dieser Disposition kein Unrecht gegen die Nachhypothekare, denen vor dem Exekutionsstadium ein Vorrückungsrecht in keiner Weise zugedacht ist; unser Recht enthält jedenfalls keine Bestimmung, welche der Dispositionsmöglichkeit des Eigentümers entgegenwirken würde. Allerdings fehlt unserem Rechte auch eine Bestimmung, welche die Disposition des Eigentümers über die erloschene Hypothek direkt ohne juristischen Umweg ermöglicht. Diese letztere Unvollkommenheit unseres Rechtszustandes will der Reformentwurf in den §§ 72, 73 beseitigen, indem er die Übertragung der Hypothek nicht bloß auf Grund einer Zessionserklärung, sondern auch auf Grund einer Löschungsquittung des bisherigen Gläubigers für zulässig erklärt; diese beabsichtigte Bestimmung enthält nur formell, aber nicht inhaltlich neues Recht, sie enthält namentlich keine neue Beschränkung für die Nachhypothekare, kann daher ohne weiteres als rückwirkend aufgefaßt werden. Außerdem beabsichtigt der Reformentwurf die Aufhebung von Art. XXVIII Ef.Ges. zur EO., also die Beseitigung des Rechtes des Nachhypothekars nach Beginn der Vollstreckbarkeit seines Pfandrechtes die Streichung ungerechtfertigter Vorhypotheken begehren zu können.

V. Konvertierung. Das allgemeine wirtschaftliche Bedürfnis, auch dem Hypothekarkredite das Sinken des Zinsfußes auf dem Geldmarkte zugänglich zu machen, könnte zwar nach unserer Gesetzgebung auf Grund von § 1422 a. b. GB. befriedigt werden, doch ist dieser Weg mit vielerlei praktischen Schwierigkeiten verbunden. Daher hat die Gesetzgebung für den Rechtssatz, daß ein Hypothekardarlehen getilgt und durch ein neues Darlehen mit Pfandsicherung im gleichen Range ohne Zustimmung des abzufindenden Gläubigers ersetzt werden kann, wenigstens für gewisse Fälle eine einfache Form der Durchführung geschaffen durch das Gesetz vom 22. Februar 1907, Nr. 48.

a) Besteht das Pfandrecht zugunsten einer zur Ausgabe von Pfandbriefen berechtigten Anstalt, so kann es durch Anmerkung im Grundbuche im gleichen Range wirksam gemacht werden für eine Forderung derselben Anstalt, die durch Ausgabe von niedriger verzinslichen Pfandbriefen begründet wird. Das neue Darlehen darf die alte Schuld oder den noch ausstehenden Rest der alten Schuld um den Betrag der Konversionskosten bis zu 8 % des Kapitals übersteigen (§ 1 des zitierten Gesetzes).

b) Allgemein kann der Schuldner verlangen, daß im Range einer bestehenden Hypothek das Pfandrecht für eine neue Forderung eingetragen werde, welche die alte Forderung oder den Rest derselben nicht übersteigt, wenn die neue Forderung entweder um mindestens 1/8 % niedriger verzinslich, oder wenn sie in Amortisationsraten rückzahlbar und für den Gläubiger unkündbar ist. Die Einverleibung der neuen Forderung wird wirksam, wenn die Löschung der alten Forderung zugleich oder spätestens innerhalb von sechs Monaten erfolgt. Wird das neue Darlehen in Pfandbriefen ausgezahlt, so darf die neue Schuld über den Rest der alten Schuld um den Betrag der Kosten des Geschäftes bis zu 8 % des Kapitals hinausgehen.

Diese Bestimmungen erscheinen jedoch für die Anforderungen des Realkredites noch nicht genügend; daher soll durch den Reformentwurf §§ 77, 78 ff. allgemein anerkannt werden, daß der Eigentümer das Recht hat, an Stelle und im Range eines gelöschten Pfandrechtes ein neues Pfandrecht in gleicher Höhe einverleiben zu lassen, wenn die neue Einverleibung vor der Löschung der alten Schuld erfolgt, oder wenn zugleich mit der Löschung die Anmerkung des Ranges für die neue Schuld vorbehalten wird.

§ 34. Verfügungen über die Hypothek.

I. Die Rechtsstellung des Hypothekargläubigers kann auf eine andere Person übertragen werden, was nach den allgemeinen Regeln des Grundbuchsrechtes zu beurteilen ist. Regelmäßig erfolgt die Übertragung nach § 4 GG. durch Eintragung im Grundbuche. Nur der Erbe tritt schon außerbücherlich in das Recht des Erblassers ein. Die Einverleibung der Übertragung erfolgt von Amts wegen, wenn die Pfandforderung im Exekutionswege dem Exekutionsführer an Zahlungsstatt überwiesen wurde, § 324 EO. In den übrigen Fällen erfordert der Eintrag, der Einverleibung oder Vormerkung sein kann, das Ansuchen des neuen Erwerbers, die Zustimmung des bisherigen Hypothekars, sowie einen gültigen Titel der Rechtsänderung. Da die Hypothek als akzessorisches Recht aufgefaßt wird, besteht der Titel der Übertragung der Hypothek in der Überlassung der Forderung, welche auf einem Zessionsvertrag, einem Legat oder einem gesetzlichen Zessionsanspruch beruhen kann. Bei den gesetzlichen Zessionsansprüchen genügt nach § 39 GbG. der Nachweis des gerichtlichen Erlages der Schuldsumme zur Vormerkung der Zession. Dem Legatar kann das Verlassenschaftsgericht die Bewilligung zur Einverleibung der legierten Hypothek erteilen. Auf Grund der vertragsmäßigen Zession kann eine Vormerkung nach den allgemeinen Regeln erfolgen. Hat eine mehrfache Zession vertragsmäßig stattgefunden, so erwirbt derjenige Zessionar die Hypothek, der zuerst um den Eintrag ansucht, § 440 a. b. GB.; der erste Zessionar kann aber durch die auch hier zulässige Anmerkung der Rangordnung gesichert werden (§ 53 ff. GbG.).

Wer die Möglichkeit hat, die Übertragung der Hypothek für sich einverleiben zu lassen, kann diese seine Rechtsstellung durch Zession außerbücherlich auf einen Dritten übertragen; der letzte Erwerber dieser Rechtsstellung hat nach § 22 GbG. die Befugnis, die Hypothek direkt für sich eintragen zu lassen, während seine Legitimation durch das Recht seiner Vordermänner dann nur aus den in der Urkundensammlung bewahrten Urkunden ersichtlich wird.

Die Verbücherung der Übertragung kann nach den allgemeinen Regeln angefochten werden, wenn sie widerrechtlich ist (z. B. erzwungene Zession, Irrtum des Grundbuchsbeamten usw.). Die Anfechtung steht dem Hypothekar zu, dem der Buchstand durch die Übertragung entzogen worden ist; doch auch der Pfandeigentümer kann durch die Übertragung der Hypothek in der Geltendmachung seiner bücherlichen Rechte beeinträchtigt sein, wie sich aus den folgenden Ausführungen ergibt.

Der Zessionar kann durch die verbücherte Übertragung der Hypothek eine bessere Rechtsstellung erlangen als sein Vormann, wenn sein Erwerb redlich war. Die Redlichkeit ist nach dem Zeitpunkte der Einverleibung zu beurteilen (Slg. 13031). Ist die eingetragene Hypothek ursprünglich anfechtbar, so kann auch die redliche Übertragung der Hypothek noch innerhalb bestimmter Fristen nach den allgemeinen Regeln angefochten werden; wird der Buchstand der Hypothek nachträglich ungerechtfertigt und anfechtbar, so ist die redliche Übertragung sofort unanfechtbar. Ist also die Pfandforderung bezahlt worden, so bleibt die Hypothek für den eingetragenen Zessionar doch wirksam, sowohl wenn die Hypothek gegen den Willen des Pfandschuldners widerrechtlich an einen Zessionar gelangt, der von der Zahlung nichts weiß, als auch dann, wenn die Übertragung mit Zustimmung des Pfandeigentümers an einen Zessionar erfolgt, der den wahren Sachverhalt kennt, da hier von einer Widerrechtlichkeit und Unredlichkeit überhaupt nicht die Rede sein kann.

Die Wirksamkeit der redlich erfolgten Zession kann nicht dadurch ausgeschlossen werden, daß der Hypothekarklage des Zessionars Einwendungen aus dem obligatorischen Verhältnisse entgegengesetzt werden, welche nicht aus dem Grundbuche (z. B. nach § 1443 a. b. GB., nach § 59 GG.) oder aus einer im Grundbuche bezogenen Urkunde der Urkundensammlung zu ersehen, oder dem Zessionar sonst bekannt waren (Krainz, § 282, N. 21; D.BGB. § 1138 spricht diese Regel ausdrücklich aus). Die exekutive Übertragung einer schon getilgten Pfandforderung gibt dem betreibenden Gläubiger jedoch kein besseres Recht (§ 324 EO.; Jud. B., Nr. 188).

Über die Zession der hypothekarisch gesicherten Forderung ist noch zu bemerken, daß sie zwar an sich unabhängig von der Übertragung der Hypothek erfolgen kann (das Gegenteil bestimmt ausdrücklich D.BGB. § 1153), daß aber einige Einschränkungen sich von selbst ergeben. Hat der Hypothekargläubiger keine persönliche Forderung, wie z. B. der redliche Erwerber der für eine ungültige Forderung bestellten Hypothek, so ist eine wirksame Zession überhaupt ausgeschlossen. Besteht neben der Hypothek eine gültige Forderung und wird unter den Parteien verabredet, daß nur die Forderung ohne die Hypothek übertragen werden soll, so liegt zugleich eine außerbücherliche Aufhebung der Hypothek vor, weil dieselbe dadurch die ihr zugrundeliegende Forderung ebenso verliert, wie durch die Tilgung der Forderung. Wird bei der Zession der Übergang der Hypothek nicht besonders ausgeschlossen, so hat der Zessionar nach § 1394 a. b. GB. von selbst den Anspruch auf Übertragung der Hypothek, und kann auf Grund einer schriftlichen Zession auch die Vormerkung der Übertragung erwirken. Der Zessionar ist schon vor der Übertragung der Hypothek zum Empfang der Zahlung seitens des Schuldners und zur Klage aus der Forderung berechtigt (Krainz, § 282 bei N. 14).

II. Die Hypothek, als ein Grundbuchsobjekt, kann auch Gegenstand von Belastungen sein. So kann an der Hypothek ein Nießbrauch oder ein Pfandrecht bestellt werden. Auch die auf der Hypothek eingetragene Last ist ein selbständiges Buchrecht und kann wieder Gegenstand weiterer Belastungen sein. Die Belastung der Hypothek unterliegt den allgemeinen Regeln des Grundbuchsrechtes, deren Anwendung auf das Pfandrecht an der Hypothek, das wir Afterhypothek nennen, im folgenden darzustellen ist.

Die für eine Hypothek geschuldete Eintragungsgebühr haftet auf der Hypothek auch ohne Einverleibung; im übrigen erfordert die Entstehung der Afterhypothek stets die Eintragung im Grundbuche. Bei der Erwirkung der Exekution auf die hypothekarisch gesicherte Forderung wird die Einverleibung der Afterhypothek zugleich mit der Exekution bewilligt und von Amts wegen vollzogen, § 320 EO.

Ist die Afterhypothek eingetragen, so kann der Schuldner nicht mehr mit befreiender Wirkung an den ersten Hypothekar zahlen; eine Verständigung des Schuldners ist dazu nicht nötig, wird aber bei der Exekution zur Vorsicht doch vorgenommen, § 320 EO. Der Schuldner kann den Schuldbetrag zugunsten des ersten und des Afterhypothekars gemeinsam deponieren, wenn die Durchführung der Zahlung an beide Schwierigkeiten macht, und kann dann gegen beide die Vormerkung der Löschung der Hypothek und der Afterhypothek begehren, § 39 GbG. Der Hypothekar behält zwar die Disposition über sein Recht, kann aber dadurch das Recht des Afterhypothekars nicht beeinträchtigen; so kann selbst die Löschung der ersten Hypothek ohne Zustimmuug des Afterhypothekars erfolgen, doch ist nach § 51 GbG. der Beisatz zu machen, daß die Löschung in Rücksicht auf die Afterhypothek erst mit deren Löschung wirksam wird. Das Klagerecht kann dem ersten Hypothekar nicht abgesprochen werden; nur hat er (arg. § 890 a. b. GB.) die Leistung an beide oder die Deposition zu verlangen.

Der Afterhypothekar ist ein selbständiger Realgläubiger, hat alle Rechte eines Hypothekars und wird wie ein solcher von allen bücherlichen und prozessualen Vorgängen verständigt.

Die Afterhypothek gelangt unter denselben Voraussetzungen wie die Hypothek zur Realisierung, welche mit der Anmerkung der Vollstreckbarkeit beginnt. Die Realisirung wird bei der Afterhypothek nie durch Verkauf vollzogen (§ 321 EO.), sondern dadurch, daß die gepfändete Hypothekarforderung dem Afterhypothekar überwiesen wird, entweder zur Einziehung, was von Amts wegen bücherlich anzumerken ist, oder aber an Zahlungsstatt, wobei die Umschreibung der Hypothek von Amts wegen einverleibt werden kann, § 324 EO.

Die Wirksamkeit der Afterhypothek ist zunächst abhängig von dem Rechte des ersten Hypothekars. Wird die Afterhypothek aber geschäftlich begründet, so kann der redliche Erwerber der Afterhypothek eine bessere Rechtsstellung erlangen als sein Vormann, worüber auf die für die Übertragung der Hypothek geltenden Regeln zu verweisen ist. Die zwangsweise Bestellung der Afterhypothek, sowie die exekutive Realisierung der Afterhypothek kann dem betreibenden Gläubiger niemals eine bessere Rechtsstellung verschaffen.

III. Vorrangseinräumung (Prioritätszession, Satzweichung) heißt eine Verfügung, die den bücherlichen Rechten eigentümlich ist. Diese Verfügung ist in § 30 GbG. für Hypotheken als zulässig erklärt; doch wird dieselbe auch bei anderen Buchrechten (Servituten, Reallasten) als zulässig gehalten, da kein Grund gegen ihre Ausschließung bei denselben ersichtlich ist (Slg. 14742, Slg. NF. 2570).

Der Inhalt der Vorrangseinräumung besteht zunächst darin, daß der Inhaber des im Range vorstehenden Rechtes auf die aus seinem besseren Range vorstehenden Befugnis, vor dem später eingetragenen Rechte befriedigt zu werden, zugunsten des späteren Rechtes verzichtet. Ist die Vorrangseinräumung verbüchert, so hat sie nicht bloß obligatorische, sondern nach § 30 GbG. und § 218 EO. auch sachenrechtliche Wirkung; es tritt nämlich im Befriedigungsverfahren das nachstehende Recht von selbst in den besseren Rang des vorstehenden Rechtes und wird in dem besseren Rang von Amts wegen befriedigt, ohne daß eine Erfüllungshandlung desjenigen, der den Vorrang eingeräumt hat, erforderlich wäre. Für diesen Fall gibt § 218 EO. noch die Interpretationsregel, daß die vorstehende Hypothek, wenn sie größer ist als die zurücktretende, sowohl in dem besseren Rang, als auch mit ihrem Überschuß in der schlechteren Rangstellung dem zurücktretenden Rechte vorgeht. Rechte und Vorrang der übrigen Hypothekare können natürlich durch dieses Rechtsgeschäft zunächst nicht berührt werden, § 30 GbG.

Zur Wirksamkeit der Vorrangeinräumung fordert § 30 GbG. nur den Vertrag zwischen den beiden Hypothekaren, nicht aber die Zustimmung des Pfandeigentümers und erwähnt nichts über die Art der selbstverständlich vorausgesetzten Verbücherung. Gewährt der bereits eingetragene Berechtigte den Vorrang einem erst neu einzutragenden Rechte, so verbindet sich die Vorrangseinräumung mit der Einverleibung des neuen Rechtes und muß dann notwendig durch eine zur Einverleibung geeignete Urkunde bestätigt sein. Über die Vorrangseinräumung zwischen zwei schon verbücherten Rechten sind Zweifel entstanden und die Praxis ist geneigt, dieses Geschäft nur durch eine Anmerkung zu verbüchern (Bartsch, S. 559).

Dazu ist folgendes zu beachten. Die Vorrangseinräumung bewirkt zweifellos eine sachenrechtliche Änderung, wenn diese auch nur eine negative ist; sie bewirkt zweifellos für den zurücktretenden Gläubiger einen Verlust an seinem bücherlichen Rechte, der nur unter den allgemeinen Vorsichten des Grundbuchverfahrens herbeigeführt werden darf. Daraus folgt erstens, daß die Vorrangseinräumung ein Gegenstand der Einverleibung und Vormerkung sein kann (so Exner Hyp. II S. 285), was der Revisionsentwurf § 84 ausdrücklich aussprechen will; und zweitens, daß die Verbücherung der Vorrangseinräumung in allen Fällen eine Tabularurkunde mit legalisierten Unterschriften erfordert (Krasnopolski Wiener Zschr. 8, S. 514, Bartsch S. 561; unrichtig Slg. 11266), also auch dann wenn die Praxis die Vorrangseinräumung aus Rücksichten der technischen Vereinfachung blos durch eine Anmerkung vollziehen will. Die verbücherte Vorrangseinräumung kann natürlich nur nach den allgemeinen Normen (§ 61 f. GbG.) angefochten werden.

Über die Anwendung der Grundbuchsnormen auf das vorliegende Geschäft ist noch folgendes zu sagen. Ist die Zession der zurücktretenden Forderung nach § 39 GbG. vorgemerkt, so bleibt die spätere Vorrangsabtretung gegen den Zessionar wirkunglos. Ist gegen das zurücktretende Recht eine Anmerkung eingetragen, welche dessen rechtlichen Bestand für die Zukunft berührt (Streitanmerkung, Anm. der Kündigung, des Ranges), so kann die Wirkung dieser Anmerkung durch die spätere Vorrangseinräumung nicht ausgeschlossen oder praktisch gemindert werden; die Folgen der Anmerkungen treffen also die Hypothek in dem ursprünglichen Rang und hindern eventuell die Vorrangsänderung. Überhaupt ist der Erwerb des Vorrangs nicht in jenem Umfang als eine bücherliche Singularsukzession anzusehen, wie die Übertragung der Hypothek; denn der vortretende Hypothekar übernimmt weder die Forderung noch die Hypothek des zurücktretenden Hypothekars, sondern zieht nur aus der negativen Wirkung der Vorrangseinräumung den Vorteil, daß er an Stelle des vorstehenden Rechtes bei der Realisierung des Hypothekarobjekts befriedigt wird. Daher hat der Eintrag der Vorrangseinräumung keinen Einfluß auf die rechtlichen Schicksale der Hypothek, welche zurücktreten soll, und ist kein Hindernis für deren Löschung ohne Zustimmung dessen, dem der Vorrang eingeräumt wurde. Wird also die vorstehende Hypothek wegen Ungültigkeit angefochten oder durch Erfüllung oder Verjährung der Pfandforderung aufgehoben, so kann die Löschung derselben ohne Rücksicht auf die Vorrangseinräumung durchgeführt werden, und die Vorrangseinräumung wird durch diese Vorgänge gegenstandslos (Slg. NF. 2570). Dagegen macht auch der Wegfall des späteren Rechtes, dem der Vorrang eingeräumt wurde, die Vorrangseinräumung gegenstandslos und beläßt das vorstehende Recht in seinem ursprünglichen Range.

Die dargestellte einschränkende Behandlung empfiehlt sich deshalb, weil die Vorrangseinräumung nach § 30 GbG. ohne Zustimmung des Eigentümers der belasteten Sache möglich ist und so zu Mißbräuchen gegenüber dem Eigentümer führen kann. Daß die Hypothekare über ihren Rang selbständig und mit absoluter Wirkung verfügen könnten, steht auch in vollem Widerspruch mit den Erfordernissen des modernen Realkredits und dem Verfügungsrecht des Eigentümers über freiwerdende Hypotheken. Dagegen erfordert der Reformentwurf § 89 f. für die Vorrangseinräumung von Hypotheken die Zustimmung des Eigentümers und etwaiger Afterhypothekare (ebenso D.BGB. § 880), gibt derselben aber (Entw. § 89) die weitergehende Wirkung, daß das vorstehende Recht den Rang des zurücktretenden Rechtes definitiv erwerben kann, und ihn nicht verliert durch den Wegfall des zurücktretenden Rechtes.

§ 35. Simultanhypotheken.

I. Wenn ein Grundbuchsobjekt zur vollen Sicherung der ganzen Pfandforderung nicht hinreicht, so kann nach § 15 GbG. das Pfandrecht für dieselbe Forderung auch an mehreren Grundbuchsobjekten — Grundstücken oder Hypotheken — ungeteilt bestellt werden, so daß nach Wahl des Gläubiger jedes der Pfandobjekte für die ganze Schuld in Anspruch genommen werden kann. Die Haftung der mehreren Pfandobjekte ist dann ähnlich der Solidarhaftung mehrerer Schuldner (§ 891 a. b. GB.), und gibt zu verschiedenen Sonderbestimmungen Anlaß. So bedarf die bücherliche Behandlung der Simultanhypotheken einiger Vorsicht, um einerseits eine mehrfache und übermäßige Ausübung des Pfandanspruches zu verhindern, um aber andrerseits die Vorgänge im Grundbuche möglichst zu vereinfachen. Ferner ist zu erwägen, daß die Simultanhaftung den Kredit des Schuldners in übermäßiger Weise in Anspruch nimmt und vielfache Unsicherheit auch für die nachstehenden Gläubiger veranlaßt, so daß ein Regreß als Folge der realen Solidarhaftung ebenso möglich und ebenso gerecht erscheint, wie bei der persönlichen Solidarhaftung nach § 896 a. b. GB.

II. Wenn für dieselbe Pfandforderung auf mehr als einem Grundbuchsobjekte eine Hypothek ohne Teilbeschränkung einverleibt wird — mag das vertragsmäßig oder exekutiv herbeigeführt werden – so liegt eine Simultanhypothek vor. Es ist Pflicht des Gläubigers, die eintretende Simultanhaftung dem Gerichte anzuzeigen, er haftet für den aus der Nichtanzeige entstehenden Schaden, § 107 GG. Die Tatsache der Simultanhaftung ist bei allen simultan haftenden Objekten von amtswegen anzumerken; zugleich wird das eine der Pfandobjekte als „Haupteinlage“, die anderen als „Nebeneinlagen“ bezeichnet. Wenn nicht die Parteien die Haupteinlage bestimmt haben, so hat das Gericht nach verschiedenen Erwägungen das zu tun (§§ 106, 107 GG.). Die Bezeichnung als Haupteinlage hat zur Folge, daß alle Schicksale der Pfandhaftung, (wie Zession, Afterhypothek, teilweise Löschung, Kündigung) nur bei der Haupteinlage anzusuchen und durchzuführen sind. Die als Nebeneinlagen bezeichneten Pfandobjekte werden von dem Schicksale der Haupteinlage von selbst mitbetroffen; bei denselben kann der Eintrag einer Rechtsänderung nicht angesucht und nicht bewirkt werden. Die Löschung der Hypothek in der Haupteinlage ist auch in den Nebeneinlagen anzumerken, ebenso der Austritt einer Nebeneinlage aus der Pfandhaftung § 112 GbG.

III. Die Realisierung der Simultanhypothek ist in der Exekutionsordnung besonders geregelt, wobei das im Grundbuchsgesetze nicht normierte Regreßverhältnis, das schon im § 37 KO. anerkannt war, in Betracht gezogen worden ist. Bei der Versteigerung des Pfandobjektes wird eine Simultanhypothek niemals erhalten; sie wird nicht auf das Meistbot übernommen, sondern stets durch Zahlung erledigt. Der Betrag, der von dem Erlöse des versteigerten Objektes für die Simultanhypothek entfällt, wird zunächst theoretisch festgestellt, §§ 164, 222 EO. Als Basis für die Berechnung der Haftungsquote sind die Steuerschätzwerte der verschiedenen simultanhaftenden Grundbuchskörper anzuwenden (vgl. MV. 10. Juli 1897 Nr. 174); werden alle Objekte der Simultanhaftung gleichzeitig realisiert, wie z. B. im Konkurse, so ist eine bestimmtere Rechnungsgrundlage gegeben in den Restbeträgen des Versteigerungserlöses, der bei jedem Objekte für die Simultanhypothek verfügbar bleibt. Nimmt nun der Gläubiger bei der Realisierung eines der simultan haftenden Objekte mehr in Anspruch, als die theoretisch auf dieses Objekt entfallende Quote der Simultanhypothek, so ist ein Regreßfall gegeben. Der Regreß gebührt den nachstehenden Gläubigern, welche durch die Überschreitung der Quote der Simultanhaftung bei der Meistbotsverteilung des einen verkauften Objektes verkürzt worden sind. Der Regreß wird dadurch erlangt, daß die bei der Realisierung des einen Objekts verkürzten Gläubiger aus dem anderen simultanhaftenden Objekte entschädigt werden. Wird das andere Objekt gleichzeitig realisiert, so wird die für die Simultanhypothek reservierte und nicht gebrauchte Quote des Meistbots des zweiten Objekts den verkürzten Gläubigern des ersten Objekts zugewiesen; steht das zweite Objekt noch nicht in Realisierung, so geht die darauf lastende Simultanhypothek in entsprechendem Betrage auf die verkürzten Gläubiger über und wird ihnen auf ihren Antrag zugeschrieben, § 222 EO.

Die Dienstbarkeiten und die übrigen bücherlichen Rechte.

§ 36. Die Grunddienstbarkeiten.

I. Die Grunddienstbarkeit gewährt dem Eigentümer eines Grundstücks (herrschendes Grundstück), als dem Berechtigten, die Befugnis zu einer unmittelbaren Einwirkung auf ein fremdes (dienendes) Grundstück, und beschränkt den Eigentümer des dienenden Grundstückes durch die Pflicht, der gegnerischen Einwirkung entsprechend, etwas zu dulden oder zu unterlassen; sie kann nur an einem Grundstück bestehen, § 474, nicht an einer Servitut oder einem anderen Realrecht. Die Grunddienstbarkeit ist ein dingliches Recht, da sie klageweise gegen jeden durchgesetzt werden kann, der die Ausübung desselben hindert. Sie erscheint als ein Realrecht, da sie aktiv an das Eigentum einer Sache geknüpft ist, und zwar als ein untrennbares Realrecht, da sie von dem herrschenden Grundstück nicht durch Disposition des Berechtigten abgelöst und auf eine andere Sache übertragen werden kann, § 485. Das Servitutsrecht und der Besitz desselben geht von selbst auf den jeweiligen Eigentümer des herrschenden Grundstücks über.

Grunddienstbarkeiten sind regelmäßig dauernde Rechte, wenn sie nicht bei ihrer Begründung durch einen Endtermin oder eine Resolutivbedingung eingeschränkt werden.

Das Gesetz zählt in den §§ 475—477 die wichtigsten Typen der Grunddienstbarkeit auf, ohne durch diese beispielsweise Aufzählung die Möglichkeit anderer Arten auszuschließen; für die im Gesetz beschriebenen Typen spricht die Vermutung, und es muß im Zweifel bewiesen werden, daß eine Servitut von besonderer, dem Typus nicht entsprechender Gestaltung begründet wurde, § 479.

II. Die Tendenz der Gesetzgebung geht nicht auf unbeschränkte Begünstigung, sondern im Gegenteil auf Beschränkung der Grunddienstbarkeiten, § 484, für die folgende zwingenden Rechtsregeln gelten:

a) Der Inhalt der Servitut muß zur vorteilhafteren oder bequemeren Benützung des herrschenden Grundstückes als solchen dienlich sein, nicht bloß für eine zufällige Vorliebe des gegenwärtigen Eigentümers. Es genügt natürlich auch ein Vorteil für einen auf dem herrschenden Grundstück eingerichteten oder einzurichtenden Gewerbebetrieb, der den Wert des Grundstückes wesentlich erhöhen kann. Daß eine bestehende Servitut für die von dem Eigentümer gerade gewünschte Benützungsart zeitweilig ohne praktische Vorteile bleibt, hebt die Servitut nicht auf.

Daß das dienende Grundstück die physische Eignung zur Ausübung des Servitutsinhaltes haben muß, ist ein natürliches, nicht ein juristisches Erfordernis (siehe dazu unten IV). Eine Servitut, deren Inhalt verwaltungsrechtlichen Vorschriften widersprechen würde, kann selbstverständlich nicht gültig vereinbart und begründet werden (siehe z. B. Schiff, Agrarrecht, S. 105 f.).

b) Für den Inhalt der Servitut bildet das Bedürfnis des herrschenden Grundstückes die obere Grenze; dies gilt nicht nur dann, wenn bei Bezugsrechten ein Maß des Gebrauches nicht vereinbart ist, sondern auch dann, wenn ein bestimmtes Maß festgesetzt ist (arg. § 485). Das Bedürfnis des herrschenden Grundstückes ist zu beurteilen nach der

Zeit, da die Servitut bestellt wurde; eine nachträgliche Änderung der Beschaffenheit oder der wirtschaftlichen Natur des herrschenden Grundstückes kann den Inhalt der Servitut nicht erhöhen; denn nach § 484 „dürfen Servituten nicht erweitert, sie müssen vielmehr, insoweit es ihre Natur und der Zweck der Bestellung gestattet, eingeschränkt werden".

Soweit neben einer bestehenden Servitut noch ein gleichartiger Gebrauch möglich ist, steht er dem Eigentümer der dienenden Sache zu, der auch über diese Gebrauchsmöglichkeit verfügen kann, z. B. durch Bestellung einer weiteren Servitut, § 486.

c) Die Ausübung der Servitut soll mit Schonung der Interessen des dienenden Grundstückes erfolgen (Slg. 15 448). Es muß also von verschiedenen Benützungsarten auf Verlangen des Gegners die dem dienenden Grundstück mindest schädliche gewählt werden; auch muß eine Änderung der üblichen Benützungsart eintreten, wenn das Interesse des Belasteten es verlangt, und dadurch der Zweck der Servitut nicht vereitelt wird, z. B. Verlegung der Wegerichtung bei der Durchgangsservitut (Slg. Nr. 15 720).

III. Die Bestellung der Prädialservituten erfordert einen gültigen Titel und eine Erwerbungsart. Als Erwerbungsart bei nicht verbücherten Grundstücken (z. B. an Sachen in öffentlichem Gebrauche) ist eine Art von Übergabe nötig, § 481, worunter man die Einräumung des Besitzes nach den oben (§ 23 III) angegebenen Regeln zu verstehen hat. An verbücherten Grundstücken ist die Erwerbungsart stets die Eintragung im Grundbuche, die auch hier nach den allgemeinen Regeln zu behandeln ist, sowohl in bezug auf die Erfordernisse der Eintragung, wie in bezug auf ihre Wirkung und ihre Anfechtbarkeit.

Was den Fall betrifft, daß die an einem verbücherten Grundstück obligatorisch (durch Vertrag oder Legat) zugesagte Servitut dem Berechtigten ohne Einverleibung zu Ausübung und Besitz überlassen wird, so muß auch hier (wie beim Eigentum oben § 13 VI) betont werden, daß damit noch keine sachenrechtliche Änderung bewirkt ist. Der Erwerber der Servitut hat trotz des Servitutenbesitzes nur einen obligatorischen Anspruch auf Einverleibung der Servitut und auf Duldung des eingeräumten Servitutsbesitzes. Diesen Anspruch kann er auch gegen die negatorische Klage wirksam einwenden, wenn dieselbe angestellt wird von dem obligatorisch verpflichteten Besteller der Servitut oder von einem Universalsukzessor desselben; dieser obligatorische Anspruch bleibt aber wirkungslos gegenüber einem Singularsukzessor des Bestellers, ohne Rücksicht auf das Wissen des Klägers von den vorliegenden obligatorischen Beziehungen (Slg. 15 792).

Die Servitut des Notweges entsteht nach dem Gesetz v. 7. Juli 1896, Nr. 140 durch bücherliche Einverleibung, welche kraft eines im außerstreitigen Verfahren erfolgenden Richterspruches (§§ 9, 16) von Amts wegen zu veranlassen ist. Der Anspruch auf den Notweg ist begründet, wenn einem Grundstücke, das kein Waldgrundstück ist, die nötige Wegverbindung fehlt. Der Anspruch ist ausgeschlossen, wenn der Mangel der Wegverbindung durch auffallende Sorglosigkeit des Eigentümers veranlaßt ist, sowie wenn der Vorteil des Notweges nicht die Nachteile überwiegt, die er dem zu belastenden Grunde zufügen würde. Der Notweg darf nicht durch Gebäude oder geschlossene Hofräume oder Gärten geführt werden, und darf nicht die regelmäßige Benützung des belasteten Grundes erheblich erschweren. Überhaupt ist auf möglichst geringe Belästigung der Nachbarn, aber auch auf möglichst geringe Kosten der Weganlage zu sehen. Für die Einräumung des Notweges hat der Berechtigte wie bei der Enteignung eine angemessene Entschädigung zu leisten; ist eine Schädigung nicht vorhanden (wie etwa bei Mitbenützung eines bestehenden Privatweges), so kann die Entschädigung entfallen, oder auf die Mehrkosten der Wegerhaltung beschränkt werden. Die zuerkannte Entschädigung wird entweder binnen vier Wochen nach Rechtskraft der den Notweg bewilligenden Entscheidung gerichtlich deponiert, oder aber nach dieser Zeit zugleich mit der Servitut des Notweges von Amts wegen als privilegierte Hypothek auf dem herrschenden Grundstücke einverleibt. Der Entschädigungsbetrag ist den Hypothekargläubigern des herrschenden Grundstückes, soweit es nötig erscheint, verfangen.

Servituten können ferner außerbücherlich entstehen im Wege der Enteignung (besonders nach Wasserrecht), sowie durch richterlichen Zuspruch im Teilungsverfahren (§ 842 a. b. GB.).

Servituten können endlich durch Ersitzung entstehen; nicht durch die Tabularersitzung nach § 1469, die durch die Regeln des Grundbuchsgesetzes aufgehoben und überholt ist (unrichtig in jeder Beziehung Slg. 14814), wohl aber durch die uneigentliche Ersitzung von 30 bzw. 40 Jahren. Wer sich auf Ersitzung beruft, hat prinzipiell nachzuweisen, daß sein Servitutenbesitz vor mindest 30 Jahren nach den oben (§ 23) dargestellten Regeln entstanden ist und seither fortgedauert hat. Wann dieser Beweis erbracht erscheint, unterliegt dem richterlichen Ermessen. Daß die Servitut am Schluß der Ersitzungszeit noch ausgeübt wurde, wird gewiß zu beweisen sein; fraglich aber bleibt, wieviel Ausübungsakte in der Zwischenzeit für die Fortdauer der Ausübung erforderlich sind. Nur für „Rechte, die selten ausgeübt werden können", fordert § 1471, daß innerhalb der Ersitzungszeit mindest drei Fälle der Ausübung vorliegen müssen, und daß der Berechtigte in allen erwiesenen Fällen von seinem Rechte Gebrauch gemacht habe. Daß von dieser Regel eine Ausnahme bestehe zugunsten von Verbotsrechten, ist nicht anzunehmen und folgt nicht aus § 1459, wo zwar der Besitz und die Ersitzung von Verbotsrechten als möglich erklärt, aber bezüglich der Erfordernisse der Ersitzung ausdrücklich auf andere Normen verwiesen wird.

Die Regel, daß die Ersitzung durch den vom Gegner erbrachten Nachweis der Unredlichkeit ausgeschlossen wird, muß auch auf die Servituten bezogen werden (Slg. NF. 16); unter den Begriff der Unredlichkeit ist hier jede Kenntnis eines rechtlichen Hindernisses zu stellen (siehe oben § 11 IV), daher auch das Wissen oder Wissenmüssen von fehlerhafter (z. B. bittweiser) Ausübung des Servitutsinhaltes.

Die Ersitzung begründet die Servitut außerbücherlich und gibt dem Ersitzenden die sachenrechtliche Klage auf Änderung des nunmehr unrichtigen Buchstandes, sowie die Möglichkeit, diese Klage anmerken zu lassen, § 70 GbG. Die Klage auf Einverleibung der Servitut wird aber nach § 1500 ausgeschlossen gegenüber demjenigen Eigentümer des dienenden Grundstückes, der dasselbe durch Singularsukzession im Vertrauen auf das öffentliche Buch erworben hat, also in dem guten Glauben, daß das Grundstück mit dieser Servitut nicht belastet sei. Die Ersitzung wird daher unterbrochen durch den Übergang des Eigentums der dienenden Sache auf einen redlichen Erwerber. Ausgeschlossen ist die Wirkung der Publizität, wenn der neue Eigentümer die bisherige Ausübung der Servitut gekannt hat oder kennen mußte (Slg. 14551).

Das RG. v. 17. März 1897, Nr. 97 RGB. bestimmt für Tirol, daß die durch Ersitzung begründeten Weg- und Wasserleitungsgerechtigkeiten der Verbücherung nicht bedürfen und nicht nach § 1500 bestritten werden können, soweit sie Felddienstbarkeiten, also nach § 474 für ein zur Landwirtschaft bestimmtes herrschendes Grundstück erworben sind. Der Grund dieser neuen und praktischen Regel liegt darin, daß die fraglichen, in Tirol sehr zahlreich vorhandenen Rechtsverhältnisse die Anlegung des Grundbuches ungemein erschweren und zu vielen Streitigkeiten Anlaß geben würden, deren Kosten außer Verhältnis zu dem Werte dieser Servituten stehen würden; daß ferner der Wechsel des Grundeigentümers bei Ersichtlichkeit der Servitutsausübung ohnedies die Ersitzung der Servitut mangels der Redlichkeit nicht berührt, und daß endlich viele der fraglichen Wegerechte öffentlichen Charakter haben, also durch das Zivilrecht nach § 1500 nicht berührt werden.

Durch das Pat. v. 5. Juli 1853, Nr. 130 wurde verfügt, daß Weiderechte auf fremdem Boden, und daß Dienstbarkeiten jeder Art an fremdem Waldboden durch Ersitzung nicht begründet werden können; daß ferner die Entstehung dieser Servituten einen schriftlich geschlossenen Vertrag voraussetzt und an die Bedingung geknüpft ist, „daß die eingeräumte Dienstbarkeit von der Behörde mit den Rücksichten auf die Landeskultur vereinbar erkannt und zur Ausübung zugelassen wurde". Die Vereinbarung, daß eine solche Dienstbarkeit unablösbar sein soll, ist unwirksam.

IV. Die Aufhebung der Prädialservituten kann erstens erfolgen durch den Verzicht des Berechtigten. Zu diesem Vorgang, der dem Verzicht auf eine Forderung ähnlicher ist, als der Dereliktion des Eigentums, ist dreierlei erforderlich:

a) Die gültige Verzichtserklärung des verfügungsberechtigten Eigentümers. Daß der Eigentümer des herrschenden Grundes zu dem Verzicht auf die Servitut der Zustimmung der auf dem herrschenden Grunde eingetragenen Hypothekargläubiger ebenso bedürfe, wie zur Abschreibung einer Parzelle von dem Gutsbestande, folgt aus allgemeinen Erwägungen (siehe darüber oben § 32), wenn es auch nicht direkt gesetzlich ausgesprochen ist (so Krainz § 259, N. 5; Slg. 8866; dagegen Exner, Hypotheken I, S. 284 f.).

b) Die Annahme der an den Belasteten gerichteten Verzichtserklärung und

c) die von dem Eigentümer des belasteten Grundes anzusuchende Einverleibung der Löschung der Servitut. Bis zur Löschung besteht die Servitut nach § 4 GbG. als Sachenrecht fort.

Zweitens kommen tatsächliche Veränderungen in Betracht, welche die Ausübung der Servitut unmöglich machen; doch sind sie nach § 525 noch nicht als Untergang, sondern nur als Einstellung der Ausübung der Servitut zu betrachten, solange die Servitut im Grundbuche eingetragen bleibt.

Auch die Vereinigung des Eigentums des herrschenden und des dienenden Grundstückes in einer Person, hebt die verbücherte Servitut nicht mit absoluter Wirkung auf, § 1446; daher wird die Servitut wieder voll wirksam, wenn eines der Grundstücke ohne Löschung der Servitut an einen anderen Eigentümer übergeht, § 526.

Ist die Servitut als zeitlich beschränktes oder als resolutiv bedingtes Recht eingetragen, so erlischt sie von selbst mit dem Zeitablauf oder dem Eintritt der Bedingung, und es kann dann die Löschung des ungerechtfertigten Buchstandes mit der Löschungsklage nach § 61 GG. begehrt werden. Die Servitut ist auch dann von vornherein zeitlich beschränkt, wenn sie von einem Vormanne bestellt wurde, dessen Eigentum oder Verfügungsmacht zeitlich beschränkt war; doch hat hier die materiell-rechtliche Aufhebung keine absolute Wirkung und kann nur geltend gemacht werden, wenn die Sachlage dem Servitutsberechtigten aus dem Grundbuche ersichtlich oder sonst bekannt war, § 527.

Die Grunddienstbarkeiten können ferner durch Enteignung aufgehoben werden. Die Enteignung kann die Servitut allein betreffen oder zugleich auch das Eigentum des dienenden Grundstücks, in welch letzterem Falle der Servitutsberechtigte selbständige Partei des Enteignungsverfahrens ist (siehe oben § 15). Auch die agrarischen Operationen (Kommassation, Teilung von Agrargemeinschaften, Servitutenablösung, siehe Schiff, Agrarrecht) können zur Aufhebung von Servituten führen. Der Notweg kann bei Wegfall seiner Voraussetzungen durch gerichtliches Erkenntnis aufgehoben werden.

Der Zwangsverkauf des dienenden Grundstücks läßt die Servitut unberührt, wenn sie im Range dem Rechte des betreibenden Gläubigers vorgeht, den Notweg immer. Steht sie im Range dem betreibenden Gläubiger nach, so kann sie doch als Servitut aufrecht erhalten bleiben, wenn der Wert der Last, also das Interesse des Erstehers an der Beseitigung der Servitut, (§ 144 E.O.) den für die Servitut verfügbaren Meistbotsrest nicht übersteigt (Krainz I, S. 756); reicht das Meistbot dazu nicht aus, so verwandelt sich die Servitut in einen Entschädigungsanspruch für das Interesse des Berechtigten an dem Fortbestand der Servitut, § 211 E.O.

Die Prädialservituten erlöschen endlich durch Gebrauchsverjährung, die in zwei Formen vorkommt (siehe Pfersche, allg. L. § 39). Der Nichtgebrauch der Servitut allein hebt das Recht auf, wenn er durch dreißig beziehungsweise 40 Jahre gedauert hat; die Frist beginnt dann, wenn die mögliche Ausübung unterlassen wurde, § 1478. Kann das Recht nur selten ausgeübt werden, so verlängert sich die Frist, bis von drei Ausübungsfällen nicht Gebrauch gemacht wurde. Eine Beschränkung der Ausübung der Servitut erscheint nicht als Nichtgebrauch und bleibt gänzlich wirkungslos, § 1482. Die Hemmung der Frist wird nach den Regeln der Klagenverjährung beurteilt, §§ 1494—96. Eine Unterbrechung der Gebrauchsverjährung liegt in der Ausübung des Rechtes, sowie in der Anerkennung des Gegners, nicht aber in der Anstellung der Klage, zu der ein praktischer Anlaß gar nicht vorliegen muß.

Ist der Nichtgebrauch des Rechtes durch Eigenmacht des Gegners veranlaßt, so daß zugleich der Servitutenbesitz verloren geht, so erlischt die Servitut in drei Jahren; hier wird die Wirkung des Nichtgebrauchs unterbrochen, wenn der Berechtigte die Besitzklage oder die Servitutenklage anstellt, oder wenn er die Ausübung des Rechtes fortsetzt § 1488.

Die vollendete Verjährung hebt die Servitut als Sachenrecht auf und gibt dem Belasteten die sachenrechtliche Klage auf Beseitigung des ungerechtfertigten Buchstandes, die auch angemerkt werden kann, § 69 GG. Die Verjährung kann aber nicht angewendet werden gegen denjenigen, der das Eigentum des herrschenden Grundes im guten Glauben an den Bestand der intabulierten Servitut erworben hat, § 1500 (D.BGB. § 1028 verweigert hier die Wirkung des redlichen Erwerbes). Die Kenntnis oder die mögliche Kenntnis des sichtbaren servitutenwidrigen Zustandes des herrschenden Grundstücks schließt die Redlichkeit aus.

V. Die Servitut kann durch sachenrechtliche Klage geltend gemacht werden gegen den Eigentümer des dienenden Grundstücks (§ 523), aber auch gegen jeden anderen, der die Ausübung der Servitut stört. Besitz der Servitut seitens des Klägers ist nicht vorausgesetzt. Wenn also der Eigentümer des dienenden Grundstücks die Servitut durch Einverleibung begründet, aber den Beginn der Ausübung nicht gestatten will, so wird er dazu durch die Servitutenklage verhalten. Die Art der faktischen Störung ist gleichgültig. Ist die Servitut nur bestritten, aber nicht in der Ausübung faktisch gestört, so hat der Berechtigte die Feststellungsklage nach § 228 CPO. anzustellen. Außer der Störung durch den Geklagten (Passivlegitimation) muß der Kläger den Bestand des Servitutenrechtes und ein Recht an dem herrschenden Grundstück, das ihn zur Ausübung der Servitut ermächtigt (Eigentum, Nießbrauch, Pacht) als Aktivlegitimation beweisen. Nach § 523 gewährt auch der Besitz der Servitut „als eines dinglichen Rechtes" die Servitutenklage als publizianische nach Analogie von § 372.

Der Erfolg der Klage soll die unbeschränkte Ausübung der Servitut sein; das Urteil hat also alles anzuordnen, was dazu notwendig erscheint. So die Feststellung des Bestandes und des Umfanges der Servitut, die Beseitigung des hinderlichen Zustandes des dienenden Grundes, das Verbot der weiteren Störung. In bezug auf die Herausgabe etwa gezogener Früchte und auf Ersatz des durch die Hinderung entstandenen Schadens ist nach Analogie der Eigentumsklage je nach der Redlichkeit des Gegners zu entscheiden.

VI. Die Prädialservituten werden nach der gegenwärtigen Grundbuchseinrichtung regelmäßig als Rechtsverhältnisse zwischen zwei Grundbuchskörpern eingetragen; die genauere Angabe, daß nur ein Teil des Grundbuchskörpers von der Ausübung der Servitut betroffen wird, die nach §§ 12 GbG. zulässig ist, beschränkt zwar den Inhalt der Servitut, aber nicht ihre juristische Bedeutung. Es fragt sich nun, welchen Einfluß die Änderung der beteiligten Grundbuchskörper, also die Zuschreibung oder Abschreibung von Parzellen auf die Prädialservituten ausübt. Das Gesetz enthält neben der allgemeinen Regel, daß Servituten nicht auszudehnen sind, auch in kurzer Andeutung das Prinzip, daß derartige Veränderungen für das Servitutenverhältnis ohne Bedeutung bleiben sollen, §§ 485, 844, 847. Der Fall der Vergrößerung des herrschenden oder dienenden Grundstücks ist durch diese Regeln hinreichend dahin erledigt, daß der Inhalt der Servitut und das Maß ihrer Ausübung durch die Vergrößerung des Grundbuchskörpers nicht vermehrt werden kann (S. Prot. I 309).

Auch die Abschreibung oder die Teilung des herrschenden oder dienenden Grundstücks darf keine sachliche Änderung herbeiführen (Slg. NF. 108), doch werden dabei bücherliche Änderungen notwendig; so muß bei Teilung des dienenden Grundstücks die Last der Servitut auf jedes Trennstück eingetragen werden, und es muß bei Teilung des herrschenden Grundstücks die Einverleibung der Servitut auf dem dienenden Grundstück zugunsten der Teile des herrschenden Grundstücks entsprechend geändert werden. Diese bücherlichen Änderungen lassen sich heute ohne Zustimmung des Berechtigten selbst dann nicht vermeiden, wenn sie völlig unpraktisch sind, wenn z. B. eines der Trennstücke von der Servitut faktisch nicht betroffen wird. Für solche Fälle erklärt der Reformentwurf § 62 die Servitut für erloschen, so daß die inhaltslose Einverleibung vermieden wird.

§ 37. Die einzelnen Grunddienstbarkeiten.

I. Von den Dispositivvorschriften, die das Gesetz über einige Prädialservituten aufstellt, ist besonders wichtig die Regel des § 443, daß bei den Hausservituten zunächst der Berechtigte die Kosten des Unterhaltes für seine Anlage zu tragen hat. Soweit jedoch der Belastete die Anlage mitbenützt, hat er auch verhältnismäßig zu den Kosten beizutragen; freilich nicht zu jenem Teile der Kosten, die lediglich die herrschende Sache betreffen, § 487 (wie die Stützung des Hauses, das auf einer fremden, zu reparierenden Mauer ruht). Der Belastete kann sich von den Beitragskosten befreien durch Abtretung des Objektes an den Gegner, § 483, (also nicht durch Dereliktion) genauer wohl durch Anbieten der Abtretung, die ja von dem Empfänger selbst durchzuführen ist.

Das Fensterrecht besteht im Zweifel nur in der Befugnis, in der eigenen Mauer oder in der mit dem Nachbar gemeinschaftlichen Mauer ein Fenster anzubringen und gibt nur den Anspruch auf Licht und Luft, nicht aber auf Aussicht. Der Berechtigte hat die Öffnung zn verwahren und kann angehalten werden, das Fenster zu vergittern, § 488.

Wer das Recht der Dachtraufe hat, kann das Regenwasser von seinem Dache auf das fremde tropfen oder durch Rinnen fließen lassen. Erhöht der Berechtigte sein Dach, so darf die Servitut nicht lästiger werden. Ist Schnee so reichlich gefallen, daß er den Wasserabfluß erheblich steigern würde, so muß der Berechtigte denselben rechtzeitig hinwegräumen. Auch obliegt ihm die fehlerlose Erhaltung der Abflußrinnen, § 489. Das Recht zur Ableitung des Regenwassers vom Dache des Verpflichteten auf den Grund des Berechtigten verpflichtet den Berechtigten allein, die Auslagen für nötige Anlagen wie Rinnen usw. zu tragen, § 490. Besteht die Servitut in der Ableitung von Wässern oder Abfällen durch Gräben oder Kanäle, so muß der Berechtigte die Ableitungsanlage decken und reinigen, um die Servitut für den Belasteten möglichst wenig nachteilig zu machen, § 491.

II. Bei den Wegerechten unterscheidet das Gesetz drei Typen:

α) Das Recht des Fußsteiges, welches nur zum Gehen und sich tragen lassen durch Menschen berechtigt, nicht aber zum Reiten. β) Das Recht des Viehtriebs, das zum Treiben freigelassenen Viehs sowie zum Gebrauche eines Schiebkarrens berechtigt, nicht aber zum Fahren mit bespanntem Wagen oder zum Schleifen schwerer Lasten. γ) Das Recht des Fahrweges, welches zum Fahren mit einem oder mehreren Zügen, nicht aber zum Treiben ungekoppelten Viehs berechtigt. Die Weite des zu benützenden Weges richtet sich nach dem nötigen Gebrauche und den Umständen des Ortes. Wird der Weg zufällig durch ein Elementarereignis unbrauchbar, so muß zeitweilig ein neuer Raum zur Benutzung angewiesen werden, § 495.

III. Von den Bezugsrechten bedürfen die Wassergerechtigkeiten nur der kurzen Andeutung, daß mit ihnen die Befugnis zum Betreten des dienenden Grundstücks selbstverständlich verbunden ist und daß der Berechtigte die notwendigen Anlagen auf dem dienenden Grundstück sowohl herstellen als auch erhalten darf.

Eingehender normiert das Gesetz die Weiderechte, wobei weniger an die durch Privatwillkür hie und da begründeten einzelnen Rechtsverhältnisse gedacht war, als vielmehr an die ungemein große Zahl von bäuerlichen Nutzungsrechten, die als Reste der früheren Allmendverhältnisse erscheinen. Das Gesetz betont zunächst, daß für den Inhalt und die Ausübung des Rechtes im Zweifel der ruhige, dreißigjährige Besitz anzuerkennen und beizubehalten ist, wenn nicht durch die Entstehung des Rechtes oder auf andere Weise etwas Anderes zu beweisen ist. Im Übrigen gelten im Zweifel folgende Bestimmungen. Aufgetrieben werden dürfen alle Gattungen von Zug-, Rind- und Schafvieh, nicht aber Schweine und Federvieh; in waldigen Gegenden auch nicht Ziegen. Unreines, krankes und selbstverständlich schon nach § 485 auch fremdes Vieh ist von dem Auftriebe ausgeschlossen. Was die Anzahl des Triebviehs betrifft, so ist zunächst die Mittelzahl der letzten 3 Jahre maßgebend. Ist diese nicht festzustellen, so entscheidet die Beschaffenheit der Weide. Der Berechtigte darf jedoch in keinem Falle mehr Vieh auftreiben, als er mit dem auf dem herrschenden Grundstück erzeugten Futter durchwintern kann, wobei Säugevieh nicht mitzählt, § 500. Die Weidegerechtigkeiten richten sich nach dem Ortsgebrauche, § 501. Zu den Weiderechten gehört nicht das Recht, Gras zu mähen; auch ist der Eigentümer des dienenden Grundstücks von der Weide nicht ausgeschlossen. Selstverständlich ist jede Beschädigung des dienenden Grundstücks untersagt, und kann der Berechtigte bei Gefahr einer Beschädigung zur Anstellung eines Hirten zur Hütung des Viehs verhalten werden,

§ 502. Mindert sich die Ergiebigkeit des Weidegrundes, so muß, wenn die Anzahl des Viehs bestimmt ist, zunächst der Eigentümer des dienenden Grundstücks zurückstehen; andernfalls hat sich der Berechtigte und der Verpflichtete verhältnismäßig einzuschränken.

Nach den für Weiderechte aufgestellten Regeln sind auch die übrigen Bezugsrechte, namentlich das Holzungsrecht, das Streurecht usw. zu beurteilen, § 503.

§ 38. Die Personalservituten.

I. Als regelmäßige persönliche Dienstbarkeiten nennt das Gesetz: den Nießbrauch, den nötigen Gebrauch und das Wohnungsrecht. Diese drei Verhältnisse unterscheiden sich wesentlich von den Prädialservituten, denn sie sind Nutzungsrechte, welche den Anspruch auf den selbständigen Gewahrsam der Sache gewähren, und dem Berechtigten den Ertrag der Sache ganz oder zum großen Teile verleihen, so daß das Eigentum daneben nur eine fast wertlose Form darstellen würde, wenn die Personalservituten nicht notwendig zeitlich beschränkt wären. Nießbrauch und Gebrauch können ferner auch an beweglichen Sachen und selbst an Rechten entstehen.

Daneben anerkennt das Gesetz unregelmäßige Personalservituten, die inhaltlich unbeschränkt sind, die namentlich dem Inhalt nach mit den Prädialservituten übereinstimmen können. Im übrigen sind auf sie die für die regelmäßigen Personalservituten aufgestellten Regeln anzuwenden, besonders die Regeln über die Begrenzung auf Lebenszeit des Berechtigten.

II. Die Bestellung der Personalservituten erfolgt nach den allgemeinen Regeln. Die Bestellung erfordert einen gültigen Titel, der hier häufig in einer letzwilligen Verfügung besteht, und einen Erwerbsakt, § 481, also bei Grundstücken die Einverleibung, bei Mobilien eine Tradition nach §§ 426—428. Die Personalservituten können ferner an beweglichen Sachen durch eigentliche Ersitzung in drei Jahren auf Grund des rechtmäßigen Erwerbes, im Übrigen durch die uneigentliche Ersitzung von dreißig Jahren entstehen.

Die Aufhebung der Personalservituten erfolgt durch Verzicht des Berechtigten; durch Gebrauchsverjährung, die bei den drei Nutzrechten erst mit dem Wegfall des Gewahrsams und des Nutzbesitzes beginnt; und durch Ablauf der Zeit, für die sie bestellt sind.

Die persönliche Servitut kann prinzipiell nur für die Lebensdauer einer bestimmten Person begründet werden; doch gestattet § 529 auch die Bestellung zugunsten der Erben oder der Familie. Unter den Erben sind, falls eine nähere Bestimmung fehlt, nur die ersten gesetzlichen Erben zu verstehen. Im übrigen müssen bei der Bestellung zugunsten von Erben oder der Familie die Beschränkungen der fideikommissarischen Substitution nach § 612 angewendet werden, da unmöglich die Umgehung dieser Beschränkungen oder gar der Normen über das Familienfideikommiß durch die Form des Nießbrauches gestattet werden kann (siehe Krainz § 259, Nr. 26). Die einer Gemeinde oder sonstigen juristischen Person zustehenden persönlichen Dienstbarkeiten erlöschen auch erst mit der Persönlichkeit des Berechtigten; diese Abweichung von dem römischen Rechte wurde wohl mit Rücksicht darauf normiert, daß die historischen Almendennutzungen vielfach in der juristischen Form des Nutzungsrechtes einer Gemeinde erhalten waren.

Die persönliche Servitut kann auch in anderer Weise zeitlich begrenzt werden; dazu gibt § 528 die Interpretationsregel, daß eine Servitut, welche jemandem verliehen wird bis zu der Zeit, da ein Dritter ein bestimmtes Alter erreicht, erst zu der bestimmten Zeit erlischt, obschon der Dritte vor diesem Alter verstorben wäre.

In bezug auf den Schutz der Personalservituten sind die Regeln über die Eigentumsklagen in analoger Weise entsprechend anzuwenden.

III. Die Fruchtnießung (Nießbrauch, usufructus) ist „das Recht, eine fremde Sache, mit Schonung der Substanz, ohne alle Einschränkung zu genießen" (§ 509 a. b. GB.), setzt daher regelmäßig eine unverbrauchbare (bewegliche oder unbewegliche) Sache voraus (eigentlicher Nießbrauch). Der Fruchtnießer hat das uneingeschränkte Recht auf den Gebrauch und die Nutzungen der Sache samt „Zugehör" (§ 294 a. b. GB.). Er bezieht „den vollen, sowohl gewöhnlichen als ungewöhnlichen Ertrag", d. h. nicht nur die

Früchte, welche die Sache periodisch abzuwerfen pflegt, sondern auch die außerordentlichen Früchte. Sein Bezugsrecht ist jedoch auf den Wirtschaftsertrag beschränkt; er erwirbt daher von einem Windbruch nur soviel, als er von dem gefallenen Holze hätte schlagen dürfen, und hat keinen Anspruch auf den in der Nießbrauchsache gefundenen Schatz (§ 511). Naturalfrüchte werden durch Separation erworben; die nach beendigter Fruchtnießung noch stehenden Früchte gehören dem Eigentümer, welcher jedoch die darauf verwendeten Kosten dem Fruchtnießer bezw. dessen Erben zu ersetzen hat (§ 519). Die Fruchtnießung kann insbesondere auch dadurch ausgeübt werden, daß die dienende Sache in Bestand gegeben wird; das bezügliche Vertragsverhältnis erlischt jedoch mit dem Nießbrauch (Slg. NF. 4251). Der Fruchtnießer bezieht auch die während der Nießbrauchszeit fällig werdenden Zivilfrüchte (Pacht und Mietzinse). Werden solche erst nach beendigter Fruchtnießung fällig, so haben Fruchtnießer bezw. dessen Erben Anspruch darauf nach Maßgabe der Dauer des Fruchtgenusses (§ 519). Auch in anderen Fällen ergibt sich die Frage, was als Substanz und was als Frucht der Sache anzusehen ist. Entscheidend ist, was der wirtschaftlichen Bestimmung der Sache gemäß deren regelmäßigen Ertrag bildet, wenn sich daraus auch eine wieder ersetzbare, oder wenn auch nicht ersetzbare, so doch an sich unbeträchtliche Substanzverringerung ergibt. Der Fruchtnießer ist somit zur Gewinnung von Bodenbestandteilen (Steinen, Sand 2c.) jedenfalls soweit berechtigt, als dies das Bedürfnis des Grundstücks selbst erheischt. Im übrigen entscheidet die vom Eigentümer dem letzteren gegebene Bestimmung; der Fruchtnießer darf daher nicht schlechtweg (etwa auf einem voluptuaren Grundstücke) Steinbrüche oder Schotterbrüche anlegen. Analoges gilt vom Holzbezugsrecht des Fruchtnießers. Dasselbe steht nur zu, soweit das Grundstück zur Holzgewinnung bestimmt ist und muß unter allen Umständen nach forstmäßigen Grundsätzen ausgeübt werden (§ 511). Dürre Äste sowie abgestorbene Bäume kommen dagegen dem Fruchtnießer schlechtweg zu. Mit der entwickelten Auffassung stimmt überein, daß für Wertverringerungen, die sich nur aus dem rechtmäßigen Genusse ergeben, der Fruchtnießer nicht verantwortlich ist, wohl aber für schuldbare Deteriorierung (§ 513). Vergütung für Verbesserungen (sog. Meliorationskosten) kann er wie ein Geschäftsführer ohne Auftrag fordern, sofern ihm nicht das jus tollendi zusteht. Unter allen Umständen kann er jedoch nur Vergütung für noch bestehende Verbesserungen beanspruchen, welche auch für den Eigentümer nach dessen Verhältnissen eine wirkliche Wertsteigerung bedeuten (§ 517 in Verbindung mit § 1037 a. b. GB.) und welche nicht den Charakter einer wesentlichen Veränderung der Nießbrauchsache tragen (§ 1038). Andernfalls kann Beseitigung auf Kosten des Fruchtnießers (allenfalls auch vor Endigung des Nießbrauchs), bezw. Entschädigung verlangt werden.

Von Bauführungen auf dem dienenden Grunde gilt Folgendes. Werden Bauführungen notwendig, indem die alten Gebäude baufällig oder durch Zufall vernichtet wurden, so sind Eigentümer und Fruchtnießer lediglich berechtigt, dieselben vorzunehmen, in erster Linie der Eigentümer, dem daher der Fruchtnießer die Notwendigkeit der Bauführung anzeigen muß. Kann oder will der Eigentümer den Bau nicht führen, so ist der Fruchtnießer dazu berechtigt. Führt der Eigentümer auf die Anzeige hin den Bau, so kann er vom Fruchtnießer „nach Maß der dadurch verbesserten Fruchtnießung“ Vergütung der Zinsen des verwendeten Kapitales verlangen, höchstens also das gesetzliche Zinsenausmaß von 5%, allenfalls auch weniger. Führt der Fruchtnießer den Bau, so kann er nach beendigtem Nießbrauch wie ein redlicher Besitzer Ersatz des Aufwandes verlangen (§§ 331, 332 a. b. GB.); die Zinsen des verwendeten Kapitals verliert er mit Rücksicht auf den erlangten Vorteil. Der Fruchtnießer kann jedoch die Bauführung auch seinerseits unterlassen und sich wegen Vergütung der „vermißten Fruchtnießung“ an den Eigentümer halten. Bei Bemessung dieser Vergütung sind die Zinsen, zu deren Zahlung der Fruchtnießer verpflichtet gewesen wäre, falls Eigentümer den Bau geführt hätte, in Betracht zu ziehen (§§ 514, 515). Nützliche Bauführungen braucht sich der Fruchtnießer nicht gefallen zu lassen (§ 516; wie der Mieter § 1118), oder nur gegen volle Entschädigung.

Den Rechten des Fruchtnießers stehen eine Reihe von Verbindlichkeiten gegenüber, welche im römischen Recht durch eine besondere Kaution sichergestellt wurden, während sie im heutigen Rechte dem Fruchtnießer als gesetzliche Pflichten obliegen. Nach österr. Recht kann nur bei sich äußernder Gefahr „Sicherstellung der Substanz" durch Bürgschaft oder Pfand (§ 1343 a. b. GB.) verlangt werden. Wird diese nicht geleistet, so kann der Eigentümer entweder die gerichtliche Verwaltung der Nießbrauchsache (§§ 382, Ziff. 2, 383 EO.) begehren oder beantragen, daß die Sache ihm gegen eine billige Abfindung durch eine Geldrente überlassen werde (§ 520 a. b. GB.).

Gesetzliche Verpflichtung des Fruchtnießers ist es vor allem, „die dienstbare Sache als ein guter Haushälter in dem Stande, in welchem er sie übernommen hat, zu erhalten". Er muß daher aus dem Ertrage (jedoch nur so weit als dieser reicht) die nötigen Reparaturen, Ergänzungen des „Zugehörs" (z. B. des Viehstandes) und sonstige nötige Herstellungen bestreiten (§ 513). Er ist weiter verpflichtet, alle auf der Nießbrauchsache haftende Lasten zu tragen. Dazu gehören die öffentlichen Lasten und zwar ordentliche (Grundsteuern) wie außerordentliche (z. B. Einquartierung), weiter die privatrechtlichen (z. B. Reallasten). Insbesondere ist er auch dem Eigentümer gegenüber zur Zahlung der Zinsen der intabulierten Kapitalien verpflichtet, jedoch nur insoweit, als diese Zinsenzahlung sonst den Eigentümer treffen würde (Krainz, § 253, insbesondere N. 3). Überhaupt ist die Übernahme privatrechtlicher Lasten dadurch bedingt, daß dieselben schon zur Zeit der Entstehung des Nießbrauchs hafteten. Anders bei öffentlichen Lasten, welche jedoch nur insoweit vom Fruchtnießer zu tragen sind, „als sie aus den während der Dauer der Fruchtnießung gezogenen Nutzungen bestritten werden können" (§ 512), eine Beschränkung, welche für die privatrechtlichen Lasten nicht besteht. Zur (vorschußweisen) Berichtigung von fälligen eingetragenen Kapitalien ist jedoch Fruchtnießer auch dann nicht verpflichtet, wenn sie ihm im Range vorgehen. Selbstverständlich treffen ihn jedoch die Kosten für die Erzielung der Früchte (§ 512). Die Prämien einer bereits vom Eigentümer genommenen Versicherung hat der Fruchtnießer zu zahlen; letzterer ist jedoch zur Versicherung, falls solche noch nicht bestände, nicht verpflichtet. Trägt der Fruchtnießer die Versicherungskosten, so muß Eigentümer die Versicherungssumme zur Wiederherstellung der zerstörten Objekte verwenden.

Nach beendigtem Nießbrauch trifft den Fruchtnießer die Verpflichtung zur Rückstellung der Nießbrauchsache und zur Auseinandersetzung mit dem Eigentümer. Wurde ein Inventar errichtet, so erfolgt die Rückstellung auf Grund desselben; andernfalls stellt das Gesetz (§ 518) die Vermutung auf, „daß der Fruchtnießer die Sache samt allen zur ordentlichen Benutzung derselben erforderlichen Stücken in brauchbarem Zustande von mittlerer Beschaffenheit erhalten habe". Fruchtnießer hat zu beweisen, daß weniger, Eigentümer, daß mehr geleistet wurde. Die Auseinandersetzung hinsichtlich der Nutzungen ist in § 519 geregelt (siehe darüber oben).

Obwohl der Nießbrauch mit Rücksicht auf das Erfordernis der Erhaltung der Substanz regelmäßig eine unverbrauchbare Sache voraussetzt, so hat man seinen Begriff doch auch auf das Ziehen der Nutzungen verbrauchbarer Sachen angewendet (sogenannter uneigentlicher Nießbrauch). Die Elemente dieser Begriffsbildung fand man im eigentlichen Nießbrauch, der auch unter Umständen einen allerdings beschränkten Substanzverbrauch mit sich bringt (z. B. Schlagen von Holz, Gewinnung von Bodenbestandteilen). Zudem zwang die Möglichkeit der Bestellung eines ganzen Vermögens zum Fruchtgenuß dazu, den Begriff des letzteren auf Sachen und Rechte überhaupt auszudehnen. Die Fruchtnießung verbrauchbarer Sachen, welche im praktischen Leben wohl nur als letztwillige Zuwendung des Nießbrauchs eines Kapitals oder eines ganzen Vermögens vorkommt (v. Schey, Oblig. V. I, S. 52), besteht darin, daß der Berechtigte Eigentümer der Sachen wird, jedoch verpflichtet ist, nach Beendigung des Nießbrauchs dieselbe Quantität und Qualität von Sachen bzw. deren Wert herauszugeben. Mit barem Gelde kann er frei verfügen (§ 510). Vom Darlehen unterscheidet sich der uneigentliche Nießbrauch durch die wirtschaftliche Funktion: in ersterem Falle Kreditgeschäft, im zweiten Falle Nutzungsgewährung jedoch mit Heimfall der Sache an eine andere Person (v. Schey, a. a. O., S. 53). Letzterenfalls sind daher die Grundsätze vom Nießbrauch (z. B. Erlöschung des Verhältnisses durch den Tod) soweit als tunlich anzuwenden. Wird Fruchtgenuß an einem zinstragend angelegten Kapitale bestellt (z. B. an Hypotheken oder an Obligationen), so können nur die Zinsen beansprucht werden (§ 510); die Substanz ist wie beim eigentlichen Fruchtgenuß unantastbar. Kündigung und Einziehung des Kapitals, sowie Neuanlage desselben ist nur mit Einwilligung des Fruchtnießers zulässig. Sind an sich unverbrauchbare, jedoch der Entwertung durch Abnützung unterworfene Sachen (z. B. Kleidungsstücke) Gegenstand des Nießbrauchs, so wird im Zweifel anzunehmen sein, daß letzterer als uneigentlicher bestellt wurde, obwohl ein eigentlicher Nießbrauch an solchen Sachen nicht ausgeschlossen ist. Auch an Rechten kann Nießbrauch bestellt werden. Sind es Forderungsrechte, so erhält der Fruchtnießer die freie Verfügung über sie, kann sie also gegen seinerzeitige Rückerstattung einziehen. Der Nießbrauch an einer Aktie berechtigt zum Bezug der Dividenden, verleiht jedoch kein Stimmrecht, verpflichtet aber auch nicht zur Nachzahlung. Nießbrauch am Urheberrecht berechtigt je nach Absicht des Bestellers entweder nur zur uneigentlichen Fruchtnießung der eingehenden Geldbeträge oder zum Bezuge derselben.

IV. Der Gebrauch (usus), ein sehr wenig praktisches Recht, unterscheidet sich von der Fruchtnießung nur dadurch, daß er durch die persönlichen Bedürfnisse des Berechtigten beschränkt ist (§ 504). Für das Maß der Bedürfnisse ist Stand, Gewerbe und Hauswesen im Zeitpunkte der Gebrauchsbestellung, nicht aber sonstiges Vermögen des Berechtigten entscheidend. Spätere „wichtige und unerwartete" (Zeiller II, S. 333) Änderungen im Stande oder Gewerbe begründen keinen Anspruch auf ausgedehnteren Gebrauch, wohl aber eine in natürlichen und gewöhnlichen Tatsachen (z. B. Alter, Krankheit, Verehelichung, Familienzuwachs) begründete Steigerung der Bedürfnisse (§§ 505, 506; Zeiller II, S. 334). Der Gebrauch ist schlechthin, auch der Ausübung nach, unübertragbar (§ 507). Eigentümer ist in der eigenen Benützung der Gebrauchssache nur soweit beschränkt, als er die Gebrauchsberechtigung nicht beeinträchtigen darf. Mit dieser Beschränkung ist er zu Veränderungen der Substanz, desgleichen zur Bestellung weiterer Gebrauchsrechte oder einer Fruchtnießung an derselben Sache befugt. Mit Rücksicht auf dieses Zurücktreten des Gebrauchsrechtes gegenüber den Befugnissen des Eigentümers auferlegt das Gesetz dem letzteren die Tragung der Erhaltungskosten und Lasten der Sache; es müßte denn sein, daß der dem Eigentümer verbleibende Nutzen geringer wäre als seine Kosten, in welchem Falle der Gebrauchsberechtigte den Überschuß zu tragen oder vom Gebrauch abzustehen hätte (§ 508; Zeiller II, S. 335 ff.). Die zur Erzielung der Früchte nötigen Kosten treffen den Gebrauchsberechtigten. Für die Kautionspflicht des Gebrauchsberechtigten gelten die Bestimmungen des § 520. An verbrauchbaren Sachen ist Gebrauch nach Analogie des uneigentlichen Nießbrauches möglich.

Das Wohnungsrecht (von der römischen habitatio wesentlich abweichend) ist im österr. Recht kein selbständiger Typus, sondern stellt sich entweder als Gebrauch oder als Fruchtnießung der bewohnbaren Teile eines Gebäudes dar (§ 521). In ersterer Gestalt bildet es (besonders als Bestandteil von Ausgedingen) den einzigen noch praktischen Fall eines Gebrauchsrechtes. Zu den „bewohnbaren" Teilen des Hauses gehören auch Küche, Keller, Hausboden. Die übrigen Räume stehen dem Eigentümer zur Verfügung, der überhaupt in der Führung der Aufsicht über das ganze Haus nicht gestört werden darf (§ 522).

§ 39. Reallasten und ähnliche Erscheinungen.

I. Als Reallast kann man in weiterem Sinne jede Belastung bezeichnen, die den jeweiligen Eigentümer eines bestimmten Grundstückes betrifft. Davon scheiden zunächst die Hypotheken und Servituten aus, die unter eigenen sachenrechtlichen Bestimmungen stehen und als besondere Rechtsinstitute bereits dargestellt sind. Die übrigen Fälle haben sehr verschiedene rechtliche Natur, so daß die juristische Betrachtung nur von den feststehenden Einzelfällen der Reallasten ausgehen kann, ohne darauf zu rechnen, daß eine allgemeine Theorie der Reallasten oder ein genau abgegrenzter Begriff derselben zu finden sei. Es sei hier noch daran erinnert, daß auch der Begriff des Realrechtes zu keiner einheitlichen Lehre führt; denn das einzige gemeinsame Merkmal, daß eine bestimmte Berechtigung dem jeweiligen Eigentümer eines Grundstückes zusteht, kommt bei sehr verschiedenen Rechtsverhältnissen vor, ohne ihr juristisches Wesen zu ändern oder gemeinsame Rechtsregeln zu veranlassen.

Die Einzelbetrachtung muß zunächst ausgehen von den Reallasten in engerem Sinne, welche dem Eigentümer des Grundstücks die Pflicht zu wiederkehrenden positiven Leistungen auferlegen. Es fragt sich hier erstens, wie weit die moderne Gesetzgebung die historisch überlieferten Fälle solcher Reallasten aufrecht hält und die Begründung neuer zuläßt; zweitens aber, wie die gesetzlich zulässigen Reallasten dieser Gruppe, die nach § 12 GbG. zu verbüchern sind, begründet und aufgehoben werden, und welche Wirkung sie haben. Bei den übrigen Fällen gestaltet sich das Problem verschieden. Es fragt sich bei den einen, ob es zulässig ist, eine obligatorische Pflicht mit Wirkung gegen jeden Eigentümer zu schaffen und durch Intabulation wirksam zu machen; bei anderen, welche Wirkung der gesetzlich anerkannten Intabulation zukommt; bei öffentlichen Lasten endlich, die an sich jeden Eigentümer treffen, ob diese Wirkung durch Intabulation zu verstärken, und ob überhaupt privatrechtliche Hilfe zulässig ist.

II. Reallasten, die wiederholte Geldleistungen betreffen, sind in weitem Umfange zulässig. Die Leistung kann regelmäßig (Rente) oder nur für gewisse Fälle (z. B. Pflicht zur Erhaltung einer Brücke beizutragen, § 1471); sie kann zeitweilig (Alimentation, Witwengehalt, § 1245) oder dauernd geschuldet sein. In dem letzten Falle ist die Ablösung der dauernden Geldrente dem Schuldner nach Art. 7, Ges. v. 21. Dezember 1867, Nr. 142 (oder schon nach dem älteren Rechtszustand, siehe Krainz, § 264, N. 6) stets gestattet; es können Liegenschaften mit unablösbaren Leistungen überhaupt nicht mehr belastet werden (vgl. auch die Grundrentenschuld nach § 1199 D.BGB.).

Für die einzelne Geldleistung haftet stets das Grundstück und zwar ähnlich wie bei den Zinsen der Hypothek (so § 1107 D.BGB.), also für jene Raten, welche nicht länger als drei Jahre vor der Geltendmachung rückständig sind (§ 216 EO.; § 18 GbG.). Wird das Grundstück versteigert, so wird für die Reallast ein Deckungskapital ausgemittelt, dessen Zinsen zur Befriedigung der wiederkehrenden Leistungen hinreichen (§ 225 EO.).

Ferner haftet jeder Eigentümer des belasteten Grundstückes persönlich für die während der Dauer seines Rechtes fällig werdenden Leistungen, wenn nicht der Ausschluß der persönlichen Haftung erwiesen wird; diese persönliche Haftung erlischt nicht mit dem Verluste des Eigentums (Krainz, § 263).

Was die Entstehung dieser und anderer privatrechtlicher Reallasten betrifft, so kann sie außerbücherlich erfolgen, indem das der Reallast entsprechende Recht durch dreißigjährige Ausübung ersessen wird, §§ 1470, 1471. Außerbücherlich entsteht auch die Grundlast der Leistungen an eine Wassergenossenschaft (§ 23 Reichswassergesetz). Sonst entsteht an verbücherten Grundstücken die privatrechtliche Reallast gegenwärtig nur durch Einverleibung auf dem Lastenblatt. Reallasten, die früher unverbüchert bestanden haben, werden nach den Regeln über die Anlegung der Grundbücher behandelt (Ges. v. 25. Juli 1871, Nr. 96; siehe oben § 4, VI). Die Einverleibung erfolgt nach allgemeinen Regeln auf Grund von Tabularurkunden. Die Reallast kann erlöschen durch Verjährung (§ 1480), durch Enteignung, und durch Löschung derselben im Grundbuche.

III. Unter den Reallasten ist auch das Ausgedinge anzuführen, obwohl dasselbe noch andere juristische Elemente in sich vereinigt. Der Ausgedingsvertrag soll für den Fall der bäuerlichen Gutsübernahme die Altersversorgung des Gutsabtreters, sowie die demselben obliegenden Alimentationspflichten, manchmal auch die Erbrechte der übrigen Kinder sicherstellen. Zu diesem Zwecke werden dem Gutsübernehmer verschiedene Lasten auferlegt, wobei seine Haftung regelmäßig auf den Wert des übernommenen Gutes beschränkt bleibt. Umfaßt das Ausgedinge eine Wohnung auf dem abgetretenen Gute, so ist es insoweit als Personalservitut anzusehen; betrifft es wiederkehrende Leistungen an Geld oder an Gutserzeugnissen, so wird es als eine zeitlich beschränkte Reallast behandelt (§ 226 EO.).

IV. Reallasten, die andere positive Leistungen als Geld betreffen, müssen gegenwärtig stets ablösbar sein (Art. 7, Ges. v. 21. Dezember 1867, Nr. 142), unterliegen aber noch weiteren Beschränkungen. Durch die Gesetzgebung über die Grundentlastung ist teils direkt, teils indirekt das Prinzip ausgesprochen worden, daß Rechtsverhältnisse unzulässig sind, welche die Wirtschaftsweise eines Grundstückes im privaten Interesse eines Dritten dauernd beschränken. Eine Verpflichtung also, wie sie einst den Gegenstand der bäuerlichen Hand- und Spanndienste ausmachte, kann heute zwar noch als Obligation, aber nicht als privatrechtliche Reallast begründet und deshalb auch nicht einverleibt werden (Slg. 11 319). Was die Leistungen von Bodenprodukten betrifft, so ist zu beachten, daß hier der Unterschied von Servitut und Reallast ein verschwindender sein kann, und daß dort, wo eine Servitut bestehen könnte, gewiß auch eine Reallast zuzulassen ist, auf welche nach Bedarf die Regeln der Prädialservituten anzuwenden sind (Krainz, § 261, N. 8).

V. Nach § 1120 a. b. GB. kann der Mieter mit Zustimmung des Vermieters sein Mietrecht intabulieren lassen, wodurch dasselbe gegen jeden späteren Eigentümer wirksam wird. Die Verbücherung betrifft hier die obligatorische Pflicht des Vermieters, den Gebrauch der Sache dem Mieter eine bestimmte Zeit zu überlassen, und diese Pflicht geht durch die Verbücherung, wie eine Reallast, auf den jeweiligen Eigentümer über. Im Falle der Zwangsversteigerung hört zwar diese Pflicht dem Ersteher gegenüber auf, verwandelt sich aber in ein bedingtes Befriedigungsrecht für den Betrag des etwaigen nach § 1120 entfallenden Schadenersatzes im Range des Eintrages (siehe oben § 31).

Auch die aus der Nebenberedung des Wiederkaufsrechtes entstehende obligatorische Verpflichtung kann nach § 1070 durch bücherliche Einverleibung gegen den jeweiligen Eigentümer des verkauften Grundstückes wirksam gemacht werden. Die Einverleibung, wie die Vormerkung, setzt die Erfüllung der Erfordernisse des § 1070, sowie den Nachweis des Titels, nämlich der vertragsmäßigen Einräumung der Verbücherung voraus. Das Wiederkaufsrecht hindert nicht die Übertragung des Eigentums der verfangenen Sache an Dritte, kann jedoch gegen diese ohne weiteres geltend gemacht werden. Im Falle der Zwangsversteigerung ist aber das Wiederkaufsrecht durch § 133 EO. dahin beschränkt worden, daß dasselbe nur binnen einem Monat ausgeübt werden kann, nachdem der Berechtigte von der Bewilligung der Zwangsversteigerung verständigt wurde; nach dieser Zeit ist das Recht zu löschen, wenn die angezeigte Versteigerung zu einem rechtskräftigen Zuschlag führt (vgl. § 154 EO.).

Auch das Vorkaufsrecht erlangt nach § 1073 durch Verbücherung eine erweiterte Wirksamkeit; doch kann man hier nicht sagen, daß die den kontrahierenden Eigentümer treffende obligatorische Verpflichtung, nämlich dem Berechtigten die Einlösung anzubieten (§ 1072 a. b. GB.), auf den dritten Erwerber übergehe. Dem verbücherten Vorkaufsrecht kommt vielmehr folgende Wirkung zu. Erstens erfordert die Übertragung des Eigentums an einen Dritten auch den grundbuchmäßigen Nachweis der Beachtung des Vorkaufsrechtes (Slg. 3896, Jud. B. Nr. 68). Wird aber zweitens unter Verletzung des Vorkaufsrechtes ein Dritter als Eigentümer des verfangenen Grundstückes eingetragen, so kann der Vorkaufsberechtigte seinen obligatorischen Anspruch zwar nur gegen seinen Kontrahenten durchsetzen, aber das gegen diesen erwirkte Urteil gegen den jeweiligen Eigentümer realisieren, der infolge der Einverleibung des Vorkaufsrechtes nicht durch das Publizitätsprinzip geschützt ist (siehe Krainz, § 365, Z. 3). Der Zwangsversteigerung gegenüber verliert das Vorkaufsrecht seine Wirksamkeit; der Berechtigte wird nur von der angeordneten Versteigerung verständigt, § 171 EO.

VI. Unter den privatrechtlichen Fällen, in welchen der Eigentümer zu einem Unterlassen oder Nichttun verpflichtet werden soll, ist zuerst die Beschränkung des Miteigentümers zu betrachten (siehe oben § 18 III).

Wenn einem Miteigentümer eine Beschränkung der aus dem Miteigentum hervorgehenden Befugnisse vertragsmäßig oder letztwillig auferlegt wird, also z. B. die Unterwerfung unter Majoritätsbeschlüsse über die ordentliche Verwaltung hinaus, oder der zeitweilige Ausschluß der Aufhebung der Gemeinschaft nach §§ 831, 832, so liegt nicht eine bloß obligatorische Verpflichtung, sondern eine sachenrechtliche Verfügung vor, welche als solche zweifellos verbüchert werden kann, um gegen jeden Nachfolger in die betreffende Miteigentumsquote absolute Wirksamkeit zu erlangen. Die Art der Verbücherung kann verschieden sein. Da die Beschränkung des einen Miteigentümers nur im Interesse des anderen erfolgt, kann dieselbe als eine Reallast auf der Quote des beschränkten Miteigentümers im Lastenblatt einverleibt werden (so D.BGB. § 1010). Da die Wirkung der Verfügung aber auch eine Beschränkung der Eigentumsbefugnisse darstellt, könnte sie auch im Eigentumsblatt bei der beschränkten Miteigentumsquote angemerkt werden; zieht man letzteren Vorgang vor, so darf aber nicht übersehen werden, daß diese Anmerkung eine Rechtsänderung enthält, und deshalb nach den allgemeinen Formvorschriften über die Einverleibung zu behandeln ist (also Tabularurkunden erfordert).

Das gleiche muß auch für andere sachenrechtliche Verfügungen gelten, welche ein Unterlassen des Eigentümers zum Gegenstande haben; ob es solche noch gibt, kann hier unerörtert bleiben (z. B. Verzicht auf Ersatz von Bergschaden, von Feuerschaden durch Bahnbetrieb; siehe Krainz, § 261, N. 8).

Dagegen können rein obligatorische Verhältnisse, welche den Eigentümer eines Grundstückes zu einem Unterlassen verpflichten, nicht als Reallast begründet, und nicht durch Verbücherung absolut wirksam gemacht werden. Diese Regel steht außer Zweifel für die den abgeschafften Bann- und Zwangsrechten entsprechenden Verpflichtungen (Slg. 15 724, Slg. NF. 621, 681); sie gilt aber nach der Tendenz der Gesetze über die Grundentlastung auch für alle jene Fälle, wo die Wirtschaftsweise eines Grundstückes in rein privatem Interesse dauernd beschränkt werden soll (Bartsch, S. 233 f.). Dazu gehört namentlich die Pflicht, auf einem Grundstück einen bestimmten Gewerbebetrieb zu unterlassen (Krainz, § 261, N. 7); dagegen ist die im öffentlichen Interesse erfolgende dauernde Widmung eines Grundstückes (z. B. als Garten; Bartsch, S. 241) eine gültige Reallast. Es ist hier zu erinnern an die Veräußerungsverbote (oben § 5 V), die mangels einer gesetzlichen Bestimmung nur dann sachenrechtlich wirken und verbüchert werden können, wenn mit ihrer Verletzung ein sachenrechtlicher Erwerb eines Dritten verknüpft ist. Wie die Verfügung des Eigentümers über sein Recht, so kann auch seine Verfügungsmacht über die Sache selbst nur kraft eines fremden Rechtes (z. B. einer Servitut) oder kraft einer besonderen gesetzlichen Norm sachenrechtlich beschränkt werden.

VII. Durch verwaltungsrechtliche Vorschriften können dem jeweiligen Eigentümer eines Grundstückes Verpflichtungen zu einmaligen und wiederholten positiven Leistungen, wie zu Unterlassungen auferlegt sein. Es erscheint nicht nötig, die einzelnen Fälle genau unter diese drei Gruppen einzureihen, da für alle Fälle die gleichen Erwägungen gelten.

Die bücherliche Eintragung ist für manche öffentliche Lasten vorgeschrieben, so für die Demolierungsreverse bei Bauten im Festungsrayon (ME. v. 21. November 1859, RGBl. ex. 1860, Nr. 10), so für die Widmung eines Hauses zu Arbeiterwohnungen (Ges. v. 8. Juli 1902, Nr. 144, § 14); sie ist aber auch in den übrigen Fällen zuzulassen (so die Praxis, siehe Bartsch, S. 236). Dabei ist zu beachten, daß die bücherliche Auszeichnung der öffentlichen Last regelmäßig keine konstitutive Bedeutung hat, sondern lediglich eine Ersichtlichmachung im Interesse des Publikums darstellt. Eine praktische Bedeutung für die Verwaltung hat der Bucheintrag nur insofern, als dadurch die rechtskräftig erfolgte Feststellung einer bestimmten Last auch gegen einen neuen, an dem Verwaltungsstreit nicht beteiligten Eigentümer Wirksamkeit erlangt. Die öffentliche Last wird übrigens in ihrer Natur durch die Verbücherung nicht verändert, mag sie nun bloß angemerkt, oder als Reallast oder als Servitut einverleibt sein; auch in den letzteren Fällen unterliegt die öffentliche Last nicht den Bestimmungen über die Zwangsversteigerung (z. B. §§ 225, 227 EO.).

VIII. Als besonderer Anlaß einer Reallast ist zu erwähnen das Erbpacht-, Erbzins- und Bodenzinsrecht (§ 1122 f. a. b. GB.). In den seinerzeit vorhandenen Fällen dieser Art hat das Recht des sogenannten „Obereigentümers" seine sachenrechtliche Natur verloren (nach k. Pat. v. 7. September 1848, Nr. 1180), während das sogenannte „Nutzungseigentum" freies Eigentum geworden und als solches intabuliert ist. Die Ansprüche des Obereigentümers auf wiederkehrende Leistungen, soweit sie auf privatrechtlichen Beziehungen und nicht auf dem obrigkeitlichen Verhältnis beruhten, sind dagegen nicht aufgehoben, sondern als privatrechtliche Pflichten, welche jeden Eigentümer des zinsbaren Grundes treffen, erhalten worden; sie sind daher als Reallasten intabuliert (Bartsch, S. 229).

Die Neuerrichtung dieser Verhältnisse, namentlich des Bodenzinsverhältnisses (Superfizies) ist nicht prinzipiell ausgeschlossen, wenn nur die Last des Bodenzinses als ablösbare bestimmt ist (Grünberg, Bauten auf fremdem Grund, S. 9 f.). Es wird dann der Superfiziar als Eigentümer eingetragen, doch die Teilung des Eigentums auf dem Eigentumsblatt ersichtlich gemacht, und die Zinspflicht als Reallast einverleibt. Da jedoch diese Gestaltung den Interessen des Bestellers der Superfizies nicht gerecht wird, ist sie praktisch nicht angewendet worden. Vielmehr wird zur Begründung eines der Superfizies faktisch entsprechenden Zustandes im Verkehr derart vorgegangen, daß der Boden auf kürzere oder längere Zeit vermietet und dem Mieter die Befugnis zur Errichtung von Gebäuden erteilt wird, welche nach § 297 nicht als dauernd angesehen, daher nicht als Bestandteile mit dem Grundeigentume verbunden werden (Superädifikate). Dieser Notbehelf kann natürlich nicht allen Bedürfnissen des Lebens entsprechen; deshalb sieht der Reformentwurf § 93 f. eine neue gesetzliche Regelung der Superfizies unter dem Namen „Baurecht“ vor (siehe D.BGB. § 1012 f.).

Das Familienfideikommiß.

§ 40. Wesen und Entstehung.

I. Das Familienfideikommiß ist ein Rechtsverhältnis, welches bewirkt, daß ein Vermögen (Fideikommißvermögen oder kurz Fideikommiß genannt) auf die künftigen Abkömmlinge einer bestimmten Familie nach einer besonderen Erbfolge als unveräußerliches Gut ungeschmälert übergehen soll.

Dieses Rechtsverhältnis, das eine Abweichung von den allgemeinen Regeln der Erbfolge darstellt, und besonderen sachenrechtlichen Normen unterliegt, kann nur durch einen Akt der Gesetzgebung entstehen (§ 627 a. b. GB.; § 1 Ges. v. 13. Juni 1868, Nr. 61). Das Gesetz bestätigt eine Anordnung des Stifters des Fideikommisses, deren Gültigkeit zuvor nach privatrechtlichen Regeln zu beurteilen ist. Die Anordnung des Stifters muß das als Fideikommiß gewidmete Vermögen, nach Bedarf durch ein Inventar bezeichnen, und muß bestimmen, welchen Personen das Fideikommiß zufallen soll, § 627.

Die Anordnung des Fideikommisses erfolgt meist letztwillig, indem der Stifter dazu sein eigenes Vermögen ganz oder teilweise nach seinem Tode bestimmt; daß die gesetzliche Genehmigung schon vor dem Tode des Stifters erwirkt wird, ändert nicht den Charakter als letztwillige Anordnung. Daher erfordert die letztwillige Stiftung eines Fideikommisses die Testamentsform, sie darf die Rechte der Gläubiger und Pflichtteilsberechtigten des Stifters nicht verletzen, und bleibt wie ein Testament widerruflich, ja der Widerruf wird nach § 628 a. b. GB. sogar vermutet, wenn dem Erblasser ein männlicher ehelicher Erbe, der in dem Fideikommisse nicht begriffen ist, geboren wird.

Als eine unwiderrufliche Verfügung unter Lebenden ist es anzusehen, wenn der Stifter die Anordnung gemeinsam mit dem ersten Anwärter errichtet und ihre gesetzliche Genehmigung erwirkt, oder wenn er auf Grund der bestätigten Anordnung das Vermögen dem ersten Anwärter übergibt.

II. Das Vermögen des Fideikommisses besteht seinem Zweck nach in Gegenständen dauernder Ertragsfähigkeit, also in Grundstücken und Geldkapitalien (Wertpapieren, Hypotheken); andere Mobilien kommen nur als Nebenbestandteile in Betracht. Der Bestand des Vermögens ist bei der Errichtung, bzw. bei dem Wirksamwerden des Fideikommisses (nach dem Tode des Stifters, § 223 Pat. a. St.), und bei jedem Sukzessionsfall durch Inventarisierung festzustellen.

Bei Grundstücken muß die Zugehörigkeit zum Fideikommiß grundbücherlich zum Ausdruck kommen (§ 230 Pat. a. St.). Die Praxis begnügt sich dabei vielfach mit der „Anmerkung des Fideikommißbandes“ auf dem Gutsbestandsblatt; richtig sollte neben oder statt dieser Anmerkung die Beschränkung des Eigentums des jeweiligen Inhabers (als Nutzungseigentum nach § 630 a. b. GB.) auf dem Eigentumsblatte einverleibt werden.

III. Der Zweck des Fideikommisses fordert, daß das Vermögen nicht unter allen erbberechtigten Verwandten geteilt wird, sondern stets in der Hand eines Inhabers vereinigt bleibt. Wer das Fideikommiß nach dem ersten Erwerber erhalten und wer weiterhin darin sukzedieren soll, bestimmt die Stiftungsurkunde. Läßt die Urkunde noch Zweifel über die Sukzession, so kommen einige gesetzliche Interpretationsregeln zur Anwendung. Es wird im Zweifel die Primogenitur vor dem Majorat, und dieses vor dem Seniorat vermutet, § 620; es wird eher berufen, wer dem letzten Besitzer nahesteht, als wer dem ersten Erwerber oder dem Stifter nahesteht, § 623.

Auf weibliche Nachkommen geht das Fideikommiß als solches nicht über, es erlischt also prinzipiell mit dem Mannesstamm. Nur wenn der Stifter für diesen Fall den Übergang des Fideikommisses auf die weiblichen Nachkommen verordnet hat, werden die weiblichen Linien im Zweifel nach derselben Ordnung berufen, wie bisher die männlichen; also bei der Primogenitur zunächst die älteste Tochter des letzten männlichen Inhabers und ihre Deszendenz. In jeder zur Nachfolge gelangenden weiblichen Linie gehen aber wieder die männlichen Deszendenten den weiblichen vor (§ 626). Über weitere Zweifel und Streitfragen siehe Pfaff-Hofmann, Exkurse II, S. 202 f.

Zur Nachfolge sind regelmäßig nur die ehelichen Nachkommen des ersten Erwerbers berechtigt, nicht aber die legitimierten und adoptierten und die Kinder aus einer Putativehe (§§ 160, 162, 183 a. b. GB.); nur die Legitimation durch nachfolgende Ehe gibt dem Legitimierten vom Zeitpunkt der Legitimation an auch den Anspruch auf das Fideikommiß, soweit derselbe nicht durch Abkömmlinge, die schon vor der Legitimation als ehelich geboren waren, ausgeschlossen ist, § 161 a. b. GB.

Die Stiftungsurkunde kann für den Erwerb des Fideikommisses noch weitere Bedingungen aufstellen; so namentlich bei Adelsfamilien den Adel oder die adelige Abstammung der Mutter, also die Abstammung aus standesmäßiger Ehe.

Der Anwärter erwirbt das Fideikommiß kraft eigenen Rechtes und nicht nach dem Repräsentationsprinzip; daher kann der Verzicht des Inhabers oder des ersten Anwärters seine Deszendenz nicht ausschließen (§ 632 a. b. GB.).

IV. Dem errichteten Fideikommiß wird staatliche Fürsorge in weitem Umfange zuteil. Unter dem Gesichtspunkt der Fürsorge für die Anwärter, die zum Teil unbekannt oder noch nicht existent sind, erscheint die Bestellung eines Kurators für die Vertretung der gemeinsamen Rechte aller Anwärter schon aus allgemeinen Erwägungen geboten. Da jedoch die Rechte der Nachfolger mit der Erhaltung des Vermögens und mit der Einhaltung der Stiftungsurkunde untrennbar verbunden sind, so erstreckt sich die Tätigkeit des Kurators auf alle diese Punkte, und er wird mit Recht als Kurator des Fideikommisses bezeichnet (§ 630 a. b. GB., § 227 Pat. a. St.). In gleichem Umfange hat aber auch das für Fideikommisse zuständige Gericht (§ 116 Jur.N.) nicht nur durch obervormundschaftliche Beaufsichtigung des Kurators, sondern auch in selbständigem Einschreiten für die Sicherheit des Vermögens und für die Erhaltung des Fideikommisses zu sorgen (§ 627 a. b. GB.). Über die formellen Vorgänge in Fideikommißfragen siehe §§ 220 ff. Pat. a. St. und diesen Grundriß B III, Abt. 2.

V. Das Rechtsverhältnis des Fideikommisses hört auf, wenn das Vermögen untergeht (z. B. Kapitalvermögen), sowie wenn die Reihe der stiftungsmäßig berufenen Anwärter beendet ist. Das Aussterben aller Anwärter wird nach dem Tode des letzten Inhabers, oder mit dessen Zustimmung schon vor seinem Tode, als wahrscheinlich festgestellt, wobei etwaige unbekannte Anwärter durch Edikt öffentlich zu laden sind, § 644 a. b. GB.

Für den Fall des Aussterbens der Anwärter können in der Stiftungsurkunde substitutionsartige Verfügungen getroffen sein; ist das aber nicht der Fall, so wird das Vermögen in der Hand des letzten Inhabers oder als seine Erbschaft freies teilbares Vermögen, § 645 a. b. GB.

§ 41. Vermögensrechtliche Wirkungen.

I. Die rechtliche Stellung des Inhabers des Fideikommisses wird in § 631 als „Nutzungseigentum" bezeichnet, doch ist sein Recht richtiger als ein zeitlich beschränktes zu charakterisieren. Sein Recht, so lange es besteht, ist nur beschränkt durch die Regeln, welche die Erhaltung und Sicherung des Vermögens für die Nachfolger bewirken sollen. Der Inhaber hat das volle Recht auf die Erträgnisse des Vermögens, die er daher auch veräußern und verpfänden kann, und die von seinen Gläubigern in Exekution gezogen werden können. Der Zuwachs dagegen (Schatzfund, Losgewinn) vermehrt das Vermögen selbst, und dem Inhaber gebühren nur die Erträgnisse davon (§ 631). Der Inhaber kann die Vermögensrechte klageweise geltend machen; doch hat seine Prozeßführung gegen seine Nachfolger nur dann volle Rechtskraft, wenn der Fideikommißkurator an dem Prozeß teilnimmt (§ 229 Pat. a. St.).

II. Die Erhaltung des Vermögens ist zunächst gesichert durch den Rechtssatz, der dasselbe prinzipiell als unveräußerlich erklärt (§ 618). Dazu kommt praktisch die Verbücherung der Zugehörigkeit zum Fideikommiß bei Grundstücken und Hypotheken, sowie die Deponierung oder Vinkulierung von Wertpapieren, wobei die Vorschriften über Mündelvermögen anzuwenden sind (§ 230 f. V. a. St.). Vertretbare Sachen, wie Gutsinventar, sind selbstverständlich veräußerlich, während der Inhaber für die Erhaltung und Restitution des früheren Bestandes haftet.

Wenn eine widerrechtliche Veräußerung doch vorkommt, so steht die Vindikation nach Umständen dem Veräußerer selbst (siehe Pfaff-Hofmann II, S. 344), jedenfalls dem seinerzeitigen Nachfolger zu. Die Vindikation kann freilich manchmal ausgeschlossen sein, wenn z. B. eine tradierte Parzelle nach § 1474 a. b. GB. durch vierzig Jahre redlich besessen wird, oder wenn die dem Inhaber nach § 230 Pat. a. St. anvertrauten Kostbarkeiten (Schmuck, Bilder) von ihm an einen redlichen Erwerber nach § 367 a. b. GB. veräußert werden.

Der Inhaber ist ferner verpflichtet, alle Lasten des Vermögens zu tragen und dasselbe in gutem Stande zu halten; die Erfüllung dieser Pflicht hat der Kurator zu beaufsichtigen. Bei Nichterfüllung dieser Pflicht, trotz wiederholter gerichtlicher Mahnung, kann dem Inhaber die Verwaltung des Vermögens abgenommen und einem Sequester anvertraut werden (§ 259 Pat. a. St.).

III. Änderungen an der Substanz des Vermögens sind möglich als unfreiwillige (z. B. durch Enteignung) und als freiwillige mit Genehmigung des Gerichtes, nach Vernehmung des Kurators und aller lebenden Anwärter, §§ 633, 634 a. b. GB. So kann aus wichtigen wirtschaftlichen Gründen ein Tausch von Grundstücken oder ein Verkauf von Grundstücken (Bauplätze) oder von Wertobjekten erfolgen; der Kaufpreis wird als Geldfideikommiß angelegt. Die Verwandlung von Geldkapital in Grundstücke setzt aber nach der Tendenz der Gesetzgebung, wie eine Vergrößerung des Vermögens (Zustiftung), eine gesetzliche Bestätigung voraus.

IV. Der Inhaber des Fideikommisses vereinigt in seiner Hand zwei Gruppen von Rechtsverhältnissen, welche sowohl bei seinem Leben, wie bei seinem Tode verschiedene rechtliche Schicksale haben; daher ist das ihm zustehende Vermögen in zwei Sondervermögen zu scheiden, in das freie und freivererbliche Allodialvermögen und in das gebundene Fideikommißvermögen. Die Absonderung beider Vermögen wird juristisch notwendig, wenn gegen den Inhaber von seinen Gläubigern die Exekution oder der Konkurs durchgeführt werden soll, sowie bei der Beerbung des Inhabers. Die Absonderung wird durchgeführt auf Grund des Fideikommißinventars, § 627. Das im Inventar ausgewiesene Vermögen ist an den Nachfolger oder an einen Sequester auszuliefern, die Abgänge sind durch Geldersatz zu decken. Der Anspruch auf Ergänzung und Ersatz für die Abgänge an dem Inventar ist ein obligatorischer, welcher dem einen Vermögen gegen das andere selbst dann zusteht, wenn der Inhaber beider Vermögen dieselbe Person ist. Doch kann auch das Allodialvermögen oder der Allodialerbe einen Anspruch gegen das Fideikommißvermögen und den Fideikommißnachfolger haben, wenn der bisherige Inhaber auf das Vermögen des Fideikommisses einen Aufwand gemacht hat, den er aus seinem freien Vermögen zu machen nicht verpflichtet war, der also ein „beträchtlicher“, über die laufenden Lasten hinausgehender war, und der dem Fideikommiß einen entsprechenden Vorteil gebracht hat (§ 641 a. b. GB.).

V. Als Ausnahme von der prinzipiellen Unveräußerlichkeit gestattet das Gesetz dem Inhaber, die Substanz des Vermögens bis zu einem Drittel des Schätzungswertes unter gewissen Umständen anzugreifen. Dies geschieht meist in der Form der Verpfändung von Fideikommißobjekten für ein Darlehen, weshalb der Vorgang allgemein „Verschuldung“ des Fideikommisses genannt wird; es kann aber auch die Erhebung eines entsprechenden Betrages aus den Geldbeständen des Fideikommisses vorkommen.

Diese Ausnahmebestimmung, die als eine zwingende, durch den Stiftsbrief nicht auszuschließende zu denken ist (Pfaff-Hofmann II, S. 353), geht aus von dem Gedanken, daß die Verwaltung selbst eines großen Vermögens nicht immer mit den laufenden Einnahmen ordnungsmäßig geführt werden kann; vielmehr macht oft wirtschaftlicher Fortschritt einen größeren Aufwand zur Erhöhung der Nutzungen notwendig, oder es erfordern persönliche Schicksale und standesmäßige Repräsentation (Krankheit, Versorgung von Kindern) einen einmaligen größeren Aufwand. Aus derartigen wichtigen Gründen hat der Inhaber ein Recht auf eine entsprechende Verschuldung des Fideikommisses, welche von dem Gericht auf Nachweis der Beweggründe zu bewilligen ist, ohne daß eine Einvernahme der Anwärter nötig wäre, § 635. Das Gericht hat nicht bloß zu prüfen, ob das Drittel des Wertes, in das alle Lasten des Fideikommisses (§ 240 Verf. a. St.) einzurechnen sind, nicht überschritten wird; sondern es hat die Einschuldung nach ihren sachlichen Motiven zu prüfen und zu genehmigen (Slg. 15 530).

Die sogenannte Einschuldung des Fideikommisses darf aber nicht zu einer dauernden Minderung des Vermögens führen; sie erzeugt daher eine Verpflichtung des Inhabers zur ratenweisen Rückerstattung des erhobenen Kapitals (Depuration), wobei die Tilgungsraten mindestens 5 % des entnommenen Kapitals betragen müssen. Die Depurationspflicht betrifft zunächst das innere Verhältnis zwischen dem Fideikommiß- und dem Allodvermögen, was am deutlichsten bei der Behebung des Drittels eines Geldfideikommisses hervortritt. Wenn der Inhaber die ihm obliegenden Depurationsraten nicht regelmäßig einzahlt und dem Gericht darüber Nachweis liefert (§ 248 Verf. a. St.), so hat ihn das Gericht von Amts wegen dazu anzuhalten, eventuell gegen ihn die Sequestration zu verhängen (§ 254 Verf. a. St.). Stirbt der Inhaber, bevor das von ihm erhobene Kapital vollständig restituiert ist, so trifft seine Allodialerbschaft zwar die Zahlung der noch rückständigen Depurationsraten, aber nicht die Zahlung der ganzen Schuld. Es muß vielmehr der Nachfolger im Fideikommiß die weiteren Depurationsraten leisten, bis die alte Höhe des Vermögens wieder hergestellt ist (§ 640 a. b. GB.). Das Wesen der Fideikommißschulden besteht also darin, daß sie die Erträgnisse des Vermögens zeitweilig für jeden Inhaber vermindern.

Wird eine Verschuldung im eigentlichen Sinne, also die Aufnahme eines Darlehens unter Verpfändung von Fideikommißgütern vorgenommen, so kommt zu dem gesagten noch folgendes hinzu. Das äußere Verhältnis des verschuldenden Inhabers zu dem dritten Geldgeber ist zunächst geregelt durch den Darlehensvertrag zwischen diesen Personen (§ 242 Verf. a. St.); regelmäßig wird dabei der Fideikommißinhaber als persönlicher Schuldner erscheinen, dessen Pflicht auf das Allod übergeht, wenn nicht das Gegenteil vereinbart ist (Krainz, § 197). Die Rückzahlung des geschuldeten Kapitals braucht auch nach außen hin nicht mit der Depurationspflicht in den Modalitäten übereinzustimmen.

Für das innere Verhältnis gilt aber dasselbe wie in dem ersten Falle. Der verschuldende Inhaber und sein Allodialvermögen soll für die Fideikommißschuld nur soweit aufkommen, als die gerichtlich festgestellten Depurationsraten bei Lebzeiten desselben reichen; wird der verschuldende Inhaber oder sein Allod als Personalschuldner von den Gläubigern in weiterem Umfange in Anspruch genommen, so wird die übermäßige Belastung auf das Fideikommiß durch den Regreßanspruch nach § 641 a. b. GB. überwälzt. Es wird also auf diesem Umwege stets das Resultat herbeigeführt, als wenn die Gläubiger sich mit der hypothekarischen Haftung des Fideikommisses begnügen würden.

Die auf dem Fideikommiß gültig verbücherte Hypothek kann niemals durch Verkauf realisiert werden, § 642 a. b. GB., sondern nur durch Zwangsverwaltung; ihre Wirksamkeit hört aber nicht auf mit dem Tode des Darlehnsnehmers, sondern geht nach allgemeinen Regeln auch auf die künftigen Inhaber des Fideikommisses über. Nur für die zu Lebzeiten eines früheren Inhabers verfallenen Rückzahlungen haftet der spätere Inhaber des Fideikommisses bloß subsidiär, falls die Allodialerbschaft dafür nicht aufkommen kann, § 640 a. b. GB.

Eine über ein Drittel hinausgehende Verschuldung des Fideikommisses kann nur im Falle unabweislicher Notwendigkeit nach Anhörung des Kurators und der lebenden Anwärter vom obersten Gerichtshof bewilligt werden (Ges. v. 13. Juni 1868, Nr. 61, § 3).

FSC
www.fsc.org
MIX
Papier | Fördert gute Waldnutzung
FSC® C083411

Kolibri 360 GmbH
Ferdinand-Jühlke-Straße 7
99095 Erfurt, Deutschland
produktsicherheit@kolibri360.de

Druck:
CPI Druckdienstleistungen GmbH
im Auftrag der
Kolibri 360 GmbH
Ferdinand-Jühlke-Str. 7
99095 Erfurt